大学问

始于问而终于明

妇女、家庭与法律实践

清代以来的法律社会史

赵刘洋 著

WOMEN, FAMILY AND LEGAL PRACTICE

A Social Legal History since the Qing Dynasty

GUANGXI NORMAL UNIVERSITY PRESS
广西师范大学出版社
·桂林·

妇女、家庭与法律实践：清代以来的法律社会史
FUNÜ JIATING YU FALÜ SHIJIAN: QINGDAI YILAI DE FALÜ SHEHUISHI

图书在版编目（CIP）数据

妇女、家庭与法律实践：清代以来的法律社会史 / 赵刘洋著. --桂林：广西师范大学出版社，2021.10
（实践社会科学系列 / 黄宗智主编）
ISBN 978-7-5598-4393-7

Ⅰ. ①妇… Ⅱ. ①赵… Ⅲ. ①社会法学—法制史—研究—中国—清代 Ⅳ. ①D929.49

中国版本图书馆 CIP 数据核字（2021）第 212994 号

广西师范大学出版社出版发行
（广西桂林市五里店路 9 号　邮政编码：541004
网址：http://www.bbtpress.com）
出版人：黄轩庄
全国新华书店经销
广西广大印务有限责任公司印刷
（桂林市临桂区秧塘工业园西城大道北侧广西师范大学出版社集团有限公司创意产业园内　邮政编码：541199）
开本：880 mm ×1 240 mm　1/32
印张：9.375　　字数：200 千
2021 年 10 月第 1 版　　2021 年 10 月第 1 次印刷
印数：0 001~5 000 册　　定价：68.00 元

“实践社会科学系列”总序

中国和美国的社会科学近年来多偏重脱离现实的抽象理论建构，而本系列丛书所强调的则是实践中的经济、法律、社会与历史，以及由此呈现的理论逻辑。本丛书所收入的理论作品不是由理论出发去裁剪实践，而是从实践出发去建构理论；所收入的经验研究则是那些具有重要理论含义的著作。

我们拟在如下三个子系列中收入精选后的重要作品，将同时推出中文版和英文版；如果相关作品已有英文版或中文版，则将其翻译出版。三个子系列分别是“实践法史与法理”“实践经济史与经济学”“中国乡村：实践历史、现实与理论”。

现今的社会科学研究通常由某一特定的理论立场出发，提出一项由该理论视角所生发出的研究问题，目标则是证明(有时候是否证)所设定的“假说”。这种研究方法可以是被明确说明的,也可以是未经明言的,但总是带有一系列不言而喻的预设,甚或是无意识的预设。

因为当下的社会科学理论基本上发端于西方,这种认识论的进路经常伴随着西方的经验(诸如资本主义、自由市场、形式主义法律等),以及其理论抽象乃是普适真理的信仰。而在适用于发展中的非西方世界时,社会科学的研究基本上变成一种探索研究对象国家或地区的不足的工作,经常隐含或者公开倡导在西方“模式”道路上的发展。在经济学和法学领域内,它表现得最为明显,这是因为它们是当前最形式主义化和意识形态化的学科。而中国乡村的历史与现实则是最明显与主流西方理论不相符的经验实际。

我们的“实践社会科学系列”倡导把上述的认知过程颠倒过来,不是从源自西方的理论及由此得出的理论假说出发,而是从研究对象国家的实践历史与现实出发,而后进入理论建构。近代以来,面对西方在经济、军事及文化学理上的扩张,非西方国家无可避免地被卷入充满冲突性斗争的历史情境中——传统与西方“现代性”、本土与引进、东方与西方的矛盾。若从西方理论的视野去观察,在发展中国家的历史社会实践中所发生的现象几乎是悖论式的。

我们从实践出发,是因为不同于理论,实践是生成于研究对象国家自身的历史、社会、经济与政治的情境、视域和话语内的。而且由实践(而非理论)出发所发现的问题，更有可能是所研究国家自身的内生要求，而不是源自西方理论/认知所关切的问题。

实践所展示的首先是悖论现象的共存——那些看起来自相矛盾且相互排斥的二元现实，却既真实又真切地共存着。例如，没有(社会)发展的(全球化的)商业化、没有民主的资本主义，或者没有相应司法实践的西化形式主义法律。其挑战着那些在它们之间预设因果关系的主流西方理论的有效性，因此呼吁新理论的构建。此外，理论往往由源自西方的形式演绎逻辑所主导，坚持逻辑上的前后一贯，而实践则不同于理论，惯常地容纳着看起来是自相矛盾的现[illegible]发的认知要求的是，根据实践自身逻辑的概[illegible]论——比如中国的“摸着石头过河”。

[illegible]发的视野要求将历史过程作为出发点，要求[illegible]论建构。但是，这样的实践和理论关怀并不[illegible]拒斥或盲目地无视西方的社会科学理论，而是要与现有理论进行自觉的对话，同时自觉地借鉴和推进西方内部多样的非主流理论传统。此类研究还可以表现在实际层面上，在西方主流的形式主义理论以外，有必要结合西方主流以外的理论传统去理解西方自身的经验——例如，结合法律实用主义(以及马克思主义和后现代主义)和主流的“古典正统”法学传统，去理解美国法律实践的过去

和现在，或者结合马克思主义、实体主义和主流的亚当·斯密古典自由主义经济学传统，去理解西方的实践经济史。更重要的还在于，要去揭示这些存在于实践中的结合的运转理论逻辑，在这些看起来相互排斥的二元对立之间，去寻找超越“非此即彼”之逻辑的道路。

我们的丛书拟收入在实践法史与法理、实践经济史与经济学，以及中国乡村的实践历史、现实与理论研究领域内的此类著作，也包括讨论中国创新的著作，这些创新已经发生在实践内，却尚未得到充分的理论关注和表述。我们的目标是要形成一系列具有比主流形式主义研究更适合中国历史、现实的问题意识和理论观念的著作。

黄宗智

序

赵刘洋博士的专著《妇女、家庭与法律实践:清代以来的法律社会史》即将在广西师范大学出版社付梓。我很荣幸受邀为本书写序。本书关注的是清代以来妇女在家庭中的法律地位及其实践问题。刘洋从自杀和离婚这两个具体议题出发,梳理了清代直至当代相关法律规定及其实践,以及法律与社会、道德之间持续性的复杂纠缠。

本书的优点之一,在于较为全面地吸收了中外学界在中国法律史研究的权威成果,并尝试与重要的学术史脉络(不限于法律史学的脉络)展开对话。读者将会发现,刘洋在本书中综述了大量知名学者的中国法律史研究,这些学者包括但不限于马克斯·韦伯、瞿同祖、黄宗智、仁井田陞、滋贺秀三、布迪(Derk Bodde)、莫里斯(Clarence Morris)、康雅信(Alison W. Conner)、钟威廉(William C. Jones)、苏成捷(Mattshew Sommer)。这使得本书具备了开阔的学术视野,其研究意义也得到了极大提升。在法律史学之外,本书也尝试在有关妇女自杀的一章中,与晚近妇女史研究强调历史上女性"自主性"的倾向展开对话,还试图在当代离婚法实践的一章中,与主张"离婚法实践呈现出'私人领域化'"和"法院体制及其实用倾向仍制约婚权利"这两种观点展开对话,并提出了自己基于扎实经验研究的观察结论。

本书的优点之二,在于以实践社会科学的精神,贯穿历史经验与当代实践的尝试。一项学术研究要成为引起时代共鸣的优秀成果,就必须展现出当代关怀。法律史研究也不例外。本书没有陷入法律史领域习以为常的"断代史"或"跑马占地"倾向,亦即未将自己的研究范围局限在清代或民国时期,而是从对当代妇女法律地位的关怀出发,以这一问题意识,贯通性地研究了清代、民国、1949 年至改革开放之前、改革开放之后这四个历史阶段的妇女相关法律及其实践。这种"长时段"的考察视野,虽然有可能导致对某一具体时段的若干细节观察不足,但却更有可能揭示出历史发展所处的长期性"结构",以及具体人物和事件背后的更深刻变革,并为当代和未来的实践走向,提供更为清晰和全面的历史指引。

本书的优点之三,在于沟通理论与经验的努力。本书不仅仅是一本纯经验研究作品。刘洋在书中各处,均尝试以自己的经验观察结论,与社会科学中某些重要理论展开对话,甚至尝试以中国经验对西方理论本身做出适度修正。这方面最突出的例子,是本书讨论妇女自杀法律问题的一章中,与韦伯形式主义法律观展开的对话。在韦伯看来,现代法律最突出的特点,便是其"形式合理性",亦即法律脱离宗教、道德、伦理、情感等等因素,成为纯粹形式逻辑构造的体系。但刘洋通过对清代以降妇女自杀问题的分析，指出了如下悖论性事实：清代法律的过度道德化固然导致妇女遭受极大压抑，从而引发频繁的妇女自杀现象；但当代法律的过度去道德化，却也导致个体权利意识的频繁碰撞，而当下乡村的社会、经济和文化状态，却又无法完全满足这种权利意识，这反而又导致妇女（尤其是老年妇女）自杀。因此，与韦伯看法不同的是，刘洋认为即使是在现代法中，法律也应该根据社会的具体实际考虑道德问题，融合权利与道德。

本书的优点之四，是在研究方法上连接了法内与法外的视角。作为一部法律社会史作品，本书显然不满足于纯粹观察法律体系本身的运作，而是试图将法律——尤其是司法实践——置于社会之中，观察法律与社会诸种因素间的复杂互动。无论是研究清代自杀问题还是卖妻、典妻纠纷，还是20世纪不同时期的离婚纠纷，抑或当代离婚诉讼中的房产分割问题，刘洋都能够从纠纷的社会、经济、道德和法律原因，法律和政策的应对方式，审判的具体实践，法律实施的实际效果，国家观察到此效果后的再度法律政策调整等维度来全方位地展现出法律与社会间的复杂纠缠。这种立体化的考察方式，无疑能够引起更多的跨学科共鸣，并促进跨学科交流。

总体而言，本书是中国法律社会史领域的一部典范性作品。跨学科风格的法律史研究颇为不易；既包含理论关怀，又建基于扎实档案研究的法律社会史研究，更为不易。刘洋是黄宗智教授的高徒，而我本人自学生时代起，也长期参与黄老师主导的各种学术活动,并受其教诲。如今刘洋与我也一同供职于复旦大学。作为同门和同事,以我对刘洋的了解,相信他一定能够再接再厉,继续稳坐冷板凳,在若干年后创作出更为优秀的法律社会史作品,为法律史学研究做出新的贡献。

赖骏楠

2021 年 6 月 3 日写于复旦

目　录

导论 海外学术界中国法律社会史研究方法论反思

一、引言

美国斯坦福大学教授苏成捷(Matthew Sommer)曾敏锐地指出,西方学界关于"帝制中国"(Imperial China)法律的认识长期受到一套"现代主义价值"(The Basic Values of the Enlightenment)的影响,苏成捷将其称为"现代主义范式"影响下的法律史研究(The Western Paradigm of Progress in Law)。关于此种研究范式的特征,他详细解释道:"此类研究很大程度上以静态方式描绘帝制中国的法律,静态的中国法律与不断进步的西方法律形成明显对比,后者的进步表现在诸多方面,如个人权利扩展、政府权力受到宪法制约等。'现代主义范式'法律史叙述不过是'现代性元叙述'(The Metanarrative of Modernity)的一个子集而已,这种源自启蒙时代的历史叙述,将历史描绘为不断走向进步、自由和更加美好的一个过程。”在他看来:“此种研究范式在西方历史叙述中占据重要位置,尤其对那些深深认同启蒙价值的多数西方人来说,此种范式更具吸引力,这使得我们无法轻易忽视它。”①

他进一步指出,此种研究范式最明显的弊端在于使我们对中国法律史上某些确实发生的有意义的变化视而不见。苏成捷以瞿同祖的经典著作《中国法律与中国社会》为例,指出在这部著作中,可以看到“因为帝制中国法律并未发生西方意义上的‘法律现代化’,因此中国法律史上的任何变化皆无足轻重。瞿同祖的假定是,如果中国法律没有经历西方意义上的法律进步,那么其余的任何变化皆不具有历史意义,因为西方模式已经设定了关于何种变化才是有意义变化的标准”②。

苏成捷深刻反思了“启蒙主义价值”对认识中国法律史的影响,此种反思的确有助于西方学界正视中国法律历史的主体性,但是问题并没有就此解决。显然,不仅仅限于中国法律史领域,跨文化理解如何成为可能亦是西方中国研究领域必须直面的方法论问题,正如华盛顿大学教授董玥在新近的一篇文章所指出的:“尽管关乎普通民众的社会史以及语言学转向(以及人类学转向)的文化史的兴盛,使得学界更加注重近代中国的主体性,学者在研究中的自我反思性,也使其注意到西方学界在关于非西方世界的知识生产中的偏见……然而,我们仍然在长期困扰的难题前徘徊:要么用

① Matthew Sommer, *Sex, Law, and Society in Late Imperial China*, Stanford: Stanford University Press, 2000, p.2.

② Matthew Sommer, *Sex, Law, and Society in Late Imperial China*, p.3.

一个文化的价值观去评价另一个文化，或者在两个社会文化的差距面前止步不前。”①

我们可以进一步追问：西方学界对中国法律史的认识本身即是西方关于非西方世界的知识生产(Knowledge Production)的一部分，其思维方式、问题意识甚或研究路径都与西方价值观念、学术思潮有着复杂的纠葛关系，完全拒斥西方价值观念和学术理论是否可能？西方价值观念和学术理论对于理解中国法律史究竟有哪些裨益，同时又会带有怎样的危险，中国法律史研究该如何对待西方价值观念和学术理论？

鉴于日、美学界对中国法律史的研究具有深厚的学术传统，已有学者进行过讨论。② 笔者尝试通过深入剖析日、美学界关于中国

---

① MadeleineYue Dong, Ping Zhang, "Joseph Levenson and the possibility for a dialogic history", *Modern Chinese History*, Vol.8, No.1(May, 2014), pp.1—2.

② 黄宗智曾从“自由主义”和“规范主义”的“悖论”关系的角度讨论中国法律史。[美]黄宗智：《中国研究的规范认识危机——社会经济史中的悖论现象》，见氏著《长江三角洲小农家庭与乡村发展》，北京：中华书局，2000年，第434—435页。该文有一节从“自由主义”和“规范主义”之间“悖论”关系的角度讨论中国法律史；朱景文从比较法的角度讨论到西方学者的中国法研究。朱景文：《比较法研究中的中国法——关于法律的地位和权力组织形式的思考》，《法学研究》2013年第4期；尤陈俊则主要将以黄宗智为代表的“UCLA”中国法律史研究群的学术特色的讨论放在美国的中国法律史脉络中进行。尤陈俊：《“新法律史”如何可能——美国的中国法律史研究新动向及其启示》，《开放时代》2008年第6期；苏成捷则通过回顾美国学界关于清代法律史研究的学者的代表成果，讨论以何种词汇表述清代法律更为合适以及如何用西方理论参照清代法律。[美]苏成捷(Matthew Sommer)：《北美清代法制史研究》，张海惠主编：《北美中国学——研究概述与文献资源》，北京：中华书局，2010年，第226—244页；安守廉则反思了为何西方的中国研究不重视对中国法律史的研究。(William P.Alford, "Law, Law, What Law?: Why Western Scholars of Chinese History and Society Have Not Had More to Say about Its Law", *Modern China*, Vol.23, No.4[Oct., 1997], pp.398—419.) 本文既受到以上诸位

法律社会史的代表性论著，以此试图展现西方的价值观念与中国法律史研究呈现怎样的复杂关系。尤为重要的是，我们又该如何在反思的基础上借鉴这些西方的学术研究。

二、中国法律传统的社会基础：东方社会理论的反思

日本学界的中国法律史研究具有深厚的学术传统，这首先与历史上日本曾深受中国隋唐时期法律体系的影响密切相关。有学者已经指出，日本近代化之前，“中国古代法制相关的研究业已积累深厚，成果宏富，如荻生徂徕的《明律国字解》、高濑喜朴的《大明律例释义》等有关明代‘律学’研究的作品，又如近卫家熙的《大唐六典》校订、伏原贤通的《和汉官职抄》、伊藤东涯《唐官钞》《制度通》等”。“由于日本在‘中古时代’的推古天皇朝开始继受中国隋唐盛世的法制体系，所以研究日本律令的国学者，大多会追本溯源，征诸隋唐母法。”②明治维新后，在制定民法典的过程中，日本亦如德国，发生了民法典论战。一批学者深受以德国萨维尼(Friedrich Carl von Savigny)为代表的“历史法学派”的影响，认为民法典的制定应该尤其注意吸收日本固有习惯及民族法理以充实

(接上页)学者研究的启发，但又与以上学者不同。以上诸位学者主要讨论的是美国，笔者则同时将美国和日本学界的中国法律史研究纳入考虑，注重从西方学界关于帝制中国法律的社会基础和法律制度的功能层面来分析西方现代主义价值如何影响其中国法律史研究，并从此种研究的内在逻辑来展现西方学界如何对其反思，以及此种反思对国内研究的重要意义。

② 赵晶：《近代以来日本中国法制史研究的源流——以东京大学与京都大学为视点》，《比较法研究》2012 年第 2 期。

近代法典,这样才能构建起孕育本民族特色的民法体系。① 因为历史上日本法律与中国法律的复杂关系,对日本法律史的研究亦推动了对中国法律史的研究。

日本传统法律与隋唐中国法律体系之间的深厚渊源,亦使得近代日本的中国法律史学者在具体制度的考证外,尤其注重通过对传统中国法律进行内部批判,以达到构筑现代日本法律规范体系的目的。在这些学者看来,无论日本还是中国皆属于"东方社会",是与西方不同的社会类型,因此要对东方社会内部的权威主义进行批判,才能构建起与西方类似的现代法律体系并在政治领域扩展私人权利,而这才是法律变革的关键。比如仁井田陞(Niida Noboru)在关于中国法律史的宏观思考中,着重考虑的即是"东方社会"的权威主义在法律和社会方面以怎样的方式呈现,他在《序言》中写道:"包括中国、朝鲜、蒙古、印度和伊斯兰以及日本在内的东方社会的课题,是我们首先必须提到的现实问题。本书中,我试图通过法的历史来分析,作为东方社会的主体的中国社会,迄今有过什么样的课题,走过了什么样的道路,并正在什么样的道路上前

① 赵晶:《近代以来日本中国法制史研究的源流——以东京大学与京都大学为视点》,《比较法研究》2012年第2期。值得一提的是,明治时期"历史法学派"具有广泛的影响力,对"戊戌维新"失败后流亡于日本的梁启超也产生过重要的影响。比如他在《新民丛报》上就撰文强调,"法治主义"对中国的生死存亡至为关键,"法治主义"的关键是立法,但立法的关键首先应是注重法理学说的研究,重视对中国法律传统和民众心理、风俗习惯的研究。他以欧洲历史为例,认为正因为先有诸多学者精研法理学说,才造就了之后的十九世纪欧洲法律时代的新纪元:"顾欧洲有十七八世纪之学说,而产出十九世纪之事实。自拿破仑法典成立,而私法开一新纪元;自各国宪法公布,而公法开一新纪元。逮于今日,而法学之盛,为有史以来所未有。"梁启超:《中国法理学发达史论》,《新民丛报》1904年第5号。

行。昭和二十三年(1948)以来的最近数年间,我一直在东京大学法学部教授东方法制史课程。这期间形成了一个大致的构想,这就是本书的前身;而与权威主义相关的各种问题,也就成为了一个基本框架。"①换言之,仁井田陞的思路是将中国法律视为与西方法律不同的一种类型,在对二者进行比较的同时深化对中国法律特性的认知和理解。

另一方面,日本在中国的殖民扩张亦推动了日本学界对传统中国的法律制度、民事习惯的调查研究。比如日据时代台湾第四任总督儿玉源太郎和后来成为"满铁"第一任总裁的后藤新平在制定对台湾的殖民政策时,认为在重大改革之前,应该对社会和经济制度进行彻底的研究,以便预知这些改革对传统社会的影响,目的是使日本殖民统治的成本降至最低。② 儿玉源太郎在1900年的一次会议上明确强调:"近年来欧洲已经在亚洲扩展了势力,我们该如何应对挑战?西方军事力量的强势源自科学和知识,亚洲国家在此方面无法与其匹敌……我们欲在远东占据支配地位并反抗西方的压制,没有其他的选择,我们只能去获取更多的知识和增加我们的财富。"③在殖民政策的影响下,后藤新平成立"临时台湾旧惯调查会",要求当时京都帝国大学的民法学教授冈松参太郎组织一

① [日]仁井田陞:《中国法制史》,牟发松译,上海:上海古籍出版社,2011年,《序言》第1页。

② [美]马若孟:《中国农民经济:河北和山东的农民发展,1890—1949》,史建云译,南京:江苏人民出版社,2013年,第33页。

③ Chang Han-Yu and Ramon H.Myers, "Japanese Colonial Development Policy in Taiwan, 1895—1906: A Case of Bureaucratic Entrepreneurship", *The Journal of Asian Studies*, Vol.22, No.4(Aug., 1963), pp.433—449.

批学者，调查和研究台湾的社会和经济制度，为殖民政策的制定提供有用的信息，这些关于台湾的农商事旧有习惯、台湾少数民族生活习俗和清代法律制度的调查资料后来陆续出版。① 后藤新平成为"满铁"总裁后，再次邀请冈松教授调查辽东和南满铁路南段沿线的一些县，与台湾的调查研究一样，这些调查资料同样保留了大量与农、商业有关的制度和习惯的资料。而且冈松的工作"鼓舞了在满洲进一步的田野调查，后来的满铁调查部则继承了这一传统"②。

以上诸背景影响了日本学界对中国法律史的认知，并在制度史考证之外形成了一种独特的学术风格，此种学术风格可以简要概括为"历史法学"的理念、法社会学的方法、内部批判的态度。所谓"历史法学"的学术理念，指注重历史发展的内在延续性、强调法律与民族性密切相关、认为法律是一个有机体、主张法律发展历史的相对性等。③ 与日本类似，欧洲"历史法学"派的兴盛与民族国家的兴起有重要关系，并曾推动了欧洲法学的发展，"在欧陆国家，法学真正作为一门学科意义上的'科学'，始于 19 世纪的德国。德国当时的法学几乎是以萨维尼的历史法学为中心建构的。萨维尼同时提出了'体系'和'历史'两种方法，而'体系'又以'历史'为基

① 临时台湾旧惯调查会陆续出版了一系列关于法律的调查研究，包括《台湾私法》，七册本《台湾私法附录参考书》以及《清国行政法》，这些调查研究是研究中国法律史和社会史的重要参考资料。

② [美]马若孟：《中国农民经济：河北和山东的农民发展，1890—1949》，史建云译，第 33—34 页。

③ 谢鸿飞：《追寻历史的"活法"——法律的历史分析理论述评》，《中国社会科学》2005 年第 4 期。

础。这对德国法学乃至英美法学的影响都极其深远"[①]。在日本法律现代化的进程中,欧洲"历史法学"曾对近代日本法学研究产生了深远影响,如日本法学的主要奠基人穗积陈重在留学英国期间,就深受英国"历史法学"代表人物梅因(Henry Maine)的影响,再比如著名的日本法律史学者中田薰东京帝国大学毕业后留学欧洲,致力于比较法律史研究,其对唐宋家族共产制的研究就带有"历史法学"的印迹。

至于法社会学的研究方法,简而言之即注重区分制定的法律与具有实际效力的法律,且强调研究具有实效的法律规范,并在社会中理解法律,通过详细调查和精确记录民众的生活规范,研究中国社会结构。平野义太郎就曾指出,法社会学的研究方法,注重的是对实际运作的法律进行研究,关注的是法律的实效:"研究中国法律的学者了解从汉律到中华民国六法的内容,却没有探究这些法律在县级以下的乡村之中是如何被人们作为实效性的法律规范去尊奉的。反过来也可以这样说,他们并没有研究在规范农民生活意识方面起作用的法律究竟是什么,而仅仅是停留在对法律条文的解释而已……对有效的法律进行探究的法律社会学者们和研究农村社会的学者们一定要在这个农村惯行调查之中,用心捕捉有价值的法律,抓住农民的实际生活进行研究。"[②]通过观察和记录

① 谢鸿飞:《追寻历史的"活法"——法律的历史分析理论述评》,《中国社会科学》2005年第4期。

② [日]平野义太郎:《简介》,仁井田陞编:《中国农村惯行调查》,第1卷,东京:岩波书店,1952年。徐勇、邓大才主编:《满铁农村调查·惯行类》,第1卷,李俄宪主译,北京:中国社会科学出版社,2016年,第2页。

具有实际效力的法律来认识中国社会的特性。

而内部批判的态度，如前所述，主要通过研究作为与西方不同类型的“东方社会”的法律历史，以深入理解中国、日本和西方之间的差异，对中国法律的批判亦是对日本法律的反思，进而构建起带有深刻民族特性的日本现代法律体系。

以下将首先具体以明显体现此种研究风格的“满铁”的华北农村惯行调查为例，尽管是民国时期进行的调查研究，但是正如滋贺秀三所说的，这些资料保留了浓厚的传统性因素，因此应同样将其视为关于传统中国法律的认识，①以此分析日本学界的“实体主义学派”如何将中国法律和社会视为与西方不同的类型。

仁井田陞主编的《中国农村惯行调查》的《序言》和《调查事业的沿革》里曾经简要叙述了这项调查的缘起，可以看到主持和进行这项调查的人员许多都是受过严格学术训练的法学学者。对华北农村惯行进行调查的计划始于 1939 年 10 月，当时与华中商事惯行调查计划以及其他的一些计划一起，皆是由当时东亚研究所第六调查委员会的学术部委员会制定出来的。华北农村惯行调查的相关研究人员以东京帝国大学的人员为主，与这个计划相呼应，“南满洲铁道股份有限公司”调查部在“北支经济调查所”成立了惯行调查班，将有突出研究能力且活跃的学者整合为农村调查的班底，且以杉之原舜为首。杉之原毕业于东京帝国大学法学部，曾在九州大学任职。学术部委员会和此调查班底紧密合作，商讨调查项目，协调调查方针，研讨调查方法，以求在东京的学术研究和华北农村

① ［日］滋贺秀三：《中国家族法原理》，张建国、李力译，北京：商务印书馆，2014 年，第 11 页。

的资料收集做到万无一失。① 1940 至 1944 年之间,在末弘严太郎的调查方针的指导下,对河北、山东的乡村民事惯行进行了数次田野调查。②

末弘严太郎的法社会学方法主导了这项调查。末弘严太郎亦毕业于东京帝国大学法学部,且在民法领域颇有造诣。他主张调查是为了学术的目的而非立法资料的参考,"说到本调查的最终目的,那就是,中国人民怎么在惯行的社会下生活"。他强调调查的对象是"在中国社会里实施的法的惯行",至于何谓"法的惯行",他具体解释道:"法的惯行,也就是所谓的'活着的法律'不是以一种亘古不变的形式存在的,与现实生活一起在变化着。遵循传统有着固定倾向的秩序和日积月累出现的社会形成力的接触面以不连续线的涡流的形式持续运转,这种才是法律上的习俗存在真相。"③末弘严太郎并不强调区分帝制中国法律还是现实法律,而是强调调查那些仍然发挥实际效力的法律规范。同时他也着重指出,研究像中国这样政府力量渗透性比较弱的国家,"探讨政府制定法令的社会实践性需要十分慎重"。他提醒在调查法律习俗的过程中,应该同时考虑制定法和民间习惯,"把制定法规放在范围之外是错误的;另一方面,制定法律已经是作为法律规范,有社会实效性的想法也是错误的"。因为在他看来,中国历代制定的成文法通过士

① [日]仁井田陞:《满铁农村调查·惯行类》,第 1 卷,李俄宪主译,《序》第 1—2 页。

② [日]小口彦太:《中国農村慣行調査をとおしてみた華北農民の規範意識像》,[日]《比较法学》,1980 年第 14 卷第 2 期。

③ [日]末弘严太郎:《末弘博士的调查方针》,《满铁农村调查·惯行类》,第 1 卷,第 4—5 页。

绅的影响传播至农村社会，因此具有社会实效的法律并非仅从民间社会中发展而来。①

在末弘严太郎的法社会学研究方法的指导下，调查班"对华北农村的家族、村落、土地所有、佃农、水利、赋税、金融以及贸易等等农村社会的所有生活规范进行精确的记录"②。末弘严太郎所关注的并非中国法律本身，而是将中国法律和社会作为一种类型，希望并从中发现支配中国民众行为的法律规范的核心原理。

末弘严太郎主张采取"惯行调查方法"研究中国法律，与其对日本法律的思考密切相关。他希望以同样的方法来认识日本法律的基本原理。在他看来，明治维新以来日本着力引入欧美文化，西方特有的经济法则和社会法则也随之进入日本社会，已产生不可抗拒的支配力，此外，明治政府模仿欧美建立诸多制度机构并逐渐形成了新的社会规则。随之而来的问题即是"这些依靠政治力量而得以实施的新制度，究竟受到了我国固有传统的多大程度的抵抗"。如果"将抵抗的事实精确地记录下来的话，我们将得出我国的传统到底是什么样的样态，从而将我国社会的特质明了化。同时也为探讨适合我国社会的法的特质，亦即日本法理的理想形态，提供了依据"。③ 他认为尽管日本的法律实施程度远高于中国，但是法律的实行与立法者的意图仍有诸多距离，因此通过调查习俗才能知道社会中的规范如何与国家抵触，这样就能"更好地认识日

① ［日］末弘严太郎：《末弘博士的调查方针》，《满铁农村调查·惯行类》，第1卷，李俄宪主译，第6页。

② ［日］仁井田陞：《满铁农村调查·惯行类》，第1卷，《序》第2页。

③ ［日］末弘严太郎：《法律和习惯——关于日本法理探究方法的考察》，《满铁农村调查·惯行类》，第1卷，李俄宪主译，第12页。

本社会的特质，进而发现与这个社会相适应的法原理和法技术"[①]。

华北农村惯行调查研究很大程度上影响了日本学术界对中国法律和社会的认识。黄宗智曾指出，日本学界的实体主义学派与日本华北调查有重要关系，因为华北的村庄呈现出比长江下游和四川盆地更为明显的内向性：华北平原以旱地为主，且缺乏河道运输，农村的商品化程度低。商品经济的不发达和较少的农业生产剩余，造成了一个以自耕农——即在生产关系上与外界接触较少的人——为主的社会。村庄成员的绝大部分是拥有土地的自耕农，又意味着国家政权在村民生活中占有相对重要的地位——因自十八世纪中叶起，国家赋税已经摊丁入地。国家政权渗入村庄，又促使村庄政治组织为应付国家赋税而形成。[②] 因为华北乡村所具有的此种特征，影响了日本学者对中国的法律和社会的认知，华北乡村的内向性特征使得他们倾向于认为中国的法律和社会不同于西方，中国法律缺少私人权利和自由主义，中国法律与"东方专制主义"密切相连。这些实体学派的学者分别从"地主-小农关系""家族""村落共同体"等角度对支配中国社会的法律规范进行了深入的探讨，展现了中国"法的惯行"的多样图景。[③]

实体主义学派所提出的一个重要学术概念——"村落共同体"，即与这一认知有重要关系。1941 年平野义太郎依据在顺义沙

① [日]末弘严太郎：《法律和习惯——关于日本法理探究方法的考察》，《满铁农村调查·惯行类》，第 1 卷，李俄宪主译，第 13 页。

② [美]黄宗智：《华北的小农经济与社会变迁》，北京：中华书局，2000 年，第 27 页。

③ [日]小口彦太：《中国農村慣行調査をとおしてみた華北農民の規範意識像》，[日]《比较法学》，1980 年第 14 卷第 2 期。

井村的调查资料,完成了一篇旨在探讨中国村落内部结构的论文,他注意到了村公会和公会组织的存在,由此提出了“村落共同体”的概念。他发现会首集中起来议事的公会在清代就已经成立,作为村庄自治的机构而非政府设定的组织在村庄治理中发挥了重要的作用,公会背后的“会”乃是村民自然的生活合作体,村落的财产叫作“会里财产”,因此他认为中国社会中存在着“乡村共同体”,这是中国社会的基础,亦是东亚社会与西方社会的关键差异。① 平野氏强调中国社会不同于西方,亦有其政治目的:“由村庄共同体组成的东亚式社会,与西方个人主义式的社会根本不同,而可以视作‘大东亚共荣圈’的基础。”②另一位主张中国存在“村落共同体”的学者清水盛光则认为,“村落共同体”是与“东方专制主义”密切相连的,在他看来,绝对的专制主义是贯穿于中国历代政治的根本特征。③

在日本中国法律史学界占有重要地位的仁井田陞,贯穿其关于中国家族法、行会、村落法的研究之中的基本线索亦是对“东方社会”权威主义的思考。④ 仁井田陞同样认为中国法律与“东方专制主义”有重要关系,中国法律缺乏自由和私人权利。仁井田陞对中国法律史的认知与其对现实的思考密切相关,他自己就曾说道:

① 李国庆:《关于中国村落共同体的论战——以“戒能—平野论战”为核心》,《社会学研究》2005 年第 6 期。

② [美]黄宗智:《华北的小农经济与社会变迁》,第 26 页。

③ 李国庆:《关于中国村落共同体的论战——以“戒能—平野论战”为核心》,《社会学研究》2005 年第 6 期。

④ 仁井田陞关于中国家族法的研究,包括但不限于《中国的农村家族》《中国农村社会的家族共产制》《中国农村社会和家父长权威》《中国的家——中国农村家族劳动力的规律》《中国农村的离婚法习俗——丈夫专权离婚及其制约》等。

"历史不仅仅存在于过去之中。现在和未来都孕于历史之中。我对历史的认识是与对现在的认识相连的,历史是现在的起点并趋向未来。如果我们不能更好地理解现在,那么我们对历史也很难有令人满意的理解——因为中国法律的历史存在于中国自身之中。"①在他看来,必须通过对中国法律的权威主义进行批判才能构建现代法律,理解中国法律的关键在于深入认识权威主义。

仁井田陞对中国家族法的研究影响了日本中国法律史学界的巨擘滋贺秀三,尽管二者在诸多具体问题上颇有分歧。滋贺秀三师从日本著名法律史学者石井良助,后者在日本法律史诸多领域造诣颇深,包括中世日本不动产的占有和诉讼、江户和德川时代的日本法律史、近代日本刑罚史等。② 1962 年滋贺以其对中国家族法原理的研究获得东京大学法学博士,滋贺自己曾说过他前半生主要研究的即是中国家族法。从其 1945 年作为特别研究生以"婚姻和家庭"作为研究课题起,他就着手搜集各种材料,直到 1967 年创文社出版《中国家族法原理》,③可以看到滋贺对这一领域用功之深。滋贺曾在一次演讲中说到仁井田陞对自己的影响:"对于中国家族法,中田熏、仁井田陞等许多前辈都进行过研究。不过,我觉得还是有从理论上更好地加以整理和理解的必要。我年轻时写了这方面的小册子,表明了我的大致看法,发表后却受到仁井先生严厉的批判。仔细想来,他的批评未必正确,因此我准备有关资

① Fukushima Masao, "Profile of an Asian-minded man: Noburo Niida", *The Developing Economies*, Vol.5, No.1, 1967.

② [日]石井良助:《江戸時代土地法の生成と体系》,东京:创文社,1989 年,第 2—3 页。

③ [日]滋贺秀三:《中国家族法原理》,张建国、李力译,第 679 页。

料,整理我的论点,对他加以反驳。辩论继续了一个时期。经过这场辩论,我写了《中国家族法原理》。如果不与仁井先生开展辩论,恐怕我也写不出这本书来。仁井先生对我的批判锻炼了我,他是我的恩人。"①

仁井田陞与滋贺秀三对中国家族法的分歧主要聚焦于帝制中国的女儿继承权问题上。争议的缘起是对同一资料的解读分歧,中国法律史研究的重要资料《名公书判清明集》汇集了473件南宋时期的判词,其中有数件案例似乎显示南宋时期女儿在分家时具有获得相当于儿子份额一半的财产的权利,如果这个家庭绝嗣时,女儿的继承权更多。二者对这一资料的解读出现了分歧。仁井田陞继承的是他的老师中田熏的"家族共产制"传统,认为中国的家庭财产由家庭成员共有,不分男女。而滋贺则认为中国的家庭财产是"父子一体",中国家庭财产继承只能通过宗祧继承来理解,南宋这一现象只是历史上的特殊。② 正如白凯所评论的,二者的分歧与各自学术理念有关:"仁井田陞重视地方社会习俗,认为法律起源于社会实践,南宋时期女儿继承权的现象恰是'家族共产制'的最好例证,南宋时期女儿继承权实际上与南宋法律吸收了华南地方社会风俗有关;滋贺氏最感兴趣的是发现中国历史上支配法律和社会实践的基本原理准则,此准则不因时代变迁而改变。"③

滋贺秀三和仁井田陞同样是将帝制中国法律作为一个与西方

---

① [日]滋贺秀三:《中国家族法原理》,张建国、李力译,第674页。

② Kathryn Bernhardt, "The Inheritance Rights of Daughters: The Song Anomaly?", *Modern China*, Vol.21, No.3(Jul., 1995), pp.269—309.

③ Kathryn Bernhardt, "The Inheritance Rights of Daughters: The Song Anomaly?", *Modern China*, Vol.21, No.3(Jul., 1995), pp.269—309.

不同的法律类型,他希望通过对中国家族法的深入剖析以发现支配中国法律的核心原理。他自己首先具体说明其对中国家族法的研究,并不限于关于过去具体历史时代的论述,或依照时代顺序追寻事情继起的历史叙述,他所采取的是将从汉至清的帝制中国法律作为一个整体来进行考虑,以此把握在此种社会体制下家族的形态,从法学的视点做出分析和概念构设,并进行体系化的叙述。① 在他看来,将帝制中国的家族法视为一个类型整体进行考虑并非表示在这当中不存在历史的发展,只是从宏观上和最基本的层面上,"体制的一定的类型不曾变动"②。至于在书中大量引用大理院判决要旨以及各种惯行调查报告等民国时期的文献,他解释说这实际上是因为这些资料文献仍然被认为残存着浓厚的传统性要素,"只要注意把这些文献中什么是传统性的要素慎重地识别出来,自然就可以当作极为有用的资料加以利用"③。可以看到,他是将帝制中国法律作为一个整体来进行思考,并寻求中国家族法的核心原理。滋贺秀三对中国家族法研究的核心线索是运用现代法学理论来认识"家族共产制"的构造,同时与罗马的家族组织以及日本家族制度原理异同进行比较。

从方法论上而言,滋贺需要面对的问题即是如何利用现代法学研究方法认识中国法律。滋贺秀三认为中国家族法复杂特异,那些作为论述主线的基本概念无法完全通过现有的法学概念来进行表达。面对此种困境,滋贺采取的方法是:利用一些中国人无意

① [日]滋贺秀三:《中国家族法原理》,张建国、李力译,第9页。
② [日]滋贺秀三:《中国家族法原理》,张建国、李力译,第11页。
③ [日]滋贺秀三:《中国家族法原理》,张建国、李力译,第11页。

识地却经常使用的普通词汇，通过理性的角度加以省察并认真定义，使之达到成为学术概念的高度。① 滋贺认为应该努力追求“像中国人那样去思维”，将自己“置身于有关家族生活的中国式的思考样式中”，并且以“以经得起现代的学术性批判的正确和整合的形态来加以表现”。在滋贺看来，通过这样的努力，中国法律史研究亦可有助于法学整体的推进和深化。②

比如，他指出自己所探讨的“法”概念既不同于实定法的“法”概念，也不同于自然法的“法”概念，毋宁说是一种“在人们的意识中清楚地确定着的、对每个人来说哪些是他被人所承认的权利，并基于这些共有规范来使事务得到处理”的关系到正义的规范。③ 在他看来，中国家族法的核心原理在于“父子至亲，分形同气”，具体而言即“父与子从现象上来看是两个个体(分形)，而在两者之中生存着的生命则是同一的(同气)，即在观念上，子无非是父之生命的延长……视己之身为亲之生命的延长，视亲之身为己之生命的本源，于是不加区分地视两者为一个生命的连续，这也可以说是中国人的人生观之基本”④。滋贺希望通过对中国人自身使用的词汇进行体系化的概念构造，来理解中国家族法律的核心原理。这与其对“法”的性质的理解有重要关系：他认为一方面“法”根植于人性且含有浓厚的适用于全人类的要素；另一方面又带有“地方性”，“法”的此种“地方性”具有合理性和逻辑一贯性。⑤ 总之，他希望

① [日]滋贺秀三：《中国家族法原理》，张建国、李力译，第13—14页。
② [日]滋贺秀三：《中国家族法原理》，张建国、李力译，第14页。
③ [日]滋贺秀三：《中国家族法原理》，张建国、李力译，第20页。
④ [日]滋贺秀三：《中国家族法原理》，张建国、李力译，第42页。
⑤ [日]滋贺秀三：《中国家族法原理》，张建国、李力译，第21页。

通过对中国家族法的研究,以发现中国法律的核心原理。

体现此种方法论的另一个重要例证是滋贺秀三对清代诉讼制度的民事法源的考察。滋贺希望通过聚焦于清代诉讼场景并分析具体审判事例,以此寻求清代民事审判("听讼")所依据的"某种普遍性标准"。滋贺氏在对清代"听讼"研究的过程中,实际上在与具有强烈"形式主义"特征的"西欧式民事审判"类型进行对比。在他看来,清代的"听讼"很难具体区分究竟是"审判"还是"调解",而是一种带有强烈调解色彩的审判即"教谕式的调停"。① 关于何者可以成为清代民事审判的法律渊源,他延续的思路仍是通过观察中国人常用的却无意识的词汇,并对其进行概念构设使其理论化,他以"情""理""法"概括清代诉讼制度的民事法律渊源。他在查阅清代相关史料的过程中,发现清代官员在思考案件处理的判断标准时,时常将"情""理""法"三者相提并论。滋贺认为:"法"是"国法",主要是指《大清律例》;"理"是"天理",是指"思考事物时所遵循的,也是对同类事物普遍适用的道理",但他同时指出清代判语中的"理""完全没有使人感觉到朱子理学中那种哲学性意味";至于"情",常与"理"结合使用,颇具多面性,通常指"估计对方会怎样思考和行动,彼此这样互相期待,也这样相互体谅"。②

滋贺认为清代的"听讼"是与西方民事审判不同的类型。通过结合清代案件中"情""理""法"所具体使用的情境,他指出,清代

① [日]滋贺秀三:《清代诉讼制度之民事法源的概括性考察》,[日]滋贺秀三、[日]寺田浩明、[日]岸本美绪等:《明清时期的民事审判与民间契约》,王亚新、范愉、陈少峰等译,北京:法律出版社,1998年,第21页。

② [日]滋贺秀三:《清代诉讼制度之民事法源的概括性考察》,第22、29、36、37页。

的官员在“听讼”时一般要考虑到“国法中有哪些可作为其判断基准的条款”，但那种认为所有判断都必须根据对国法的解释才能做出的思想方法从根本上是不存在的。在他看来，这正如清代官员方大湜在《平平言》中所说的那样：“自理词讼，原不必事事照例。但本案情节，应用何律何例，必须考究明白。再就本地风俗，准情酌理而变通之。”[①]他以“冰山”和“大海”的关系来比喻中西传统法秩序的根本差异：对于中国而言，法律与情理的关系，就如法律的“冰山”漂浮在情理的“大海”上，仅是时而可见；西欧法秩序则总是意图以“冰山”覆盖大海，当铺满的冰面出现洞穴时，则努力以条理来扩张冰面以覆盖洞穴。[②] 由此，滋贺氏以“情理”相对于“法”、“家”相对于“个人”，为我们展现了一幅明显不同于西方法律的中国法律图景。

滋贺秀三对清代民事审判制度的研究，遭到了著名历史学家黄宗智的批评，后在黄宗智的提议下，于1996年9月在日本镰仓举行了主题为“晚期帝制中国的法律、社会与文化——美国与日本学者的对话”的国际讨论会，此会议聚集了一批西方学界的中国法律史领域的著名学者。日、美学界两位学术造诣颇深的著名学者为何会在这一问题上产生争论，为尝试回答这一问题，需将视角转至美国学术界。

① ［日］滋贺秀三：《清代诉讼制度之民事法源的概括性考察》，第29页。
② ［日］滋贺秀三：《清代诉讼制度之民事法源的概括性考察》，第36页。

三、帝制中国法律制度的功能:马克斯·韦伯的法律社会学理论的影响

从整体上而言,中国法律史并不是美国的中国史研究重点。20世纪60年代,布迪(Derk Bodde)、莫里斯(Clarence Morris)在关于中国法律史的经典研究中,曾提到长期以来西方学术界对中国法律表现出一种"漠不关心的态度",漠不关心的原因多种多样:在汉学家中,除了早期的少数人之外,许多人并没有接受过法律方面的训练或者对法律不感兴趣;阅读中文法律文献时存在着诸多困难;中国的法典仅具有实用价值而根本不值得进行理论研究;中国的成文法主要以刑法为主,缺乏对私人权利的保护的规定;法典主要是对长期流行的社会道德规范的整理;法律条文很少被引用,只有在其他的社会规范无法调节时法律才会介入;等等。① 美国哈佛大学教授安守廉(William P.Alford)亦曾回忆自己在1972年读研究生时,当时耶鲁大学著名汉学家芮沃寿(Arthur Wright)曾经问他,为何一个看起来很聪明的学生会花费时间研究中国法律史?安守廉认为芮沃寿的疑问反映了当时美国学术界一个普遍看法即法律在中国历史上并不占据重要地位。安守廉认为尽管后来的学者在中国法律史领域收获颇丰富,但是问题远远没有解决,要想改变美

① [美]D.布迪、[美]C.莫里斯:《中华帝国的法律》,朱勇译,南京:江苏人民出版社,1994年,第1—2页。

国学界对中国法律的看法,仍然需要努力。①

另一方面,美国学术界对中国法律的认识与以马克斯·韦伯(Max Weber)为代表的"形式主义"法律理论有重要的关系。这不仅指的是马克斯·韦伯关于中国法律的论述的学术影响,更为重要的是思维层面即韦伯所构造的关于现代法律的应有特征对认识中国法律的深远影响,即苏成捷所谓的"现代主义范式"。长期以来,无论是否赞同韦伯关于中国法律的具体论断,韦伯式思维框架一直影响着美国学术界对中国法律的认识。为之后讨论方便,这里首先简单叙述马克斯·韦伯的形式主义法律理论。

韦伯的法律理论对西方学术界的中国法律史研究影响深远。他以形式相对实体、理性相对非理性的方式构建出四种理想类型即形式理性、形式非理性、实体理性、实体非理性的方式比较东西方法律的差异,并通过分析法律与政治、经济、宗教等层面的关系,试图证明西方法律对资本主义社会发展的作用。在他看来,形式理性类型法律具有系统性、逻辑一贯性及普适性的特点。只有此类型的法律可以独立于统治者意志及反复无常的环境与情形,而与之伴随的具有形式化、职业化、专门化特征的近代理性官僚制与形式理性法律的统合,对整个社会理性化趋势具有重要意义。②"形式理性"法律具有通则化和体系化的特点:从最初的思维运作

---

① William P. Alford, "Law, Law, What Law?: Why Western Scholars of Chinese History and Society Have Not Had More to Say about Its Law", *Modern China*, Vol.23, No.4(Oct., 1997), pp.398—419.

② [德]马克斯·韦伯:《法律社会学》,康乐、简惠美译,桂林:广西师范大学出版社,2005年,第27—29页;[德]马克斯·韦伯:《新教伦理与资本主义精神》,康乐、简惠美译,桂林:广西师范大学出版社,2007年,第4—6页。

开始,把决定个案的各种典型理由化约成一个或数个原则即“法命题”;其次将所有透过分析而得的法命题整合,使之成为相互间逻辑清晰而非自相矛盾的规则体系,使所有可以想见的事实状况全都合乎逻辑地摄于体系的某一规范之下,以免事实的秩序缺乏法律保障。① 韦伯强调形式主义理性法律,目的在于追求法律的“确定性”,使其外在于宗教、道德伦理、情感意志等因素,不受权力的干涉。

中国法律是与作为“形式理性”法律相对的类型而存在。韦伯将中国法律视为“实体”的“非理性”的类型,而将西方法律视为“形式”的“理性”类型。在韦伯看来,中国法律属于家产制法律结构,在此种法律结构中,法律被受尊崇的儒教和道教传统所盘踞、皇帝具有绝对的自由裁量权、中国法律中缺乏私人权利和受保护的“自由权”、中国的法典编纂亦缺乏系统性、行政和私法混为一体、法律专门人才在社会中不占重要地位等。总之,中国法律不具有“形式主义”特征,因此缺乏确定性,而这对于资本主义的发展非常不利。因为产业资本主义对政治的敏感性很强,需要理性的、可计算的法律机能,但是中国法律是自由裁量高于一般法,理性的法律的创制和裁决始终未能获胜。② 相反在西方,“所有适合于资本主义的法律形式,正就是得利于以上各原则的结合,这在西方的中世纪时就已创造出来”③。

---

① [德]马克斯·韦伯:《法律社会学》,康乐、简惠美译,第28—29页。

② [德]马克斯·韦伯:《中国的宗教　宗教与世界》,康乐、简惠美译,桂林:广西师范大学出版社,2004年,第156—159页。

③ [德]马克斯·韦伯:《中国的宗教　宗教与世界》,康乐、简惠美译,第157页。

韦伯并非汉学家,无法阅读中文文献,他对中国法律的上述诸多认识与其所依赖的有限的经验证据有关。美国布朗大学教授罗伯特·马什(Robert M.Marsh)通过总结英文学界新近关于中国法律史的研究,指出韦伯的研究过度依赖"律"而对中国传统的法律误解:清代法律审判中更多依据的是"例"而非"律",前者根据社会实际逐步被纳入法律中,清代审判的依据并非仅仅依靠充满道德话语且相对固定化的"律",比如 1740 年的《大清律例》已经包含 1049 条"例",但却只有 436 条"律";法律根据社会实际而变化,而非完全受制于"受尊崇的传统"(指儒教和道教)准则;君主和官僚的专断权力是经常受到限制的而非恣意妄为;法律代理人和法律专门人才在清代法律实践中的重要作用,民众主动利用法律寻求权利保护,法律对普通民众具有重要意义,而非韦伯所说的民众完全受制于"家父长制"司法类型。① 罗伯特·马什以此提醒西方诸多希望从韦伯构建"理性类型"中寻求现代法律特征的学者,应该反思韦伯的理论框架。这实际上也从另一方面证明了韦伯对于美国学术界对中国法律史认识的深远影响。

韦伯关于法律的理论框架主要关涉到如何认识法律制度在社会中的功能。在其理论框架中,西方法律可以理解为"法律规范"类型,与之相对的中国法律可以理解为"社会目的"类型。前者设定权利和义务,并以个人权利为中心,重视法律规则的确立;后者则以社会控制为目的,法律是作为纠纷解决的工具,缺乏对个人权利的保护。在韦伯的理论框架中,法律的这两种功能是对立的。

---

① Robert Marsh, "Weber' s Misunderstanding of Traditional Chinese Law", *American Journal of Sociology*, Vol.106, No.2 (Sep., 2000), pp.281—302.

对美国的中国法律史研究的讨论,亦可以从这一角度进行。

在美国中国法律史研究中占有重要地位的瞿同祖,曾在美国哥伦比亚大学期间,利用空闲时间,翻译出版了他曾在国内完成的重要著作即《中国法律与中国社会》。该著一经出版,就好评如潮,西方诸多重要的杂志上都刊发了书评,当时素有“汉学警察”之称的哈佛教授杨联陞称赞道:“推荐所有从事法律比较研究、社会比较研究及中国研究的专业学者和学生都阅读这部扎实且具有穿透力的著作。”①瞿同祖在书中曾说明自己最初的写作缘由是受到诸多西方学者的影响:“少时读 H.Maine(亨利·梅因)之 *Ancient Law*(古代法)及 *Early Law and Custom*(早期法律与风俗)等书,辄叹其渊博精深,颇有效颦之志,而力有未逮也。及读 Malinowski(马林诺夫斯基),Hartland(哈特兰)诸人类学家初民法律之作,益叹西方诸哲为学之精进,其说方日新月异也,因窃不自量,宜有撰述中国法律史之意。”②在这部著作中,他系统利用了《刑案汇览》等诸多成案汇编中的案例,将关注的重点放在法律的具体运作上,考察法律与社会的关系。此著可谓是中国法律社会史研究的开山之作,在美国的中国法律史学界,此著频被作为对话对象,影响深远。

此著实质上呼应了韦伯的理论框架。与西方法律相比,中国法律自汉代“以礼入法”后,其基本性质并没有变化;家族主义而非个人主义,等级主义而非平等主义是中国社会的基础;“法律儒家化”的实质是以法律维护等级秩序,不同的阶级具有不同的规范要

---

① Lien-sheng Yang, “Law and Society in Traditional China by T´ung-tsu Ch´ü”, *California Law Review*, Vol.49, No.5, 1961.

② 瞿同祖:《中国法律与中国社会》,北京:商务印书馆,2010 年,《序言》第 8 页。

求,对同一行为承担的法律后果亦不同;贯穿中国法律的基本精神是等级之治,等级之治的基础是中国社会的家族和阶级。

正如前文苏成捷所评论的,瞿同祖的研究有一基本预设即中国法律没有发生如西方法律那样性质的转变,那么中国法律就可以视为没有发生变化。关于研究之前应带有预设,瞿同祖或许受到其在燕京大学的老师吴文藻的影响,比如吴曾指出:"一切科学工作的进行,事前必须悬有一种可以运用的假设,假设与科学绝不可分。"①总之,从此著中可以看到,与西方法律相比,中国法律并没有对私人权利的保护,缺乏平等,法律是社会控制的工具。

同样的例证亦体现在布迪(Derk Bodde)、莫里斯(Clarence Morris)关于中国法律的经典研究中。他们认为法律是衡量一个社会文明程度的重要标志,中国法律的作用完全不同于西方。中国法律以刑法为主,没有关于民法的规定,中国的法律注重刑法,对类似于契约行为的民事行为要么完全没有规定,要么以刑法的方式调整,比如在婚姻、财产权和继承方面的一些规定。法律并不以个人权利保护为基础,国家正式的法律总是以垂直的方式发生作用,保护个人的利益并非法律的主要任务。民间没有在诉讼中为当事人辩护的法律职业者,政府也并不设立这种辩护人。中国人制定法律规范的目的是防止对整个秩序的破坏,法律是矫正人们行为的最后手段,对行为者进行惩罚是他们的行为破坏了秩序和谐。中国法律缺乏变化,比如《大清律例》中 30%—40% 完全取自公元 653 年的《唐律》。② 该著同样认为中国法律完全不同于西方

① 吴文藻:《社会学丛刊总序》,见瞿同祖《中国法律与中国社会》。

② [美]D.布迪、[美]C.莫里斯:《中华帝国的法律》,朱勇译,第 2、3、64 页。

法律,法律的主要目的是控制社会秩序而非权利保护,两种法律的不同亦反映出两种文明之间的社会差异。

一些接受过西方法学训练的中国法律史研究者不满于美国当时的中国法律史研究,他们希望从中国法律制度具有的“法律规范”功能的角度,来重新认识和评价中国法律。在这些学者看来,如果可以证明中国法律同样具备和西方法律一样的“法律规范”功能,那么西方学界就应该改变对中国法律的认识。

康雅信(Alison W.Conner)1979年的博士论文《清代的证据法》则挑战了西方学界长期以来的认识,即在清代刑事诉讼中并不存在关于证据的法律规则和原则。她对此进行反驳,如果根据十九世纪和二十世纪西方自身对普通法(The Common Law)的批评来看,那么“我们就应该清楚记得许多现在我们非常珍视和有名的程序原则也只是晚近才从普通法中发展而来的”,正因为如此,“我们又何须苛求清代的法律就要呈现我们今天才出现的面貌”。若是从欧陆法系来看的话,那就更不能轻易对清代法律进行批评,“因为两者在诸多方面皆存在相似之处,而且在欧陆法系中,对刑讯逼供的废除直到十八世纪都没有得到有效执行”。因此,“我们又怎么能够说清代没有证据法规则,或者说清代法律存在着致命的缺陷因而很糟糕呢?”①

在康雅信看来,尽管法律体系不同,但是法庭都需要面对同样的问题即必须依照证据才能进行裁判,如果不依赖证据进行裁判,那么这样的法律显然是不公正的。其言下之意,清代法律如果明

① Alison W.Conner, *The Law of Evidence during the Ch' ing Dynasty*, Doctoral Dissertation, Cornell University, 1979, p.3.

显违背民众公平观念的话，那么它不可能具有如此的生命力。因此，康雅信细致分析了清代关于证据的各种规则。比如，她指出，《大清律例》本身就有诸多关于证据的规定，这些规定分布在“律”和“例”之中。《大清律例》中涉及有关证人、案件相关人、对质方面的规定非常详细，还有其余一些实际上起到证据规则效果的规定。总之在她看来，尽管我们不能从清代法律中找到一部以《证据法》作为名称的法典，但是，我们可以从《大清律例》中的“名例”“诉讼”“断狱”中找到诸多关于证据规则的规定。[①]

著名的清代法律研究学者钟威廉（William C.Jones）则从法典编纂的角度重新评价《大清律例》。如前所述，长期以来西方学界认为清代法典的编纂缺乏系统性，并不具有理论研究的价值，法典主要是关于道德规范的汇编等，法典在社会中并不占据重要作用等，因而并不注重对《大清律例》本身的研究。钟威廉则指出，中国并没有分析法典的传统，与罗马法典相比，也缺乏辨别特征、分类研究和抽象分析等“科学”方法。[②] 他希望通过从法典本身分析《大清律例》，考察《大清律例》处理何种问题并研究其内在组织结构。在他看来，“这种分析方法就像盖由斯（Gaius）分析罗马法以及科克（Coke）分析英国法那样”[③]。基于以上的工作，他认为《大清律例》是中国的核心法典，就像《法国民法典》和《德国民法典》之于法国和德国。尽管中国法典对于诸多领域并未规定，但这也

① Alison W.Conner, *The Law of Evidence during the Ch' ing Dynasty*, pp.4—5.

② William C. Jones, "Studying the Ch´ing Code－The Ta Ch´ing Lü Li", *The American Journal of Comparative Law*, Vol.22, No.2 (Spring, 1974), pp.330—364.

③ William C. Jones, "Studying the Ch´ing Code－The Ta Ch´ing Lü Li", *The American Journal of Comparative Law*, Vol.22, No.2 (Spring, 1974), pp.330—364.

和西方类似，西方法律也同样留有空白的地方交由“法律基本原则”进行调整。此外，《大清律例》在中国人的心目中具有重要的地位，而且是中国法律体系的核心。①

类似的例证是安守廉对西方学界认为的中国法律是政权控制社会秩序的工具，并不关注对个人权利的保护和司法正义说法的反思。他以著名的“清末四大案”之一的“杨乃武和小白菜案”为例，通过细致重建案件的审理过程，详细分析了清代法律在刑事审判方面如何实现司法正义。安守廉认为尽管两个世纪以前清代刑事审判过程就已呈现在西方，但是也仅此而已，西方学界对清代刑事审判的实际运作和理论一直知之甚少。② 安守廉的研究希望证明，清代中国的刑事审判同样具有对个人权利进行保护的程序规则。

持中国法律同样具有“法律规范”功能立场的学者，希望努力改变西方学界对中国法律的消极认识，他们的努力在一定程度上也改变了局面。20 世纪 80 年代之后，伴随着中国档案资料的开放，一些美国学者希望重新认识中国法律在传统中国的作用，美国中国史学界开始重视对中国法律史的研究。由于持中国法律同样具有“法律规范”功能立场的学者采取的评价标准仍然是“韦伯式”的，一些学者不满于此，希望突破韦伯的研究框架，他们将法律放置在社会实际运作中进行理解，研究法律所具有的实际功能，关注

① William C. Jones, “Studying the Ch´ing Code－The Ta Ch´ing Lü Li”, *The American Journal of Comparative Law*, Vol.22, No.2 (Spring, 1974), pp.330—364.

② William P. Alford, “Of Arsenic and Old Laws: Looking Anew at Criminal Justice in Late Imperial China”, *California Law Review*, Vol.72, No.6 (Dec., 1984), pp.1180—1256.

中国法律如何解决传统社会中的实际问题。

一个例证是美国学界对中国法律中是否存在“民法”的争论。如果以“法律规范”功能的标准来看，传统中国法律中并没有发展出一套类似于《法国民法典》或《德国民法典》那样的民法法典，缺乏对现代意义上的独立人格权和私有财产权的保护，法律对“户”“婚”“田土细事”等民事行为都是以刑法的方式规定，因而对传统中国法律的评价是消极的。另外一些学者如黄宗智则认为，中国法律并不存在“国家”与“个人”对立的权利观念，不能从西方价值观念出发来认识中国法律，应该搁置对于清代“民法”性质的争论，关注传统社会中法律对民事关系调整的实际作用。

基于这样的思考，黄宗智和白凯于 1993 年在洛杉矶加州大学主持了关于清代和民国的民法的学术会议，该会议聚集了美国诸多中国法律史研究者，如宋格文（Hugh Scogin）、康雅信（Alison W. Conner）、曾小萍（Madeleine Zelin）等，会议论文以《清代和民国的民法》为题由斯坦福大学出版社出版。在这部著作中，诸位学者从不同的角度如法律在民事判决中的作用、讼师在社会中的实际地位等展现了帝制中国的法律如何调整民事关系，丰富了对中国法律实际运作的认识。① 因为在此之前，如黄宗智所评论的，对民事法律的认识只是停留在官方的“表达”层面，比如布迪（Derk Bodde）、莫里斯（Clarence Morris）对《刑案汇览》中的 190 件案例的

① Kathryn Bernhardt, Philip Huang.eds, *Civil law in Qing and Republican China*, Stanford: Stanford University Press, 1994.

翻译,其中涉及民事方面的只有21例。① 在美国学界的中国法律史研究领域占有重要地位的黄宗智先生,在完成了关于中国社会经济史的两部经典著作后,将主要精力投入到了中国法律史领域。

与韦伯的理论对话是贯穿于黄宗智对中国法律史的研究的中心线索。在韦伯的理论话语中,清代法律强调的是依据道德的“人治”,清代法庭很少进行判决,主要是依据道德化的调解,因此这种建立在个人意志基础上的法律不具有确定性,属于“卡地”(Kadi)司法。② 黄宗智以翔实的经验证据证明,清代的法律是由道德化的官方表达与实用性的法律实践两方面组成。法律诉讼对普通民众而言可以成为寻求权利保护的手段,法庭判决亦是依据法律进行是非分明的审判而非团体内部式的调解,清代法律属于“实体理性”而不是“实体非理性”。

黄宗智通过三个层次论证其中心观点。首先,关于民事诉讼在国家中的地位,官方表达是一套道德话语,这一表达体现在成文律例、牧令须知、判案案例汇编中,理想状态是这类细事不应该存在,这类“细事”并非国家所关心的事务,并且诉讼数量不多。而在法律实践中,黄宗智统计华北三村诉讼案件、顺义县案件及巴县、宝坻、淡水与新竹的不同类别的案件数量证明财产、债务、婚姻、继承等民事诉讼恰是地方政府受理案件的重要组成部分;其次关于民事诉讼的群体,在官方的表达中,良民是不会涉讼的,即使有也是受讼棍等奸邪之徒的影响,但在法律实践方面,他通过统计相当

① [美]黄宗智:《清代的法律、社会与文化:民法的表达与实践》,上海:上海书店出版社,2001年,《导论》第11页。

② [美]黄宗智:《清代的法律、社会与文化:民法的表达与实践》,《导论》第2页。

数量的诉讼案件并分析其中可鉴别身份背景的原告,发现大多数涉讼的人都是普通民众,为了日常生活的切身利益而涉讼,黄宗智对诉讼的规模和费用进行详细考察,也证明了普通民众为切身利益而涉讼是常见的事情,并非官方表达所认为的是受讼师的影响;最后关于处理民事诉讼的方式,在官方的表达中,处理民事诉讼是以调处的方式,而在法律实践中,县官是严格按照法律进行判决,并非如滋贺秀三所说的"教谕的调停"。通过综合多种经验证据,他区分了处理纠纷的非正式民间调解以及正式系统,非正式的调解强调的人情与道理,后者的特点是依照法律进行判决,是非分明。①

因此,黄宗智与滋贺秀三的分歧点是清代民事诉讼案件中调解和判决是否可以明确区分。对这一问题如何回答,与这两位重要学者的学术旨趣或方法论有密切的关系。黄宗智采取的是社会史研究方法,注重特定社会结构中主体如何进行行为选择,因此他关注清代民众和官员在民事诉讼中的行为选择。② 在他的研究中,实际上有一个很重要的区分,那就是区分正式系统的法庭和非正式系统的民间社区和团体,这两者所承担的功能并不相同,法庭是进行是非判决的地方,至于调解则由民间社区团体进行处理。在进行这样的区分后,基于诸多清代法律档案的细致研究,可以看到清代法庭主要进行的是那些是非明确的判决而不是调解。因此,

① [美]黄宗智:《清代的法律、社会与文化:民法的表达与实践》,《重版再序》第4—8页。

② [美]黄宗智:《清代的法律、社会与文化:民法的表达与实践》,《重版再序》第11页。

可以看到韦伯理论话语中对中国法律的认识并不正确。

由此,亦牵涉到黄宗智对传统中国民事法律问题的认识,清代民事法律的处理关键在于这两套系统的交搭,即他所概括的“第三领域”(The Third Sphere)。[①] 值得一提的是,或许是受“领域”(Sphere)一词的误导,争论的焦点总是聚焦于是否存在实体的“第三领域”。在笔者看来,这两套系统的交搭毋宁说是关于中国法律处理的机制(Mechanism)或方式(Style)的概括。黄宗智认为对传统中国民事法律的认识不能仅依靠成文法典即《大清律例》,实际上民间社区团体承担了相当部分的民事纠纷的处理,当后者无法处理,国家法律才会介入。[②] 因此,那种认为中国法律“以刑为主”和缺少民法的认识并不恰当。而关于滋贺秀三的观点,正如前文已经详细叙述的,滋贺秀三关注的是从清代民事诉讼案件中概括清代民事审判所依据的核心原理,即寻找与西欧法庭不同类型的中国法庭进行民事审判时依据的准则。二者实际上都在中西法律比较的基础上,关注中国法律如何处理普遍性问题。若从此点而言,二者的研究亦可谓殊途同归。

如果说黄宗智主要从民事法律实践角度同韦伯展开深度对话,那么他的学生胡宗绮则将此思路进一步扩展至刑事法律领域。从著作的写作风格上来看,与黄宗智和白凯所指导的多位学生更多带有“社会史”特征的研究稍有不同,胡宗绮的研究更加显示出“法律”特色。这主要因为,作者的选题是关于清代和民国案件中

---

① [美]黄宗智:《清代的法律、社会与文化:民法的表达与实践》,第118—124页。

② [美]黄宗智:《中国古今的民、刑事正义体系——全球视野下的中华法系》,《法学家》2016年第1期。

有关犯罪意图的研究，说得再具体些，其实就是关于命案中犯罪意图的研究。我们知道，命案在任何时代或者任何社会中都是大案，而且由于可能会涉及对案犯生命的剥夺，这些案件与其他类案件相比而言，在判决的推理和说理方面，可谓最为严谨细致。而依据我们的常识就会知道，法律推理通常越是严谨和避免专断性，那么越是有可能带来公正的判决结果。另一方面，如何准确确定犯罪者的犯罪意图，往往存在诸多困难。原因很简单，犯罪意图并不是可以用肉眼观察到的东西，它往往带有主观性，如果脱离情境去推断犯罪意图显然是任意的、专断的。那么清代法律究竟是如何确定犯罪意图的？这种法律思维具有怎样的特征？在与民国时期被移植过来的西方刑事法律的碰撞中，它是否就完全就成为历史了呢？

胡宗绮如此选题，其背后实际是有明显的理论关怀的，她希望回应西方学界对清代法律的批评，这种批评主要集中在法律容易受到任意干预及刑法体系的严酷性。她指出，其中尤以马克斯·韦伯（Max Weber）的批评影响深远，她概括出韦伯识别现代法律的三个关键特征分别是：法律的独立性、法律的程序化、抽象的法律规则与任意情境皆可相匹配。这三个关键特征所显示出，法律建设的主要目标就是不受外在干预、更加具有确定性（包括可操作性）、能够适用于所有案件情形。与之相比，韦伯认为清代的法律显然并不具备这三种特性。而胡宗绮则指出，如果将中西法律传统进行对比的话，就会明显看到清代法律在处理犯罪意图问题的高度复杂性，由此必然要对那种假定西方法律模式更具进步性的观念进行修正。在她看来，尽管今天的法律学者将故意细分成三类:直接故意、间接故意和附条件故意,不过,如果细致研究清代法律关于犯罪意图的处理的话,我们将可以看到它是高度复杂的,它比民国时期的法律和整个近代西方法律体系都更加细致。由此她进一步指出,在思考中国杀人律的概念本质时,那种对近代西方法律模式具有进步性和优越性的惯常假定明显需要更新。

为证明此点,贯穿该书的一个主线,或者说该著的主要对话对象,就是韦伯关于现代法律特征的第三点内容——理性化的法律应该具备与每个个案的事实情境相匹配的抽象法律范畴。她指出,韦伯认为清代专制政体与司法独立水火不容,司法官员也无法用理性推论来评估个案,识别与个案最为契合的一般规则。而她则认为,清代的专制政体并未阻碍法律获得高度的抽象性和复杂性,如果深度检视清代的刑律,会发现法律的抽象范畴与具体情境的范畴之间并非存在严格的二分,即使法律的确高度特定情境化,它也是意在使用具体的情境去阐明犯罪意图的不同分类,法律对犯罪意图进行严格的层级划分时,形势与情境都是需要格外关注的因素。胡宗绮这里颇具启发性地将韦伯关于现代法律特征中抽象法律范畴和具体情境这种二元对立概念区别开来,也就是说,二者其实并不是两种必然对立的范畴。

由此,她在书中进一步分析,如果深度检视清代的刑律,会发现法律的抽象范畴与具体情境的范畴之间并非存在严格二分,即使法律的确高度特定情境化,它也是意在使用具体的情境去阐明犯罪意图的不同分类,法律对犯罪意图进行严格的层级划分时,形势与情境都是需要格外关注的因素。在清代,杀人罪被认为主要有六种类型(六杀):谋杀、故杀、斗杀、误杀、戏杀、过失杀,除了误杀可以投映到其他类型外,其中五种类型都是标志它们独有的犯罪意图的程度。犯罪意图被认为是犯罪人实施犯罪之时依照其主观目的的严重程度排列而成的精细的层级谱系。在她看来,在这六种主要杀人类型之外,清代法律还能对杀人罪进行精细尺度的衡量,对于杀人罪的衡量有着非常精细的层级划分,其谱系涵盖了从无过失责任、低位阶的疏忽到鲁莽冲动、意图伤害直至故意杀人。总之,清代法律对于心理因素的处理,比西方古今的法律都要复杂得多。这就提醒我们:不仅要对中国法律体系的类型做出反思,还要重新界定现代法律与前现代法律的范畴,通过检视清代有关杀人罪及犯罪意图的律例,可以发现,韦伯借以评价中国法律的第三大支柱以及他对于法律现代性的定义崩塌了。胡宗绮基于对民国时期刑事法律实践的具体分析,为我们展示出一个非常有意思的现象:民国时期的法院在使用新的、抽象的、但是有限的犯罪意图种类时所遭遇的困难,恰恰在将清代的复杂方法运用于抽象概念时就会获得明显的缓解。她认为,这实际上反过来又是对韦伯关于传统中国法律论断的第三个支柱即清代专制国家与立法概念的复杂性水火不容的最后致命打击。因为,这些向清代模式的转变,并不意味着是对“现代”的背离,恰恰相反,它们反倒表明中国正在形成自己的现代化道路:这是一条反映了二十世纪早期的文化与社会规则的道路,这条道路不仅承认从国外引进的部分重大变革具备优势,也承认中国在接受西方与韦伯模式之前的概念框架具备优势。①

胡宗绮的研究也从更广泛的意义启发我们：对“现代性”的理解，不能基于某种既定的理念和一元化的思维，而是需要我们在复杂的法律实践中，去深入研究近代中西之间如何碰撞、冲突与融合，从而更进一步深入理解历史的延续与变迁，对于近代中国而言，究竟意味着什么。

四、小结

历史学是一门追求真实的学问，同时也是一门关于解释的学问，这种解释，既包括基于史料细致爬梳基础上的“发现”，也包括对历史意义再阐释的“发明”。既然是解释，那么在追求历史真实的过程中无可避免地会受到观念的影响，这种观念既包括时代思潮，也包括历史学家自身的价值立场。这种观念对求真当然具有双重影响：一方面，作为一种“前见”，它使历史认知成为可能，同时历史认识观念不断转变，历史才能够常写常新；另一方面，这种观念对求真也可能带来遮蔽。历史学家 E.H.卡尔曾有一个有趣的比喻，他说研究历史就像是在钓鱼：“事实就像在浩瀚的，有时也是深不可测的海洋中游泳的鱼，历史学家钓到什么样的事实，部分取决于运气，但主要还是取决于他喜欢用什么样的钓鱼用具钓鱼——

① [美]胡宗绮：《意欲何为：清代以来刑事法律中的意图谱系》，景风华译，桂林：广西师范大学出版社，2020 年；赵刘洋：《从中西法律互动的实践中探寻现代性——评〈意欲何为〉》，《上海书评》2021 年 1 月 18 日。

当然,这两个因素是由历史学家想捕捉什么样的鱼来决定的。"① E.H.卡尔的这一比喻尽管不无偏颇之处,不过却也指出了历史学家的观念对认识历史的深刻影响。

西方学术界的中国法律史研究是西方学术的组成部分,带有西方本身的价值观念。长期以来,西方学界对帝制中国法律的认识受到"现代主义"价值的影响,"现代主义"价值影响下的中国法律史研究主要有两大典型表现:一是关于帝制中国法律的社会基础的认识,认为帝制中国法律的社会基础是"东方社会",将帝制中国法律与现代西方法律对立,认为二者所依赖的社会基础不同,并注重批判传统中国法律的"专制主义";二是关于帝制中国法律的制度功能的认识,认为帝制中国法律的主要功能是社会秩序控制的工具,同样将帝制中国法律与西方法律对立。"现代主义"价值影响下的中国法律史研究洞见与偏见并存,西方学界内部亦对"现代主义"影响下的中国法律史研究进行深刻反思。此种反思对于我们自身的法律史研究亦有诸多意义。

在中国近代法律变革的过程中,中国主要是向西方学习,传统中国的法律逐渐被抛弃,从法律条文上而言,传统中国法律与现实法律制度之间已经脱节。这造成的一个重要影响是,中国法律史在国内逐渐成为越来越边缘的学科,而且中国在学习和引进西方法律制度的同时,亦受到西方价值观念的影响,从整体上而言,对传统中国法律的评价主要是消极的。

笔者并不否认传统中国法律存在着诸多缺陷,但或许一些我

---

① [英]E.H.卡尔:《历史是什么?》,陈恒译,北京:商务印书馆,2017年,第108页。

们所认为的“缺陷”往往是基于预设价值的评价甚或误解,因此在笔者看来,对于中国法律史的研究尤其应该需要“了解之同情”的态度。这正如陈寅恪在《冯友兰〈中国哲学史〉上册审查报告》中所指出的:“对于古人之学说,应具了解之同情,方可下笔。盖古人著书立说,皆有所为而发。故其所处之环境,所受之背景,非完全明了,则其学说不易评论,而古代哲学家去今数千年,其时代之真相,极难推知。吾人今日可依据之材料,仅为当时所遗存最小之一部,欲借此残余断片,以窥测其全部结构,必须备艺术家欣赏古代绘画雕刻之眼光及精神,然后古人立说之用意与对象,始可以真了解。”在陈寅恪看来,要达到真了解的状态,应该对于研究对象持一种“同情”的态度,“所谓真了解者,必神游冥想,与立说之古人,处于同一境界,而对于其持论所以不得不如是之苦心孤诣,表一种之同情,始能批评其学说之是非得失,而无隔阂肤廓之论”。①

对待传统中国法律同样应如此,首先应将传统中国法律视为在传统社会的情境下,为解决传统社会中的问题而进行的制度设计,中国法律史研究应该重视法律制度在怎样的情境下被制定,为应对怎样的问题,当时的人如何理解法律制度,在具体的运作过程中又呈现怎样的状态等,只有基于这些详尽事实的发现的基础上,我们才能更好地评价传统中国法律制度的是非得失。

另一方面,中国法律史研究又不应拒斥西方理论。西方理论可以作为中国法律史研究的重要参照,可以启发研究者寻找到新的研究视角,从而加深对中国法律史的认识。同时,西方学术理论

① 陈寅恪:《冯友兰〈中国哲学史〉上册审查报告》,《陈寅恪学术文化随笔》,北京:中国青年出版社,1996年,第10—11页。

很多是从西方的实践过程中提炼而来的，尽管传统中国的法律具有自身的特点和社会基础，但并不意味着就要承认传统中国法律制度都是合理的。实际上，无论中西，法律在解决一些问题上都具有普遍性，比如如何实现司法正义等方面，我们可以以此来反观传统中国法律如何应对和处理这些普遍性议题。

最后，中国法律史研究应充分注重理论对话。通过与重要的学术理论进行对话，不仅能深化对中国法律史的理解，而且能够通过回应或修正重要学术理论以推进理论研究。日本早稻田大学著名教授小口彦太既精研中国法律史，又对当代中国民法颇有造诣，哈佛大学安守廉教授既是著名的中国法律史家，又对当代中国知识产权法颇有研究，黄宗智教授除了对中国法律史有精深的研究外，对当代中国民法亦有诸多重要研究。总之，正如安守廉所说的那样，我们既可以从中国法律史中学到很多，同时我们又需要做很多。[①]

① William P. Alford, "Law, Law, What Law?: Why Western Scholars of Chinese History and Society Have Not Had More to Say about Its Law", *Modern China*, Vol.23, No.4 (Oct., 1997), pp.398—419.

第一章　转型社会中的法律与家庭：以中国乡村社会中的妇女自杀为例

笔者曾于2013年在苏北某村陆续从事一项田野调查，调查的目的是理解社会主义建设时代与改革时代中国乡村的家庭道德的转变与延续，在当地的调查过程中，搜集到近30年来该村的自杀案例。

当回到书斋与档案馆中研究十八世纪时期的诉讼档案时，发现基层社会中妇女自杀现象普遍，且多与道德伦理有关。而田野调查的经验使我在阅读清代档案时至少有三点启示：一是在当代基层社会中，自杀与公共秩序发生关系时才会进入官方的话语体系中，而实际上乡村社会中的自杀往往与家庭伦理有关[1]；二是中

---

① 比如吴飞在关于华北某县自杀案例的研究中，总共搜集了58份案例，除1例原因不详外，其中有41例是与家庭秩序相关的。参见吴飞《浮生取义：对华北某县自杀现象的文化解读》，北京：中国人民大学出版社，2009年。

国基层社会自杀行为者往往是女性,这与各自时代的法律构造是否存在某种关系;三是自杀者本身的“声音”已无法“听到”,但能从中透视自杀行为与国家之间的关系。田野调查和档案中的实际,使我将关注点集中于女性自杀行为与道德伦理之间的关系。

本章聚焦于“道德的法律实践”的两种类型即“滞后道德”的法律实践与“超前道德”的法律实践对妇女自杀的影响。前者将对妇女贞节道德的要求纳入法律中,具体包含三种机制:法律鼓励妇女在贞节道德受到侵犯时选择自杀;法律对妇女的保护与贞节道德联系起来;法律惩罚违犯贞节道德的行为,妇女因选择受限而趋于自杀。后者则是法律对妇女超前性别道德的追求,具体包括法律对激进性别平等和离婚的鼓励、道德从法律退出后道德约束力的弱化、法律对权利的强调导致妇女对权利的片面理解。两种类型的实践都与具体社会实际存在诸多冲突,都造成妇女自杀,因此法律对妇女不切合社会实际的道德规定促使妇女趋于自杀。法律实践应根据社会实际以实用的方式调整权利与道德的关系,现代法律尤其要处理个人主义与家庭主义的关系。

一、“滞后道德”的法律实践与妇女自杀

关于当代中国社会的自杀现象的研究,学界已经积累诸多成

果。① 与之相比，关于清代社会的自杀现象，对其系统进行专门研究的相对较少。② 美国学者戴真兰（Janet Theiss）以性别研究的视

① 吴飞：《浮生取义：对华北某县自杀现象的文化解读》；费力鹏（Michael Philips）在此方面做出重要贡献，具体可参见 Michael Philips，"Are 'Killing' and 'Letting Die' Adequately Specified Moral Categories？"，*Philosophical Studies：An International Journal for Philosophy in the Analytic Tradition*，Vol.47，No.1（Jan.，1985），PP.151—158；Michael Eddleston and David Gunnell，"Suicide Rate in China：1995—1999. Why Suicide Rates Are High in China"，*Science* 24 March 2006，Vol.311，No.5768；关于当代中国基层社会的自杀率的调查，亦可参考清华大学景军等进行的调查研究，参见张杰、景军、吴学雅等《中国自杀率下降趋势的社会学分析》，《中国社会科学》2011年第5期；景军、吴学雅、张杰：《农村女性的迁移与中国自杀率的下降》，《中国农业大学学报》2010年第4期。关于自杀中的性别差异，可参阅李献云、费立鹏、及惠郁等《为什么女性自杀未遂率显著高于男性》，《中国心理卫生杂志》2004年第3期。关于女性自杀的区域差异，可参阅安琳、贾会学《中国不同地区女性自杀死亡分析》，《中国卫生统计》2007年第1期。

② 郭松义、D.布迪和C.莫里斯、戴真兰（Janet M.Theiss）、滋贺秀三等学者都曾注意到，其中后两者也关注到妇女自杀。D.布迪和C.莫里斯认为自杀的盛行能够反映出人们在儒家社会中的紧张心态和受压抑心理，《刑案汇览》最为常见的犯罪中，"威逼人致死"罪在数量上位居第二，"威逼人致死"只是"一种概括性表述，实际上此类犯罪的具体情形多种多样"。有意思的是马克斯·韦伯认为"自杀"在中国具有"巫术"意义，如"在中国，债权人会以自杀来相威胁，有时候甚至抱着死后仍将追索其债务人的期望而真的自杀"以及"受冤者的哭号会引来鬼神的报复。这在受害者是由于自杀、悲怨和绝望而死时，尤其如此。最晚起于汉代，这种坚定的信仰是从官僚制与诉之于天的权利的理想化投射萌芽的。我们也已看到伴随着真正的被冤屈者的大众的呼号，对于官吏的约束有多大的力量"。具体可参见郭松义《自杀与社会：以清代北京为例》，《中国社会历史评论》2007年第8卷；Janet M.Theiss, "Femininity in Flux: Gendered Virtue and Social Conflict in the Mid-Qing Courtroom", in Susan Brownelland and Jeffrey N.Wasserstrom, eds. *Chinese Femininities/Chinese Masculinities*, Berkeley: University of California Press, 2002, pp.47—66.尤其是Janet M.Theiss. *Disgraceful Matters: The Polities of Chastity in Eighteenth-Century China*, Berkeley: University of California Press, 2005;［日］滋贺秀三：《中国家族法原理》，张建国、李力译，第492、513页；［美］D.布迪、［美］C.莫里斯：《中华帝国的法律》，朱勇译、第175页；［德］马克斯·韦伯：《法律社会学》，康乐、简惠美译，第49页。此

角着重分析了十八世纪的“贞洁政治”②,关注到清代法律案件中“女性道德”问题③。这里先着重探讨清代法律④对妇女的不符合社会实际的道德要求如何使妇女趋于自杀。

既有的研究已经表明清代(十八世纪)中国人口激增与土地压力日益加深,受生存压力的驱使,社会流民增多。“摊丁入亩”的推行和“贱民制”的废除放松了对民众的身份限制,伴随着中国商品化程度的日益加深,雇工、佣工、合伙谋生的民众增加。以上两种变化加上性别比例的失调导致基层社会没有娶妻的“光棍”现象,生存压力的加剧与性别失衡导致底层妇女的实际生活缺乏遵守贞节道德的环境。⑤ 同时,面对底层民众的实际生活状态,清代法律本应采取实用性的一面,但为加强社会控制选择了道德主义的一

(接上页)外,还有一些研究也涉及妇女自杀,如 T' ien Ju-k' ang, *Male Anxiety and Female Chastity: A Comparative Study of Chinese Ethical Values in Ming-Ch' ing Times*, Leiden: E. J. Brill, 1988; Paul Stanley Ropp, Paola Zamperini, Harriet Thelma Zurndorfer, *Passionate Women: Female Suicide in Late Imperial China*, Leiden: E.J.Brill, 2001; 赖惠敏:《法律与社会:论清代的犯奸案》以及[美]苏成捷(Matthew Sommer):《清代县衙的卖妻案件审判:以 272 件巴县、南部与宝坻县案》,均收于邱澎生、陈熙远编《明清法律运作中的权力与文化》,桂林:广西师范大学出版社,2017 年。

② Janet M. Theiss, *Disgraceful Matters: The Polities of Chastity in Eighteenth—Century China*, Berkeley: University of California Press, 2005.

③ Janet M.Theiss, “Femininity in Flux: Gendered Virtue and Social Conflict in the Mid-Qing Courtroom”, in Susan Brownelland and Jeffrey N. Wasserstrom. *eds*, *Chinese Femininities/Chinese Masculinities*, Berkeley: University of California Press, 2002, pp. 47—66.

④ 传统法律的范畴并不限于《大清律例》,关于此点,具体参见马小红《中华法系中“礼”“律”关系之辨正——质疑中国法律史研究中的某些“定论”》,《法学研究》2014 年第 1 期。

⑤ MatthewSommer, *Sex, Law, and Society in Late Imperial China*, pp.12—15.

面,因此清代法律强化对妇女遵守/违背贞洁道德的奖励/惩罚,顽固坚持与社会实际矛盾的道德主义,就易驱使妇女选择自杀。

底层社会的贫穷、妇女易受侵犯和法律对贞节的强调,是中国底层妇女面对的三个互为相连的广阔的社会现实:尽管对中国的社会经济是"内卷"还是"发展"一直存有争议,①但法律档案中有诸多案例反映出底层社会民众仍然没有脱离"糊口经济"的生存状态,大量的案例显示底层妇女贫困的生活境遇,为了生存而做出不符清代法律的行为;那些家庭中的男子为了生活而外出佣工的以及守寡的妇女,容易受到底层社会中的男性的骚扰和侵犯;妇女的贞节在十八世纪的中国社会地位进一步上升,无论官府还是社会中都非常重视妇女的贞节道德。

清代关于妇女自杀的具体规定主要是在"威逼人致死"例中。"威逼人致死"例中总共包括25种情形,其中涉及奸情的17种,包括"犯奸"及"杀死奸夫"等纷纭复杂、轻重各异的条文。② 另外,清代法律还规定妇女自杀案件涉及地方官员的责任,比如:"凡调奸图奸未成者,经本妇告知亲族乡保,即时禀明该地方官审讯。如果有据,即酌其情罪之重轻分别枷号杖责,报明上司存案。如本家已经投明乡保,该乡保不即禀官,及禀官不即审理,致本妇怀忿自尽者,将乡保照甲长不行转报窃盗例杖八十,地方官照例议处。"③总

① [美]黄宗智:《发展还是内卷?十八世纪英国与中国——评彭慕兰〈大分岔:欧洲,中国及现代世界经济的发展〉》,《历史研究》2002年第4期。

② 具体可参见薛允升《读例存疑》,第三十四卷,人命之三,"威逼人致死"。我这里使用的是寺田浩明个人网站上的电子本,http://www.terada.law.kyoto-u.ac.jp/dlcy/index.htm.

③《大清律例》,第二十六卷,文渊阁四库全书本。

之,可以看到清代法律对自杀案件非常重视。

妇女在清代法律表达中被预设为两种形象。一种是“舍生取义”的“贞节烈女”。比如“孀妇自愿守志而母家夫家抢夺强嫁者,各按服制照律加三等治罪。其娶主不知情不坐,知情同抢照强娶律加三等,未成婚妇女听回守志,已成婚而妇女不愿合者,听如孀妇。不甘失节因而自尽者,照威逼例”。还有因强奸导致的各类羞愤自杀,比如“强奸内外缌麻以上亲及缌麻以上亲之妻,若妻前夫之女同母异父姊妹,未成本妇羞忿自尽者,俱拟斩监候。其强奸已成,本妇羞忿自尽者,俱拟斩立决”等;另一种则与此相反,是“犯奸”和“不孝”的妇女形象,尤其是妇女犯奸引起父母等家人“羞愧自尽”的,妇女此种情形自尽,则“已死不议”,否则妇女就要遭受严重的惩罚,“妇女通奸致父母羞愤自尽者,无论已嫁、在室之女,俱着问拟绞立决”,“因奸因盗以致父母忧忿自尽者,照子孙过失杀父母例,拟绞立决”。① 清代社会关于妇女的行为涉及一整套的法律规范,总体来看可以概括为关于妇女的家内伦理和婚姻中的“性道德”。与此相关,清代法律中的女性形象可以归为遵守贞节伦理的妇女(贞妇、节妇、孝妇、烈女)以及违背贞洁伦理的“犯奸”妇女,当然还有作为弱势的妇女形象,如遭到拐卖和抢夺等。清代法律有明显的道德要求,那就是妇女应该遵守贞节伦理,国家奖励和保护那些遵守贞节的妇女;反之,也会惩罚或不保护那些违反贞节的妇女。

以下主要依据第一历史档案馆的230件刑科题本,这些案件

---

①《大清律例》,第十卷,文渊阁四库全书本。

都是作为“命案”上报和处理的，因此在判决时都详细比照清代律例。涉及妇女因遭到调戏而自杀、孀妇因遭到逼嫁而自杀，另外还有妇女因为诸种“奸情”败露而自杀，这些类型占中央司法档案中妇女自杀案件的主要部分。

（一）法律对妇女极端行为的鼓励

第一历史档案馆中所藏的清代妇女自杀的法律案件中，妇女因遭调戏而自尽的案例数量众多，在这一类案件中，妇女若遭到调戏因而自杀的话，那么调戏者将被依照律例被处以绞监候，妇女将会得到政府的旌表。对这些妇女而言，贞节名声比生命更为重要。

这里先给出一个案例：乾隆二十五年（1760），云南昆明县人田二到同村杜国荣家买酒吃，吃完后又要添，杜国荣没有理他，于是田二就嚷了起来，杜国荣就走出屋后地上去了。田二见杜的儿媳普氏屋里有几坛酒，就拿酒杓想去打酒，被普氏夺取酒杓。田二吃酒不成，又知普氏的丈夫杜双得上山砍柴去了，就拉着普氏的手调戏道：你没有酒与我吃，就要同我到床上去睡。普氏听后就开始哭骂起来，田二见状就想离开，被普氏抓住衣服，杜国荣听到哭喊声赶忙进来，普氏就把前情告诉了杜国荣，杜要拉着田二去报乡约，不料普氏就在家里吊死了。田二还在供词中说道：小的并没有强逼成奸的事，只说了这一句话，求开恩。最后，田二“合依但经调戏本妇羞忿自尽例，拟绞监候，秋后处决”。而普氏因为“守正不污，捐躯明志，调戏不从，羞忿自缢，洵属节烈，应照强奸不从以致身死例准其旌表，另该抚传行该地方官，给银三十两，听本家自行建坊，其该州节孝祠内设牌之处照恩昭定例遵行”。[①]

可以看到，田二被普氏抓住衣服，而且普氏也有证人，普氏的家人还要去报乡约，但普氏还是选择了自杀，我们这里只能推测普氏觉得遭到调戏是一件令她感觉到羞辱的事情，最后选择了自杀。

清代政府的旌表行为会鼓励妇女轻生，容易形成一种轻视生命，重视贞节的风气。康熙曾专门下诏反对女子轻易自尽的做法："人命至重大，而死丧者恻然之事也。夫修短寿夭当听其自然，何为自殒其身耶？不宁惟是，轻生从死，反常之事也。若更从而旌异之，则死亡者益众矣，其何益焉！"在康熙看来，不加区别对妇女旌表会加重社会中妇女轻生自尽的风气。因此，他特意指出，以后停止对殉夫妇女的旌表，"此后夫死而殉者，当已其旌表。王以下至于细民，妇人从死之事，当永永严禁之。若有必欲从死者，告于部及该管官具以闻，以俟裁定。议政王、贝勒、大臣、九卿、詹事、科道官，会同确议奏焉"。[②]

雍正皇帝也认识到这一问题，要求地方官员严格依照谕旨向民众告知朝廷爱惜民众生命的本意，不要让民众误解了旌表的目的，特意强调旌表原本的目的并不是鼓励民众自杀："凡烈妇轻生从死，昔年圣祖仁皇帝曾降旨禁止。朕于雍正六年，又降旨晓谕，至周至悉。数年以来，因各省奏请旌表烈妇者尚少，朕是以格外加恩，准其旌表。今数日之内，题奏殉夫尽节，烈妇烈女，多至十数

① 题为"会审云南昆明县民田二因调戏杜双得之妻普氏羞愤自尽一案依律拟绞监候请旨事"，中国第一历史档案馆，档号：02-01-07-307-070-1777。

② 关于此谕旨的具体语境，具体可参阅《圣祖仁皇帝实录》一百三十五卷"康熙二十七年五月乙亥条"和"丙子"条。陈惠馨亦对此有简要分析。陈惠馨：《清代法制新探》，台北：五南图书出版股份有限公司，2012 年，第 262 页。

人。直隶则有田氏等五名，江苏则有许氏等四名。可见地方官未将从前谕旨严切晓谕，乡曲愚民，尚未深悉圣祖仁皇帝与朕重惜民命之至意，以致民间妇女激烈捐躯者更多于前。”

雍正皇帝反对妇女的激烈轻生，对那些不珍惜生命而轻生从死的妇女，并非全部旌表：“嗣后若概予旌表，恐转相则效，易致戕生，深可悯恻。着地方有司，将朕前旨广为宣布，家喻户晓，倘宣布之后，有不顾躯命，轻生从死者，不概予旌表，以长闾阎激愤之风。”①

但是，到乾隆的时候则出现了大规模旌表妇女的现象，清代还在制度上对旌表进行了规定，希望通过大规模旌表妇女的行为，使社会形成极为注重妇女贞节道德的风气。卢苇菁以旌表的妇女人数之多与范围之广突出明清贞女现象之普遍：根据《实录》的记载，“从清军入关第六年表彰的不到十位妇女，到此后逐渐惊人的规模，其中的性别因素尤为明显，1644—1850 年间大约有 217336 人因堪为楷模的道德伦理行为而获得旌表，其中女性为 214784 人，而妇女主要是在‘节’和‘烈’上，很少是因为‘孝’和‘义’”②。

在这样一种极端强调妇女贞节道德的社会中，弥漫着一种轻生的风气，诸多妇女遭到调戏即选择自杀，因为贞节对这些妇女而言，比生命还要重要。江苏高邮州的靳赵氏嫁与靳雄为妻，离她的娘家赵陈氏家不远，乾隆二十五年六月初四日下午，靳赵氏哭到赵陈氏家。原来她丈夫靳雄出门去了，与她丈夫一起撑船的同村人

① （清）官修《世宗宪皇帝实录》（清内府抄本），第 155 卷，第 4185—4186 页。
② ［美］卢苇菁：《矢志不渝：明清时期的贞女现象》，秦立彦译，南京：江苏人民出版社，2012 年，第 72 页。

景三春见赵氏正敞着怀喂孩子奶，看四下无人后，假装引孩子玩，走到赵氏身边调戏，赵氏就大声喊骂起来。邻居听到哭喊声赶到赵氏家中问其情由，赵氏也不言语，哭到娘家，赵陈氏劝她先回家，因为家里还有孩子。赵陈氏把这事告诉女婿靳雄，两人去找景三春，后者已经躲起来了，没有找到。“下晚回家，不想已经服卤死了。”清代官员认为应旌表该妇女，“赵氏一经调戏，即矢志捐躯轻生重节，贞烈可嘉，旌表以维风化”。①

男子因生活压力外出佣工等以及在性别失衡的社会中，妇女缺乏外在安全环境，容易遭受侵犯。董有成赴琉璃镇卖炭外出，有本村鹿万忠前赴伊家，推门入室，用言语向伊妻杨氏调戏，伊妻羞忿难堪于乾隆四十一年(1776)二月二十三日夜间乘伊睡熟，在鹿万忠门首树上自缢身死。据董有成的兄弟口供称：到傍晚时候哥子卖炭回家，嫂子向他说了，哥子说这是丑事，不要声张罢。嫂子只是啼哭，饭也不吃，不料到二十三日夜里嫂子就到鹿万忠家门首树上吊死了。最后鹿万忠依例“但经调戏本妇羞忿自尽者”被判“绞监候，秋后处决”，而杨氏“因被鹿万忠调奸不从，捐躯名志，洵属节烈可嘉奖，应请旌表以维风化，以慰幽魂”。②

杨氏在这一案件中并非直接选择自杀，她告诉了她的丈夫，但她的丈夫因为觉得自己的妻子遭到调戏毕竟是一件很不光彩的“丑事”，如果传出去，自己也会觉得丢失脸面，因此他选择隐忍。

① 题为“审理高邮州民景三春调戏靳赵氏致羞忿自尽一案依律拟绞监候请旨事”，第一历史档案馆，档号：02-01-07-307-071-0682。

② 题为“审理磁州民人鹿万忠调戏董有成之妻致其羞忿自尽身死一案依律拟绞监候请旨事”，第一历史档案馆，档号：02-01-07-307-081-2582。

杨氏在这样的情形之下,只能选择自杀来证明自己的贞节。妇女自杀后,调戏者遭到了严厉的惩罚,而妇女的贞节则获得了证明。

这样的案例在十八世纪很常见,遭到调戏在妇女看来是一种羞辱的事情,由此心生的怨气总是无法释泄,在这样的情形之下选择自杀。这些妇女遭到“调戏”后多数都曾告诉过她们的家人,希望让家人去找调戏者以还清白,但她们的家人都觉得这是一件很不光彩的“丑事”,多数都只是劝妇女不要声张,妇女因此觉得又羞又忿,内心的“忿”无法宣泄积堵胸中想不开,一些妇女通过自杀来证明自己的清白。

在这样的环境下,妇女的选择受到限制。妇女遭受调戏后,除选择自杀外,原本可以采取其他的选择,比如告诉丈夫、家人等,但家人碍于“丑事”不可外扬的担忧,往往很少去找调戏者;妇女也可以报官,但又因缺乏证据,也很难奏效。妇女遭受到调戏而心生“羞忿”,妇女的家人要么仅仅劝说妇女,或者即使去找了调戏者,但调戏者并不承认,妇女为证明自身清白因而自尽。

而妇女如果自杀的话,不仅证明了自己的贞节和清白,自杀事迹还会被地方政府广泛宣扬,目的是维持社会风化。妇女获得旌表,对地方官而言,亦可显示“教养”成绩,这在社会中却造成了妇女激烈轻生的风气,妇女甚至可能会因为一句调戏的话就采取自杀行为。

与之相比,即使是守节数十年也未必能获得清代官府的旌表,这在社会上无疑强化了对妇女自杀的鼓励。“吴氏于顺治十三年嫁与文沅为妻,至康熙十九年文沅身故,吴氏至康熙五十四年始亡,计其守节之年虽有三十余载,而文沅故时吴氏之年已逾三十之外,实与旌表之例不符。”①吴氏虽守节三十余年,但因为丈夫死时她已经三十余岁,因此无法获得旌表,从中可以看到旌表的严苛。

因此,妇女遭到调戏时有两种选择:要么是“调戏成奸”,一旦奸情泄露就将遭到法律的惩罚;另外一种即反抗不从,这又可分为自杀和不自杀,若妇女不自杀,为证明其清白,妇女求助家庭,但家庭往往碍于“丑事”不可外扬的担忧,妇女因“羞”生“忿”,当“忿”无法释怀而自尽。若求助法律,不仅难以达到清代法律的证据要求,更为重要的是,这样的方式也不能完全证明妇女的清白,反倒容易“丑声外扬”,遭到戏辱的妇女的“忿”仍然无法消除。并且,很少有妇女曾专门因遭到调戏而报官的。

相反,妇女若遭调戏即“羞忿自尽”,即可达到以下“效果”:一是可以证明妇女的清白;二是获得政府的旌表,妇女家庭获得奖赏,自杀妇女得以建祠设位,地方政府官员为显示“教养”成绩,也以此作为地方荣誉;三是“调戏者”会依照清代法律判处“绞监候”,达到惩罚的目的,不过代价却是失去了生命。

(二)法律对妇女守贞的保护

清代规定对守节达到一定年限的孀妇进行旌表,这对清代社会的妇女而言,当然是莫大的荣誉。《大清会典》载:“各府、州、县建节孝祠,祠外建大坊,应旌表者,题名其上。身后设位祠中,由督、抚、学政会题,取具册结送部。其在部呈请者,由部行查,督、抚

① 题为“安徽省休宁县故民汪文沅之妻吴氏守节年例未符毋庸旌表事”,第一历史档案馆,档号:02-01-03-07-061-0456。

覆咨,题准令地方官给银三十两建坊。如奉有御赐诗章、匾额、缎匹,由内阁交部发齐督、抚,行地方官给领。节妇不论妻妾,自三十岁以前守节至五十岁,或年未五十身故,其守节已及十五年,俱准旌表。”[①]妇女姓名和事迹,由地方政府一直上报到中央,作为维护风化的典型进行旌表。

妇女旌表在当时的基层社会产生了广泛影响,甚至直到民国时期,游历中国的日本学者小竹文夫曾因见清代旌表遗迹,心生感慨而写道:“旅行中国者,于各处城邑乡村或郊外墓表之前,见其遍立前代遗物之旌表之牌坊及牌楼。其年久者,石柱或倾倒于碧草间,使旅人兴沧海桑田之感。亦有虽已黝黑而俨然如故者。尤于较新者,于中国市镇乡村生活中,现出其不调和,似夸其华美之石材,壮丽之雕刻而矗立道周。”旌表在传统时代则具有重要地位,代表皇帝的荣典,无论对妇女而言,还是对她的家人以及地方政府而言,都是极为荣耀之事,“此类牌坊或牌楼乃由帝王之旌表而建立者,中国素以旌表为维持社会风教上极重要者,为皇帝荣典之一者,不只为历代所重,即于民间,亦以受旌建坊为无上之荣焉”。[②]通过旌表妇女遵守贞节的事迹,在社会中形成一种极端重视贞节的风气。

尽管清代法律并不干涉寡妇改嫁,但是寡妇改嫁意味着失去财产监护权,妇女的嫁妆也无法带到新的夫家。[③] 另一方面,清代

---

① (清)陈培桂纂辑:《淡水厅志》,台北:远流出版社,2006 年,第 388 页。

② [日]小竹文夫:《清代旌表考》,《人文月刊》1936 年第 3 期。

③ Matthew Sommer, “The Uses of Chastity: Sex, Law, and the Property of Widows in Qing China”, *Late Imperial China*, Vol.17, No.2, (Dec., 1996), pp.77—130.

对守节的提倡和宣扬，鼓励守节，使得孀妇“自愿守节”，但实际生活处境又非常艰难，夫家人很容易贪图财礼逼迫孀妇再嫁，妇女“守节”意愿无法实现，那些坚持守节心志的妇女就容易自杀。

这里给出一个案例：陈玉隆长子陈富于乾隆三十一年（1766）身故，遗媳彭氏年甫十八，并无生育。陈玉隆以彭氏年轻，恐难终志，与彭氏表兄王起义商议遣嫁，王起义希图媒金，兼可分润财礼，从中怂恿。陈玉隆即托王起义代觅人户，后彭氏不甘失节，十九日乘李氏归家，投缳殒命。①

生存的现实境遇与妇女守节心志往往矛盾，对这些妇女而言，容易遭到夫家人的逼嫁。比如《刑案汇览》中就有一例案件：詹人璧胞侄詹伯章病故，遗妻刘氏孀守。詹人璧每月给钱，贴补用度。后因詹人璧家中日渐困难，无力资助，刘氏渐出怨言。詹人璧考虑刘氏难以终守，就劝刘氏改嫁，刘氏剪发不从。詹人璧因贫难养赡，立意将刘氏改嫁，捏称刘氏自愿改嫁，托陈鸣岐媒合，觅得娶主孙万贵，抬轿往娶。后尚未成婚，刘氏不甘失节，乘间投缳殒命。②孀妇守节但因为家庭贫困，容易与夫家人产生矛盾而遭逼嫁，在孀妇守节不改变的情况之下就容易自杀。

妇女希望守节，还往往受到贪图财产者的逼迫。温县人耿光先因为想要占有同村孀妇韩氏的宅子和土地，于是强逼韩氏改

① （清）全士潮、张道源等纂辑：《驳案汇编》，何勤华等点校，北京：法律出版社，2009年，第55—56页。

② 具体可参见（清）祝庆祺、鲍书芸、潘文舫等编：《刑案汇览三编》，第七卷，北京：北京古籍出版社，2004年，第249页。

嫁。[1] 守节妇女甚至易遭到贪图财产的同村人或者夫家亲戚的威逼,因为妇女若改嫁即失去了对夫家财产的权利。

威逼孀妇是如此普遍,也说明当时社会中没有娶妻的男子的数量应该具有相当规模,而且有的不一定都是特别贫困的(比如有诸多案件提到交付的彩礼钱已达到数十两,想必一个处于糊口的男子难以拿出这些银两),妇女因此容易受到逼嫁。

清代法律并不干涉寡妇改嫁,但寡妇若改嫁后就失去了其在夫家的财产处理权,同时清代法律鼓励寡妇自愿守节,任何违背寡妇意愿强逼改嫁的应遭受惩罚,这使得妇女极为重视贞节;但寡妇自愿守节,对贫穷的夫家人而言,提供相应的生活资料也并不是一件容易的事情,在财礼的诱惑下,夫家更容易采取威逼寡妇改嫁的抉择,而寡妇自尽不仅能够守节,还能够获得政府的旌表,那些"逼迫孀妇改嫁者"也会因此而遭到惩罚。在贞节道德和严峻现实夹缝中的妇女,容易采取自杀,在她们看来,贞节比生命更重要,在无法实现守节的心志下,只能选择自杀。

尽管清代法律规定"孀妇自愿守志而母家夫家抢夺强嫁者,各按服制照律加三等治罪,其娶主不知情不坐,知情同抢照强娶律加三等,未成婚妇女听回守志,已成婚而妇女不愿合者听如孀妇不甘失节因而自尽者,照威逼例",但法律档案中显示这些妇女在自杀之前并未曾求助于官府。即使求助于官府,清代政府因此保护孀妇的守节的心志而惩罚威逼者,然而处于糊口经济的现实境遇,妇

① 题为"报温县人犯张圣先殴伤逼嫁妻母图占房产耿光先身死拟绞监候事",第一历史档案馆,档号:02-01-07-0131-009。

女守节也会面临诸多现实问题。

我们能从法律档案中看到,处于底层社会中的孀妇挣扎在生存边缘,尽管如此,许多孀妇宁愿自杀也不肯再嫁。黄氏因刘泽远强嫁不从,自刎身死,黄氏死后获得旌表,“该抚转行该地方官给银三十两,听本家自行建坊,其该县节孝祠内设牌之处照恩诏定例遵行”①。

(三)法律对违背贞节道德行为的惩罚

在注重贞节伦理的社会中,妇女犯奸行为对其家人而言,是一件“没法见人”的事。“震泽县沈维城遇无服族叔沈灿文之妻凌氏在场乘凉,彼此闻谈遂诱成奸,后凌氏因奸败露,羞愧自缢。沈灿文控县差拘候讯,沈维城母纽氏以伊子犯奸酿命,恐干重罪,又见与其有讼嫌沈氏私自谈论,生气即于二十二日夜潜至沈氏家猪屋投缳毙命。沈维城‘合依子孙因奸因盗以致父母忧忿自尽者,照子孙过失杀父母例’,拟绞立决。”②

这里有两位妇女选择自杀,凌氏与沈维城之间的奸情败露,因为觉得羞愧,也要面对道德和法律的双重压力,因此选择自杀。沈维城的母亲得知儿子犯奸,又看到别人在谈论此事,一方面觉得非常羞愧,另一方面也担心自己因为儿子的行为要承担重罪,在羞愧与恐惧中选择自杀。

---

① (清)全士潮、张道源等纂辑:《驳案汇编》,何勤华等点校,第63—64页。

② 题为“报苏州府震泽县民沈维城与沈凌氏通奸败露致氏自尽拟绞立决事”,第一历史档案馆,档号:02-01-07-1467-001。

在这一类妇女自杀的情形中,多数是一些“通奸”案件。如前所述,妇女的犯奸行为如果被告到官府,就将遭到惩罚,妇女在这样的情形之下又“惧”又“愧”,不仅会遭到法律的惩罚,而且将背负着“污名”生活,妇女就有可能采取自杀的行为。王成学同儿子王铎在望都县佣工,王铎母亲王丁氏听其侄子丁全孝说二十八日晚上他撞见了丁青山从她儿媳刘氏家里走出,丁全孝喝问了一声,丁青山就跑了。第二天王丁氏问过儿媳刘氏,后者并没有言语。等到王成学父子都回来,王丁氏就把这件事情告诉了他们父子,王铎走去向刘氏查问,刘氏说是丁青山们走来轮奸她(后查清事实是刘氏与丁青山通奸),王铎把这件事情告到县衙,不料刘氏就上吊死了。① 刘氏见其夫要去报官,这就意味着刘氏的“奸情”有可能暴露,如果确实属实,刘氏就将遭受严厉惩罚。在这样的情形之下,刘氏因为惧怕惩罚而选择自杀。

这样的案例不胜枚举,犯奸的妇女被发现后首先要面对丈夫的压力。广东归善县民陈亚扁与骆亚受邻村熟识,长相往来,陈亚扁之妻邱氏与骆亚受素不避忌。乾隆四十九年(1784)陈亚扁自外佣工回家撞遇,骆亚受在房内搂抱伊妻邱氏调笑,随即上前捉拿骆亚受,骆由窗门跳出,陈亚扁向邱氏诘出奸情,叱骂欲殴,邻人谢煌训、魏廷俊劝止,邱氏因奸情败露服毒身死。②

清代对犯奸案很重视,妇女犯奸即使“羞愧自尽”,也应该上报

---

① 题为“直隶束鹿县民丁青山与王刘氏通奸败露致氏自尽并奸夫之祖畏累自缢议准绞立决事”,第一历史档案馆,档号:02-01-07-1177-003。

② 题为“广东归善民陈亚扁妻与骆亚受通奸败露致氏自尽砍伤骆亚受身死议准绞监候事”,第一历史档案馆,档号:02-01-07-1739-007。

官府,否则夫家人会受到惩罚。徐荣祥系徐荣发胞兄,徐荣发娶妻王氏,徐荣祥向在徐荣发前间楼上住歇。嘉庆四年(1799)六月初九日徐荣祥与王氏调戏成奸后,遇便宣淫。有一次王氏与徐荣祥行奸被徐荣发看破,于是斥訾王氏的不是。徐王氏用刮布小刀自抹咽喉身死,徐荣祥畏惧赤身跑避。徐荣发顾惜颜面,诡称徐王氏因夫妇口角轻生自尽,买棺殓埋。经县访获犯,详审,供认不讳。徐荣发被惩罚。①

妇女因为奸情自杀,这类案件"不准私和",因为在地方官员看来,因奸酿命是严重案件。比如四川巴县的案件:宋友章妻子冯氏与周绍基通奸,周绍基的妻子张氏与冯氏争吵,冯氏因此自杀。宋友章的母亲因为家里贫苦,而且年纪超过了六十岁了,"不愿拖累,愿具悔结",冯氏的娘家人也是希望如此。但地方官员当堂驳斥:因奸酿命,岂容私和请息。因此堂批:"不准结,掷还!"他认为这样的行为"殊属冒昧可恶!"②可以看到,该地方官对于犯奸的行为极为厌恶,更何况还引发命案,因此他认为这样的行为坚决不能悔结。正如一位刑部官员所认为的那样,犯奸的行为应受惩罚:"盖名节乃举世所重,奸淫为恶之首",因此要"惩邪淫而维风化!"③在当时的地方官员看来,法律应该通过惩罚这些犯奸者,在社会中创造一种压力,才能有效维持社会的风化。

① 题为"报孝感县人徐荣祥与弟媳通奸败露致氏自尽拟绞立决事",第一历史档案馆,档号:02-01-07-2135-01。

② 四川省档案馆编:《清代巴县档案汇编·乾隆卷》,北京:档案出版社,1991年,第88页。

③ (清)全士潮、张道源等纂辑:《驳案汇编·续编》,何勤华等点校,北京:法律出版社,2009年,第686页。

清代法律惩罚犯奸的妇女，妇女犯奸的行为暴露后，要面临法律的惩罚，还有夫家人以及习俗的压力。在这样的情况下，妇女因做错事而内心又“羞”又“愧”，会促使其采取自杀行为。

清代将对妇女的贞节道德限制纳入法律中，法律鼓励妇女在贞节道德遭到侵犯时应极力反抗，以证明清白；法律将对妇女的利益保护与贞节道德密切联系起来，那些遵守贞节道德的妇女可以获得法律的保护，反之，若没有遵守法律所鼓励的贞节道德，法律则不保护；法律对违犯贞节道德的行为进行惩罚，使得那些妇女面临诸多压力。道德法律化使妇女在当时的社会环境中，选择极为受限，失节妇女大多趋于自杀。

法律对妇女的“滞后的道德要求”对妇女自杀造成诸多影响：当妇女遭到侮辱就会由“羞”致“忿”，无论侮辱轻重，“忿”无法从内心释泄，就应该为了“清白”而舍弃生命；即使在生存的边缘苦苦挣扎，也应该追求忠贞，追求忠贞是底层社会孀妇生存动力之一，当这样的追求遭到威胁无路可走，则选择以死明志；“犯奸”对妇女和她的家人而言是一件耻辱和丢人的丑事，妇女犯奸被发现，由“羞”生“愧”，因为“内心羞愧没法见人”而选择自杀。

二、“超前道德”的法律实践与妇女自杀

随着传统制度的解体和意识形态的崩溃，以父系家庭为基本构造的传统法律转变为以“权利人”为中心的现代法律；作为“礼”的重要内容的道德主义和身份差别从现代法律中退出，传统社会的身份、家族和团体支配亦被摧毁；基层社会控制体系如乡约和旌

表制度，因无法应对西方的强烈冲击和社会危机而渐被抛弃。[①] 但是，传统对妇女道德严格限制的那一套法律被废除后，并不意味着妇女自杀问题就能获得解决。

民国时期，尽管在法典层面妇女比以往获得了更多的权利，但乡村基层社会中，过去的一套规则和习俗仍然延续。在一些情形中，新的法律因为没有考虑到社会实际，与以往相比，反倒损害了妇女的利益。比如在继承法方面，正如白凯所指出的，清代法律确定了孀妇有权在侄子中选择"爱继"侄子，且优于"应继"侄子；国民党法律则完全废除承祧制度，确定妇女与男子有同样的继承权，但在农村实际生活中，新法律的作用十分有限，新的法律看似保护妇女的权利，实际上则是对妇女原有权利的损害。[②]

更多的情形是，新的法律并未对乡村社会产生直接影响，妇女的处境并未发生明显改善。"满铁"调查中有一个妇女自杀的案件：侯家营侯振祥的媳妇十七岁就嫁到侯家，她与婆婆的关系不好，后者很泼悍。这位媳妇平时替人收拾麦秸以赚取工钱，这样她自己也可以攒下一些钱。有一次她还没有拿到工钱就回娘家，她的公公替她收下钱，后来因为没有零钱就给了这位儿媳四元整钱，但是这位婆婆很不乐意，让他立刻把找头要回来。然而后者没有同意，于是这位泼悍的婆婆自己去要，还在亲家面前恶语相向。这位年轻媳妇因此非常伤心，当天晚上就跳井自杀了。最后，这件事

① 萧公权：《中国乡村：论十九世纪的帝国控制》，张皓、张升译，北京：九州出版社，2018 年，第 604—610 页。

② ［美］白凯：《中国的妇女与财产：960—1949》，刘昶译，上海：上海书店出版社，2003 年，第 1—5 页。

通过调解来解决,侯家花了很多钱贿赂镇长以免于刑事审判,没有人关心年轻媳妇自杀背后的不公。①

乡村社会激烈的变化要等到贯彻婚姻法运动后才发生,这场运动不仅改变了社会结构,也改变了民众的价值观念。新的法律主张男女平等,努力改变妇女被压迫的境遇。但是,法律对妇女超前的道德追求,带来的一个未能预料的后果是在运动过程中同样出现了妇女自杀。

(一)法律对激进性别平等的追求

早期革命动员过程中,就已认识到妇女的重要地位,重视发挥妇女作为"半边天"的作用。毛泽东在《湖南农民运动考察报告》专门提到推翻"夫权":"中国的男子,普遍要受三种有系统的权力的支配,即:政权、族权、神权。至于女子,除受上述三种权力的支配以外,还受男子的支配,即夫权。这四种权力——政权、族权、神权、夫权,代表了全部封建宗法的思想和制度,是束缚中国人民特别是农民的四条极大的绳索。"②

关于早期革命动员中婚姻法的作用,相关研究成果已经积累很多。比如,黄宗智指出激进性别平等法律可以追溯到20世纪30年代,"江西苏维埃根据地时期颁布的《中华苏维埃共和国婚姻条例》第九条就宣布:'确定离婚自由。凡男女双方同意离婚的,即行

① [美]黄宗智:《清代的法律、社会与文化:民法的表达与实践》,第68页。

② 毛泽东:《湖南农民运动考察报告》,《毛泽东选集》,第一卷,北京:人民出版社,1991年,第31页。

离婚。男女一方坚决要求离婚的,亦即行离婚。'这样的法律远较西方国家激进,西方国家直到60年代才开始实行无过错离婚。"①

正如费孝通在《江村经济》中就已经注意到法律制定与法律效果之间的复杂关系,脱离社会实际的激进法律与法律实际效果产生背离。尽管他是以民国政府的继承法为例,"在亲属组织中,目前法律对财产继承问题的规定似已成为两性不平等的实例。一旦男女平等的思想被接受,这样的规定将产生一种修改单方亲属原则的行动。正如我要说明的,财产的继承是两代人之间相互关系的一部分。供养老人的义务,落在子女身上的社会里。在目前父居家庭的婚姻制度下,女儿和儿子不能分担同等的义务。因此,双系继承与单方立嗣相结合将形成两性的不平等。从这一点来看,立法的后果显然与期望是背道而驰的"②。这样的问题同样发生在江西苏维埃时期的婚姻法实践中。

此种激进性别平等的法律与社会实际冲突明显,在实践中遇到诸多问题。首先是对于农民而言,"婚姻方面的花费相对于农民的收入而言,是一笔不小的开支,一生只负担起一次,允许妇女自由而言,对于农民家庭而言是很严重的打击"。其次,对于红军战士而言,因为长期在外,妻子更容易离婚,"这显然威胁到当时红军战士对妻子的主张权,这将进而威胁到中共的政权基础"。另外因为离婚过于自由,"会使得一方面男性党员借口妻子政治的落后,

---

① [美]黄宗智:《离婚法实践:当代中国法庭调解制度的起源、虚构与现实》,见氏著《经验与理论:中国社会、经济与法律的实践历史研究》,北京:中国人民大学出版社,2007年,第289—290页。

② 费孝通:《江村经济》,上海:上海人民出版社,2007年,第15页。

实际想与来自城市的女同志结婚”。而且妇女也可以借婚姻自由，实际上想与干部结婚。正是在诸种现实尤其是从政权稳定性方面的考虑，要获得红军士兵和农民对革命的支持和拥护，激进的性别法律很快从激进的立场中撤退。①

但是，这种激进平等性别的思维与公开宣传的“废除封建婚姻”的口号具有一致性，这在贯彻婚姻法运动得到更为直接的体现，它造成的一个严重后果是大量的妇女（1950—1953 年每年约有 7 万—8 万名）遭到杀害或自杀。②

1950 年新的婚姻法目标是“废除封建婚姻”，在原则部分首先指出，新的婚姻法要“废除包办强迫、男尊女卑、漠视子女利益的封建主义婚姻制度”，而且也专门强调“禁止重婚、纳妾，禁止童养媳、干涉寡妇婚姻自由、任何人借婚姻关系问题索取财物”，实行“男女婚姻自由、一夫一妻、男女权利平等、保护妇女和子女合法权益的新民主主义婚姻制度。”

当时各级政府专门成立“贯彻婚姻法运动委员会”，宣传贯彻新的婚姻法律。比如上海市、区两级成立“贯彻婚姻法运动委员会”及办公室，组织妇联、青联、民政、司法、公安等部门共同宣传，各级司法机关派出大批干部，深入工厂、农村、机关、学校，运用多种形式，向群众宣传婚姻法的基本原则和有关结婚、离婚的法定条件。其间还要求各级法院及时选择有教育意义的典型案件，召开

① ［美］黄宗智：《离婚法实践：当代中国法庭调解制度的起源、虚构与现实》，见氏著《经验与理论：中国社会、经济与法律的实践历史研究》，第 289 页。

② ［美］黄宗智：《离婚法实践：当代中国法庭调解制度的起源、虚构与现实》，见氏著《经验与理论：中国社会、经济与法律的实践历史研究》，第 292 页。

公判、公审大会,体现法律政策精神,支持群众对封建婚姻制度的斗争。机关党报和广播此时也大力宣传新的婚姻法律。[①] 经过政治动员和宣传后,新的婚姻法律被基层民众所知晓。新的婚姻法实施后出现离婚高潮。比如,当时甘肃省各级政府"采取多种形式,向群众宣传婚姻自由、妇女解放、男女平等等婚姻法的重要精神,要求广大干部,尤其是区、乡干部和婚姻登记管理干部,要"坚决支持广大人民群众争取婚姻自由和改善婚姻家庭关系的合理要求",1950—1959年,全省法院受理的离婚案达14.63万件,年均1.5万件,其中女方提出离婚的远远高于男方,如1952年全省法院受理的离婚案件中,女方提出离婚的占89.17%,男方提出离婚的仅占10.83%。[②]

"贯彻婚姻法运动"中出现的问题,原因主要在于:一方面当时法院对妇女的要求与社会实际不一致,实行起来遇到不少困难;另一方面,它同时又唤起了妇女强烈的性别平等的意识,妇女强烈的性别平等意识与现实选择之间的冲突,容易使得部分妇女趋于自杀。1950年经黑龙江和松江两省各级人民法院判决和调解离婚的13686件,占审结离婚案件的83.5%,然而在此过程中,妇女群体仍然面临诸多困境,悲剧性结果不时发生:"仅松江省1952年1月至10月统计,因婚姻问题妇女被害死亡的108人,其中他杀61人,自

① 上海审判志编纂委员会编:《上海审判志》,上海:上海社会科学院出版社,2003年,第222页。

② 甘肃省地方史志编纂委员会编:《甘肃省志·人口志》,兰州:甘肃文化出版社,2001年,第380页。

杀 47 人。”[①]在福建地区同样遇到较大阻力,在该省法院看来主要原因是有些人“受封建思想和习惯势力的严重束缚,对婚姻法持严重抵触态度,甚至残酷迫害要求婚姻自由的妇女”。据 1951 年 10 月统计,“龙溪地区 8 个县因婚姻问题被迫自杀和被杀的青年男女有 141 人,受严重虐待的有 454 人”。[②]

(二)道德制约力的弱化与变动的家庭结构

当代中国与以往相比,无论是在法律层面还是社会层面,都提高了妇女在家庭中的地位,但是,老人则逐渐成为弱势群体,因婆媳关系导致作为婆婆的一方自杀概率大。如前所述,传统时代妇女附属族权、夫权,比如仁井田陞指出“家长是家族共同体的指挥统率者,家族共同体的事物中,除了属于主妇职责范围的日常家务事以外,其他一般性的家政、家务等,照例都由家长负责,拥有这种职责的家长,按照常例是家族内部辈分和年龄最高的男子”[③]。与此类似,瞿同祖的研究也证明了“女卑于男”是古代男性中心社会中一个基本的支配男女关系的理论,女人是在男人意志和权力之下的。[④] 而当代中国家庭权力结构的变化,老人在家庭中逐渐居于弱势,而且社会上开始出现一些遗弃、不赡养老人的问题,甚至

① 黑龙江省地方志编纂委员会编:《黑龙江省志 · 政权志》,哈尔滨:黑龙江人民出版社,2003 年,第 728 页。

② 福建省地方志编纂委员会编:《福建省志 · 审判志》,北京:中国社会科学出版社,1999 年,第 77 页。

③ [日]仁井田陞:《中国法制史》,牟发松译,第161 页。

④ 瞿同祖:《中国法律与中国社会》,第 119—120 页。

1980年婚姻法2001年修正时特意增订“保护老人的合法权益”。[①] 而法律中强调对老人群体的保护,恰也说明社会中关于老年人的保护已成社会问题,老年妇女显然也包含其中。

当代中国自杀问题同样严重,当代的调查研究已经积累了一定数量的成果,使我们一定程度上能够看到基层社会中家庭关系和婚姻关系引起的自杀案件的严重程度。陈柏峰对湖北六个村落的调查显示出老人自杀现象的严重性,比如他提到最初当向村民们询问是否存在老年人非正常死亡的情况,村民们的回答居然是“我们这里就没有正常死亡的老年人!”[②]景军、张杰等学者也提到类似的事实:“中国农村的自杀问题往往与家庭矛盾缠绕在一起,而家庭矛盾的焦点之一即是婆媳关系,家庭矛盾中有相当一部分原因在于女性在家庭中的地位,例如夫妻间的从属地位以及婆媳关系等。”[③]刘燕舞则通过对7省34村的质性访谈而获得的1980—2009年间604例农民自杀的死亡案例数据分析,质疑景军等学者主张的农村人口迁移引起的自杀率下降的观点,刘认为当前农村的自杀率仍呈显著上升的趋势,青年人自杀率的下降与老年人自杀率的上升并行不悖存在于当前乡村社会,青年女性自杀率的下降拉低了青年人整体自杀率,但老年人自杀率的上升则拉升了农

---

① 王泰铨:《中国法律通论》,上册,台北:新学林出版股份有限公司,2009年,第624页。

② 陈柏峰:《代际关系变动与老年人自杀——对湖北京山农村的实证研究》,《社会学研究》2009年第4期。

③ 张杰、景军、吴学雅等:《中国自杀率下降趋势的社会学分析》,《中国社会科学》2011年第5期。

村的整体自杀率。①

在当代基层社会,与父母提前分家成为解决家庭问题的普遍方式,家庭主义进一步弱化。阎云翔根据在下岬村的经验,从分家的习俗中讨论家庭政治中道义与经济的关系,在他看来,“经济改革使得农村家庭重新作为生产单位的同时也鼓励了个人财产观念的发展,促使年轻人要求提前分家,但新建立的核心家庭的脆弱性导致了母家庭与子家庭之间及数个子家庭之间的相互依附和紧密合作,形成了松散但持久的网络家庭,三大变化紧密相连,相互促进,结果是越来越多的村民将分家作为解决家庭问题的良方而非家庭政治的危机或伦理上的失败”②。

但是,分家之后并不意味着家庭问题就能获得解决。我在基层调查中发现,即使分家之后,母家庭与子家庭之间也会存在着诸多联系。一方面,对独立人格的强调使得年轻夫妇更容易选择分家,多数年轻妇女都表达出自己希望分家单过的想法,在她们看来,平时接触多了总会容易产生矛盾。③ 另一方面,无论在法律义务、情感还是财产等方面,又使得与母家庭有各种联系,在二者的拉锯中就容易产生冲突。

其次,代际冲突与老人在家庭结构中的弱势地位越来越突出。黄宗智20世纪80年代于华阳桥镇的调查研究中就已经指出“解

① 刘燕舞:《中国农村的自杀问题(1980—2009)——兼与景军先生等商榷》,《青年研究》2011年第6期。

② 阎云翔:《家庭政治中的金钱与道义:北方农村分家模式的人类学分析》,《社会学研究》1998年第6期。

③ 2013年7月18日访谈。

放前当媳妇的在村内处于最底层,在婆婆的摆布下生活,不少村民说,过去媳妇总是家里第一个起床做饭,现在这些都由婆婆来做了,年轻妇女不会像以前的媳妇那样容易被摆布"①。阎云翔发现"年轻夫妇对独立性有很高的要求,儿女成家都离开之后,就只剩下老两口的核心家庭,无论是社会学的专业名词空巢还是当地单过的称呼都透露出一种老人孤独凄凉的味道"②。而且老人年纪越大,就越有可能受到已婚的儿子或者儿媳的虐待,他曾举出了一个案例:"儿媳妇在与老人的一次冲突中,从后面一把抓住公公,将公公的头往家具上撞了好几下,老人头上身上到处都是伤,最后只好将儿子告上法庭,法庭很快判儿子媳妇虐待老人,但正如村里人预言的一样,法庭上的胜利并没有带给老人几天好过的生活,因为还是几个儿子互相推诿或宣布断绝父子关系,老人被安排住在一个破房子里。"③

笔者在基层调查中也注意到了老人自杀现象。一例是因婆媳之间的争吵,婆婆因而自杀;一例是母亲和女儿因财产矛盾,母亲自杀。④ 老年人在家庭结构中趋于弱势地位,道德对于青年人的制约力也日益减弱。

此外,尽管法律规定禁止干涉婚姻自由,但在当代中国乡村社会,实际干涉婚姻自由的案例并不少见,尤其是对老年人再婚的干

① [美]黄宗智:《长江三角洲小农家庭与乡村发展》,第301—303页。

② 阎云翔:《私人生活的变革:一个中国村庄里的爱情、家庭与亲密关系(1949—1999),龚小夏译,上海:上海人民出版社,2017年,第185页。

③ 阎云翔:《私人生活的变革:一个中国村庄里的爱情、家庭与亲密关系(1949—1999)》,龚小夏译,第190页。

④ 2013年7月12日访谈。

涉。阎云翔在下岬村的调查就曾提到这样的案例："一位 64 岁的寡妇为了避免儿子不孝顺以致老来无依靠的悲惨命运，决定不顾社会舆论再婚，反对最厉害的就是她的儿子和儿媳，因为他们觉得这非常丢脸，实际上村里人都知道其实只是为了惩罚这位寡妇，尽管寡妇最终再婚了，但却付出了沉重的代价，她儿子动员亲友强迫她按照旧习俗举行了侮辱性的寡妇再嫁仪式，奇怪的是村干部和当地政府根本没有制止虐待老人的行为，哪怕是听到村里人提意见，村干部也是装聋作哑。如果反观历史的话，则恰好相反，1949年之前都是婆婆欺负媳妇，如果媳妇守寡想再嫁，婆婆就会用那些习俗来侮辱她。"①

与城市民众相比，②农村老人生活保障主要依赖子女赡养，他们更为重视与子女关系，如果子女不孝顺，带给他们的伤害也会更严重，因为老年人在此种处境下不仅是心理上的伤害，而且选择也受到诸多限制，因此容易趋于选择自杀。

与传统时代的"道德法律化"相比，违背道德的行为要面临诸多压力，道德约束有一套相应的保证机制，而当代中国社会道德约束力日益衰弱，道德渐从法律中退出，道德对个人行为的约束力缺乏外在保证，尤其是在当代中国社会，对个人利益的追求获得前所未有的合法性，道德约束功能弱化。

可以看到，当代中国乡村社会家庭关系处于变动中。一方面

---

① 阎云翔：《私人生活的变革：一个中国村庄里的爱情、家庭与亲密关系（1949—1999）》，龚小夏译，第 191 页。

② 关于城市民众的家庭生活，可参阅怀默霆对 1990 年代中期的保定市家庭生活的研究，Martin King Whyte, "Continuity and Change in Urban Chinese Family Life", *The China Journal*, No.53(Jan.2005) .

传统的孝道在延续着,子女与父母之间的家庭情感具有相当的韧性;但另一方面,道德约束力也在日益消弱,老人渐成为弱势群体,在个人主义与家庭主义的纠葛中,中国的家庭伦理也随着法律与社会的变迁而发生改变。

(三)对个人权利的片面强调

当代中国法律打破了传统社会父权夫权统治、男尊女卑的思想。如宪法规定男女平等、婚姻法规定一夫一妻的原则,使妇女在政治、经济、文化、社会和家庭生活各方面享有与男子平等的权利;当代婚姻法律宣示婚姻自由和男女平等原则,婚姻自由包括结婚自由和离婚自由,前者是婚姻自由的主要内涵,后者是对婚姻自由的重要补充。此原则主要是为破除中国传统社会余留的"婚姻乃父母之命"思想,"对于离婚者、丧偶者或老年人再婚,子女或家属亦多有阻挠之例。此外还特别重申禁止包办、买卖婚姻或其他干涉婚姻自由的行为,禁止结婚索取财物,以符合社会主义的精神"。

新近最高法院关于婚姻法中涉及房产的解释进一步强化个人主义的原则,如"婚后由一方父母出资为子女购买的不动产,产权登记在出资人子女名下的,视为只对自己子女一方的赠与,该不动产可认定为夫妻一方的个人财产。由父母双方出资购买的不动产,产权登记在一方子女名下的,该不动产可认定为双方按照各自父母的出资额按份共有,当事人另有约定除外"①。

① 最高人民法院关于适用《中华人民共和国婚姻法》若干问题的解释,第七条(婚后购房的归属)于 2011 年 7 月 4 日通过,自 2011 年 8 月 13 日起执行。

但这并非就意味着传统家庭结构的解体带来的都是幸福生活。有学者指出，家庭中的稳定关系反而变得脆弱，“父权作为中国传统社会家庭中的权力机构和稳定机制被改变之后，夫妻之间的横向关系成为家庭中最核心的关系，伴随着自由爱情的强调，人们也更强调人格的独立性，这样就有可能使诸多本来并不激烈的冲突变得十分敏感，过去维护家庭基本稳定结构的父权制度打破之后，并不是家庭地位的消弱，也没有使今天中国人可以在家庭之外实现自己的美好生活，正相反，家庭政治变得更加复杂、微妙和不可预期”①。

当代中国乡村社会的婚姻亦出现诸多问题。首先是如阎云翔指出的基层社会的年轻人费尽了心思提高彩礼与陪嫁的数量，目的是最大限度追求自己的利益这使得结婚费用越来越高，②甚至已经开始超出了大部分基层家庭的承受程度。

无论城镇还是乡村的离婚率都呈上升趋势，1978 年每二十对夫妻中只有一对夫妻离婚而且法庭也能处理其中半数，但 30 年后的 2008 年，每五对夫妻中就有一对离婚，法庭处理的只是其中的百分之三十，戴慧思（Deborah Davis）将当代婚姻出现的诸种新变化（婚姻趋于自愿订立的合同关系、婚姻共同财产保护以及两性关系严密监控的弱化，高离婚率、高再婚率以及高结婚率是此“三大转变”的结果）称为“婚姻的私人领域化”。③ 这样的趋势在冲击着既

① 吴飞：《浮生取义：对华北某县自杀现象的文化解读》，第 57 页

② 阎云翔：《私人生活的变革：一个中国村庄里的爱情、家庭与亲密关系（1949—1999）》.龚小夏译，第 168 页。

③ Deborah Davis, “Privatization of Marriage in Post-Socialist China”, *Modern China*, Vol. 40, No.6 (Nov., 2014), pp.551—577.

有的关于婚姻的诸多道德观念,二者在交汇过程正在形成一种新的婚姻观念。一方面妇女在婚姻家庭中面对纠纷具有了多种选择性,妇女在家庭中的地位提高了,但另一方面,婚姻与家庭的不稳定也同样带了诸多问题。①

此外,忽略家庭本身的亲密关系,过分追求家庭中的“个人期望”,当未达到时,就容易采取过激的非理性行为,典型事例是当代中国基层社会中因为家庭关系中的琐事导致的相当数量的自杀案件。吴飞在田野调查中就提到一个令人唏嘘的案例:“一位刚结婚没两年的少妇,和丈夫非常恩爱,几乎从不吵嘴,在她的陪嫁中,有一台录音机。有一天家里失盗,录音机被小偷偷走了。这位少妇当时就在家中,却没有看到小偷进来,她的丈夫知道后,狠狠数落了她一番,责怪她看管不严。她觉得非常委屈,因为丈夫从未这样对待过自己,于是一气之下,喝下一瓶农药死了。”②

涂尔干提出“集体情感”以解释家庭中的自杀现象。他认为影响家庭成员自杀倾向的关键在“集体情感”,此种情感的强度取决于共同感受到这种情感的个人意识的数量,而家庭运转的方式随着人口的多少而变化,所以家庭成员的数量影响自杀的倾向,涂尔干的结论是家庭是避免自杀的强大因素,家庭的构成越牢固就越能避免自杀。③ 将“集体情感”的强度归为人口数量,则并不能解释传统时代因受家庭压迫自杀的现象,在人口多的家庭中,家庭成

---

① 李凌江、杨德森:《离婚对当事人及子女心身健康的影响与心理干预》,《中国心理卫生杂志》1991 年第 5 期。

② 吴飞:《浮生取义:对华北某县自杀现象的文化解读》,第 45 页。

③ [法]埃米尔·迪尔凯姆:《自杀论》,冯韵文译,北京:商务印书馆,1996 年,第 206 页。

员出现自杀倾向的程度并不必然就会低。

可以看到,与传统时代的法律相比,当代中国法律保护妇女的权利,提高了妇女在家庭中地位,妇女在遇到家庭冲突时的选择也具有多样性,比如在“感情破裂”时可以选择离婚。问题复杂性在于,家庭秩序中的妇女选择自杀,感情往往并未“破裂”,一方面她们极为重视和家庭成员之间的情感,另一方面,她们又对权利片面强调,在二者的纠葛中就容易趋于选择自杀。

三、小结

马克斯·韦伯(Max Weber)的法律社会学理论对西方学术界影响深远。他以形式相对实体、理性相对非理性的方式构建出四种理想类型即形式理性、形式非理性、实体理性、实体非理性的方式比较东西方法律的差异,并通过分析法律与政治、经济、宗教等层面的关系及其与三种政治支配(家族和宗教、宗主父权封建制、现代法律官僚制)和权威类型(魅力型权威、传统型权威、法理型权威)之间的互动,试图证明西方法律对资本主义社会发展的作用并暗示整个社会“理性化”的趋势。①

在他看来,基于演绎逻辑“形式理性”理想类型具有两方面的特点, 即通则化和体系化:从最初步的思维运作开始,把决定个案的各种典型理由化约成一个或数个原则即“法命题”;其次将所有透过分析而得的法命题整合,使之成为相互间逻辑清晰而非自相

① [德]马克斯·韦伯:《法律社会学》,康乐、简惠美译,第27—29页。

矛盾，尤其是原则上没有漏洞的规则体系，使所有可以想见的事实状况全都合乎逻辑地摄于体系的某一规范之下，以免事实的秩序缺乏法律保障。① 韦伯强调形式主义理性法律，目的在于追求法律的"确定性"，使其外在于宗教、道德伦理、情感意志等因素，不受权力的干涉。

以上对妇女自杀问题的分析，可以看到无论道德法律化还是法律的去道德化都会造成妇女自杀。权力和道德完全从法律中退出，家庭秩序中的公正将以何种形式寻求保证成为困境；另一方面，也着重批判"道德法律化"的做法，认为这实际上造成了妇女过度的道德压力。因此，对道德应进行具体区分。

首先，根据社会维度，区分"道德的法律实践"的两种类型，即"滞后的道德"与"超前的道德"，实际上，二者都会造成妇女趋于自杀。前者将对妇女的贞节道德要求通过法律的方式确立，具体包含三种机制：法律鼓励妇女贞节道德受到侵犯和怀疑时选择自杀；法律积极保护守节的妇女；法律同时惩罚违犯贞节道德的行为，在这样的社会中，妇女因选择受限而趋于自杀。后者则追求超前的道德，包括法律对激进性别平等的鼓励；道德从法律退出后，道德失去外在保证，道德约束力的弱化；法律对权利的强调导致实践中妇女对权利的片面理解，"超前的道德"与社会实际也存在诸多冲突，同样造成妇女自杀，法律对妇女不切合社会实际的道德规定促使妇女趋于自杀。因此，从法律的角度而言，法律应该根据社会的具体实际调整对民众的道德规定，融合权利与道德。

---

① ［德］马克斯·韦伯：《法律社会学》，康乐、简惠美译，第 28—29 页。

其次应该区分"善的道德"与"恶的道德"，并将后者从法律中排除，依据的原则可以是中国传统文化中的"黄金准则"即"己所不欲，勿施于人"。[①] 传统时代的妇女自杀是因为妇女受到法律的道德压迫，比如妇女在家庭中的结构性不公地位，以及对妇女行为进行的诸多道德限制和约束，而对妇女的道德压迫显然违背了儒家自身所提倡的准则；而在当代中国社会中，道德约束力衰弱后导致老年人的弱势地位、对个人权利的片面理解导致对家庭亲密关系的忽略亦同样违背了这一准则。而实际上此准则对于基层社会民众而言，具有两种理解：一种是"如果别人这样对你，你会怎么样？"另一种是"如果我这样做了，别人会怎么看我？"

最后，中国的妇女自杀多发生在家庭领域中，现代法律应重视处理与这一领域的关系。如前所述，对自杀者不惩罚，并不意味着国家不应积极从外部帮助民众实现"家庭幸福"。家庭关系的特征在于亲密关系，但它亦存在着不同于公共领域的竞争关系，道德法律化与法律去道德化显然都无法重构法与家价值的关系，也恰因如此，在实践中也造成了诸多问题，以下各章将具体分析不同时期法律如何处理家庭关系及其对妇女权利的影响。

---

① 黄宗智在讨论法律如何处理与道德的关系时，颇具启发地引入康德的"实践理性"，具体可参阅［美］黄宗智《道德与法律：中国的过去与现在》，《开放时代》2015年第1期。

第二章　清代法律实践中的妇女离婚

一、清代关于“离异”的法律

清代对于一些不符合“礼义”[①]的婚姻关系,法律会强制要求“离异”,因此对于“离异”的探讨和分析,便不可避免地涉及对清代关于婚姻关系法律的分析。尽管形式上中国历史上的婚姻法律有诸多变化,但其实质内容并未发生根本改变。汉丞相萧何承“秦六篇律”后,加上“厩”“兴”“户”三篇,即“九章律”,到后周时皆称“户律”,北齐时以“婚事附之”,因此称为“婚户律”。隋开皇以户在婚前,改为“户婚律”,并改变后周将“婚姻”与“户禁”别为两篇的做法,合为“户婚”,但隋炀帝又将其分为“户”“婚”两篇,至唐时又复为一篇,仍然称之为“户婚”律。到了明代重又分为“户役”

① 关于传统中国法律中“礼”与“法”关系的论述,最为系统和深入的当属马小红教授的《礼与法:法的历史连接(修订本)》(北京:北京大学出版社,2017 年)。

“婚姻”两篇，清代则延续此种体例。[1] 婚姻法律与“户”律的密切关系实际上反映了传统中国政府将婚姻或家庭视为社会秩序控制的基本单元：“户律”一般涉及的是户籍管理制度以及田宅、分家析产等方面规定，政府之所以重视此类规定，主要在于户口的登记与管理是赋役征调和人口管理的重要依据，亦是官方控制社会秩序的重要方式。比如《周礼·秋官·司民》就记载：“司民掌登万民之数，自生齿以上皆书于版，辩其国中与其都鄙及其郊野，异其男女，岁登下其死生。及三年大比，以万民之数昭司寇。司寇及孟冬祀司民之日，献其数于王，王拜受之，登于天府。”[2]换言之，通过此类登记制度以掌握民众家庭人口的变迁信息，以为赋役征调提供切实依据。同样如《周礼·天官·宫伯》所载：“宫伯掌王宫之士、庶子凡在版者，掌其政令，行其秩叙，作其徒役之事，授八次、八舍之职事。”[3]因此，婚姻法律与“户律”的紧密关系，说明传统政府重视通过确定婚姻家庭规范，实现社会秩序控制。

从婚姻法律条文上来看，清代主要延续了既往的法律，清代关于婚姻尤其是“离异”的法律，主要分布于“户律·婚姻”和“刑律·犯奸”中。法律要求男女双方婚姻需要征得双方家长意愿，由家长主婚，婚姻应该符合“礼义”，任何一方有无故而悔婚约等不合“礼义”的行为，（主婚人）就会遭到惩罚。比如，律文规定“凡男女定婚之初，若有残疾、老幼、庶出、过房、乞养者，务要两家明白通

---

① 马建石、杨育棠主编：《大清律例通考校注》，北京：中国政法大学出版社，1992年，第443页。

② 杨天宇译注：《周礼译注》，上海：上海古籍出版社，2016年，第708—709页。

③ 杨天宇译注：《周礼译注》，第64页。

知，各从所愿意，写立婚书，依礼聘嫁”[①]。婚姻是涉及两家之事，不能有所隐瞒，男女双方家庭皆自愿。男女嫁娶皆由祖父母、父母主婚，如果“祖父母、父母皆无者，从余亲主婚”，丈夫死亡由妻子一人独自抚养女儿长大成人的，由该女子的母亲主婚。[②] 传统中国婚姻的观念不同于西方须得教会等宗教组织或世俗国家的认可，但特别强调家长“主婚”，婚姻涉及两个家庭，不能私自悔约。已经许嫁的女子反悔，那么女家的主婚人就要受到“笞五十”的惩罚。如果再许配给他人，则加重惩罚，未成婚的“杖七十”，已经成婚的则“杖八十”。至于后定娶的一方，如果男方的主婚人知情，则与女方同罪，财礼入官，不知情则不受惩罚。官府追还财礼给后定娶的一方，女方则归为前夫，如果前夫不同意的话，则“倍追财礼，给还其女，仍从后夫”[③]。

但是，男女未成婚而任何一方犯有奸盗之事，另一方则可以别娶或另嫁。[④] 双方及家庭在婚约问题上应该互相坦诚，不得欺骗，也不得无故违约，否则（主婚人）同样会遭到官方惩罚。[⑤] 至于婚约日期，双方同样应该遵守，如果婚期未至而男方强娶，或者期约已至但女方违期不嫁，男方或女方的主婚人就要遭到“笞五十”的惩罚。[⑥] 律文明确规定如果女方有妄冒的情形，比如要出嫁的女子有残疾，却让其姐妹与男方相见，但后却以该女子成婚，那么主婚

---

① 马建石、杨育棠主编：《大清律例通考校注》，第 443 页。

② 马建石、杨育棠主编：《大清律例通考校注》，第 443 页。

③ 马建石、杨育棠主编：《大清律例通考校注》，第 443 页

④ 马建石、杨育棠主编：《大清律例通考校注》，第 443 页。

⑤ 马建石、杨育棠主编：《大清律例通考校注》，第 443 页。

⑥ 马建石、杨育棠主编：《大清律例通考校注》，第 443 页。

人就要杖八十，追还财礼。若男方妄冒，则罪加一等。如果因妄冒已成婚的，法律规定应“离异”。①

清代律例延续以往，重视婚姻中的社会等级，不同的社会等级应遵守相应的行为规范，婚姻行为应符合“礼义”要求，否则就会强制“离异”。文武百官娶“乐人”（妓者）的话，就要受到杖六十的惩罚并“离异”，财礼入官。官员和“乐人”具有不同的行为规范，二者的婚姻结合不符合“礼义”要求，对于此种婚姻要强制离异；“家长”与“奴”不能娶“良人”妻女为妻，否则就会“杖八十”，对于“其奴自娶者”，其罪亦如此。“家长”“良人”“奴”彼此不可为婚。如果妄冒为“良人”而与“良人”结为夫妻的话，就要受到“杖九十”的惩罚。“家长”不能为与“良人”“奴”为婚而入籍为婢，这将受到严厉一等的惩罚——“杖一百”。这些违背社会等级规范不符合“礼义”的婚姻都无法获得认可，法律要求强制“离异”。②

与此相关的是，法律禁止府、州、县亲民官任内娶部民妇女为妻妾，官员与部民分属不同等级，彼此不可通婚，即使成婚的话也会被官府“离异”，财礼入官。“亲民官任内娶部民妇女为妻妾者，杖八十，若监临官娶为事人妻妾及女为妻妾者，杖一百，女家并同罪。妻妾仍两离之，女给亲，财礼入官。”③值得一提的是，对于特定群体如僧道违犯“礼义”娶妻妾，法律还规定强制还俗，杖八十，妇女离异，财礼入官。④ 总之，法律禁止不同社会等级之间的男女通

① 马建石、杨育棠主编：《大清律例通考校注》，第443页。
② 马建石、杨育棠主编：《大清律例通考校注》，第451页。
③ 马建石、杨育棠主编：《大清律例通考校注》，第449页。
④ 马建石、杨育棠主编：《大清律例通考校注》，第452页。

婚,因其不符合“礼义”要求,法律以此强化不同社会等级的行为规范。

法律条文也反对“同姓为婚“尤其是尊卑不得为婚,尊卑婚姻不符合“礼义”要求,也将强制“离异”,这是等级制度在婚姻(家族)的体现。比如,法律规定“凡外姻有服尊属卑幼共为婚姻及娶同母异父姊妹,若妻前夫之女者,各以亲属相奸论”,“其父母之姑舅、两姨姊妹及姨、若堂姨,母之姑、堂姑,己之堂姨及再从姨、堂外甥女,若女婿及子孙妇之姊妹,并不得为婚,违者,各杖一百。若娶己之姑舅两姨姊妹者,杖八十,并离异”。① 因此,法律条文规定有亲属和尊卑关系的男女不得成婚,家族内的成员在婚姻上也应该遵守“礼义”。

除此之外,娶亲属妻妾也是被禁止的,娶同宗无服之亲以及无服亲的妻子,无论男女,都要遭“杖百”的惩罚。如果娶同宗缌麻亲戚和舅甥之妻,就要“各杖六十,徒一年”。法律因宗服远近而惩罚不同,如果收父、祖之妾和伯、叔母为妻的,就要受到斩刑惩罚,兄亡收嫂、弟亡收弟妇亦“各绞”,娶同宗缌麻以上姑侄姊妹的,则“各以奸论”。所有以上诸种不符合“礼义”的行为,都要强制离异。② 与此相关的是,法律规定居丧期间不得嫁娶,否则将强制“离异”。凡是男女父母丧,或者妻妾夫丧自已主婚嫁娶的,就要“杖一百”。男子父母丧妾的,或者妻丧夫而女儿嫁人的,各减二等。妇女居丧嫁人的情形同样不符合礼义规范,即使成婚也要“离异”。此外,法律规定妻妾应有序,对于有妻而又娶妻致妻妾失序的,后娶之妻也

① 马建石、杨育棠主编:《大清律例通考校注》,第 447 页。
② 马建石、杨育棠主编:《大清律例通考校注》,第 448 页。

要“离异”并归宗。①

因此,对于不符合“礼义”的婚姻,法律可以强制“离异”,这显示出传统法律与社会的家国同构的基本特征。男女婚姻的结合要符合儒家意识形态,违背“礼义”的婚姻不会被官方承认,并且应强制使其分离。瞿同祖指出,传统婚姻的目的以祖宗嗣续为重,以家族为中心,如果不能达到此目的,自然就须解除。在他看来,关于婚姻解除的条件“七出”除窃盗一项仅关系个人的失德外,其他条件无一不与家族有关,所以他认为“七出”的内容:“七出本出于传统的礼,而法律加以承认,予以法律的效力……我们可以清楚看到七出的内容无一是涉及夫妇本人的情爱和意志的。”②他指出“七出”之文见于《大戴礼记》,又见于《家语·本命解》,主要是关于妇女婚姻内的道德行为规范,即所谓“妇人七出”:不顺父母,为其逆德也;无子,为其绝世也;淫,为其乱族也;妒,为其乱家也;有恶疾,为其不可与共粢盛也;口多言,为其离亲也;窃盗,为其反义也。③瞿同祖认为法律上“七出”的顺序与礼书略有差异,唐律以来的七出顺序为:无子、淫佚、不事舅姑、多言、盗窃、妒忌、恶疾,无子跃居第一,此变动与社会的意识形态有关。④ 此种秩序变动显示出法律更加强调对家族的保护,无子意味着家族难以延续,淫佚则家族血统方面会有风险,不事舅姑则家庭不睦,这三条关系家族稳定尤重。

---

① 马建石、杨育棠主编:《大清律例通考校注》,第445页。

② 瞿同祖:《中国法律与中国社会》,第147、150页。

③ 瞿同祖:《中国法律与中国社会》,第147页。

④ 瞿同祖:《中国法律与中国社会》,第147页。

婚姻解除的又一条件是“义绝”，这里同样显示出法律对“礼义”的强调。如果有“义绝”的情形，则必须“离异”，否则就会受到惩罚。“义绝”包括夫对妻族、妻对夫族的殴杀罪，奸非罪，妻对夫的谋害罪。“义绝”意为夫妻“恩义”已断，而“义”是婚姻结合的前提基础，“义”已断，当然无继续存续的理由。瞿同祖已指出“义绝”与“七出”的区别：“义绝”为当然离婚条件，有犯必须强制离异，其权在法律；“七出”作为夫方要求离婚的条件，离不离其权在于夫的一方，妻无“七出”及“义绝”的情形或者有“三不去”（与更三年丧、前贫贱后富贵、有所娶无所归），法律不承认离婚效力，被勒逼离去的妻还须完聚。也就是法律划出了离婚的范围，不在此范围不许出妻。[1] 尽管法律承认“两愿离者，不坐”，但法律仍将夫视为妇女所应依附的对象。例如法律规定如果夫不愿离，妻子“背夫在逃者，杖一百，从夫嫁卖”，妻子因逃而改嫁的，则判“绞监候”。[2]

总体而言，法律强调婚姻中“家长”的作用，尽管律例也有例外，但这只是要求婚姻应符合“礼义”的另外一种表达形式。例如法律禁止“指腹、割衫襟为亲者”[3]，此种规定并不是考虑男女双方的自主意愿，强调的仍是婚姻应该符合“礼义”，因为“男女婚姻，各有其时”，同样不能随心所欲，违背“礼义”。

婚姻法律中的“礼义”不能仅仅视为等级不公，其实际上是规定了不同身份和等级的人们皆要遵守各自等级相应的规范。法律对于“礼义”的重视，要求不同社会等级应遵守相应行为规范，其目

---

① 瞿同祖：《中国法律与中国社会》，第 147 页。

② 马建石、杨育棠主编：《大清律例通考校注》，第 453 页。

③ 马建石、杨育棠主编：《大清律例通考校注》，第 443 页。

的是形成稳定的社会秩序,但在实际中也可能意味着对弱势妇女的保护。例如法律禁止豪强之人抢夺良家妻女,如果犯有此种罪行,“坐绞监候,妇女离异给亲”。[①] 除此之外,清代保护妇女贞节,当时守节的妇女处于社会弱势地位,有诸多案例涉及强娶强夺,清代例文则规定“强夺良人妻女,卖与他人为妻妾,乃投献王府并勋戚势豪之家者,俱拟绞,监候”。对于强夺良家妻女但中途夺回的或者尚未奸污,按照已被奸占减一等定拟。如果妇女已被奸污而自尽的,依“强奸未成,本妇羞忿自尽例拟绞监候”。[②] 对于抢卖路行妇女案中有亲戚参与的,“均照例拟绞奏请”。如果有卑幼参与谋占资财、贪图聘礼而将伯叔母、姑等尊属用强抢卖的情形,则拟斩监候。[③] 聚众谋抢夺路行妇女或者卖掉为奴的,查实后,不分得财与否,为首者斩立决,从犯斩监候。[④] 这些规定,实际上有助于保护当时处于弱势的妇女群体。

在清代社会实际生活中,那些因不合“礼义”要求而致强制“离异”的婚姻关系,往往不是因等级失序,而是涉及“犯奸”的案件。这与清代中期以后不断变动的社会秩序有重要关系。既有的研究已经表明清代(十八世纪)中国人口激增,土地压力日益加重,受生存压力的驱使,社会流民增多。“摊丁入亩”的推行和“贱民制”的废除,放松了对民众的身份限制;伴随着中国商品化程度的日益加深,雇工、佣工、合伙谋生的民众增加。以上两种变化加上性别比

---

① 马建石、杨育棠主编:《大清律例通考校注》,第 450 页。

② 马建石、杨育棠主编:《大清律例通考校注》,第 450 页。

③ 马建石、杨育棠主编:《大清律例通考校注》,第 451 页。

④ 马建石、杨育棠主编:《大清律例通考校注》,第 450 页。

例失调导致底层没有娶妻的“光棍”剧增，生存压力加剧与性别失衡导致社会秩序失衡。①

面对这样的社会实际，美国学者苏成捷认为清代尤其是雍正时期中国法律关于两性关系的规制发生了重大变化，即从旧有的强调等级规范到性别规范的转变。之前强调官员、良民、贱民不同社会等级应遵守其相应的等级规范，等级制度弱化后，法律则强调男女应各自依照其性别规范。他认为此种新的法律范型发端于雍正时期，乾隆时期则对此进一步补充。概括而言，有以下几种表现：

1.完全禁止卖淫，之前贱民阶层中的“乐户”不受道德规范的约束，但在法律废除贱民制度后，妇女贞节道德规范扩展至所有阶层，所有阶层违背贞节道德的卖淫行为皆属犯法；

2.婢女同样需遵守贞节道德，男主人无权侵犯婢女，法律禁止婚姻以外的所有性行为；

3.强化对妇女通奸行为的惩罚，同时弱化丈夫因发现妇女通奸而杀妻的法律责任，卖妻行为也属违法；

4.法律强化对强奸犯罪的惩罚，法律对“奸”的犯罪对象预设发生了重要变化，唐律中“奸”被预设为男奴仆对女主人的侵犯，而清代则被预设为游离于家庭秩序之外的“无根流氓者”（“光棍”）；

5.男性须依其性别承担父亲与丈夫的角色，同性性行为属违法；

① 关于清代“流民”，可参阅[美]孔飞力《叫魂：1768年中国妖术大恐慌》，陈兼、刘昶译，北京：生活·读书·新知三联书店，2012年，第49—58页；关于清代“佣工”，可参阅[美]黄宗智《华北的小农经济与社会变迁》，第五章。

6.贞节崇拜超过以往，法律禁止侵犯妇女守节的诸类行为，同时法律对妇女贞节的要求更为严厉，无论处于人生哪一阶段，妇女都应遵守贞节道德。①

不过需要指出的是，在笔者搜集到的这些案例中，并未发现与之前有明显时代差异。案例涉及情形在乾隆之前的律例中就有清晰规定，仅以涉及“离异”（乾隆年之前的）律文为例：比如，“典雇妻女律”系《明律》增出，小注全部从顺治初年集入。此律文规定凡是为了钱财，而将妻妾典雇与人作为妻妾的，本夫杖八十；如果将妻妾“妄作姊妹嫁人者”，本夫杖百，妻妾杖八十；如果明知故娶，各与同罪，并离异。对于妇女，法律则规定“女给亲，妻妾归宗”，财礼入官。至于受典雇者，法律规定无论知情与否，皆离异，财礼入官。② 与“典雇妻女律”相同，“娶逃走妇女律”亦仍原律，小注全部系顺治初年律内集入。法律规定凡是娶犯罪逃走在外的妇女为妻妾的，无论知情与否，皆判“离异”。妇女无夫又会赦免罪责的，不离，但一有不合，仍离。③ 又如“犯奸律”，清律因明律，而明律除对部分量刑有所微改外，其余一仍唐律。律文规定凡是和奸、刁奸的，“男女同罪，奸生男女，责付奸夫收养。奸妇从夫嫁卖，其夫愿留者，听”。但法律禁止嫁卖给“奸夫”，“若嫁卖与奸夫者，奸夫、本夫各杖八十，妇人离异归宗，财物入官”。④ 最后，“纵容妻妾犯奸律”仍是清律延续明律，明律一仍唐律改定，小注系顺治初年律内

① Matthew Sommer, *Sex, Law, and Society in Late Imperial China*, pp.9—10.

② 马建石、杨育棠主编：《大清律例通考校注》，第 444 页。

③ 马建石、杨育棠主编：《大清律例通考校注》，第 449 页。

④ 马建石、杨育棠主编：《大清律例通考校注》，第 950 页。

集人。律文规定:"凡纵容妻妾与人通奸,本夫、奸夫、奸妇各杖九十。抑勒妻妾及乞养女与人通奸者,本夫、义父各杖一百,奸夫杖八十,妇女不坐,并离异归宗。若纵容、抑勒亲女及子孙之妇、妾与人通奸者,罪亦如之。若用钱财买休、卖休和娶人妻者,本夫、本妇及买休人各杖一百,妇人离异归宗,财礼入官。"①清代的"离异"案件具有相对稳定性和延续性。

婚姻关系往往多发生在同一社会阶层,"犯奸"行为也多发生在彼此相熟悉的同一社会阶层男女中,因为接触范围所限。尊长娶卑幼、文武官员娶乐人妓者虽不能说没有,不过在社会实际中终属少见。总之,婚姻关系的成立应符合"礼义",一些不符"礼义"的婚姻法律会强制"离异",男女双方皆应遵守"礼义",一方不遵守,另一方可以要求结束婚姻关系。以下将进入具体案例讨论。

二、从妇女张氏之死看清代妇女的生存境遇

乾隆十四年(1749)二月初十日,山西安邑县下冯村乡的地保杜泽荣向县衙报称:当日晌午,有安邑县人阎洪廷到崔二珩家内,用刀子把崔二珩之妻张氏扎死了。县官胡龙发随即单骑减从带领吏仵至尸所,查验尸首发现张氏颈部中数刀流血身死。那么,凶手阎洪廷与张氏究竟有何种仇恨,缘何要如此杀死她?

查验完张氏的尸体且经过调查后,县衙了解到原来凶手阎洪廷居然是张氏的"前夫",张氏嫁给崔二珩之前即是有夫之妇。崔

① 马建石、杨育棠主编:《大清律例通考校注》,第955页。

二珩先前的妻子死了,张氏是崔不久前才娶作妻子的。在这份现存于中国第一历史档案馆中要上报到乾隆皇帝的内阁刑科题本中,与多数刑科题本格式稍有不同,此份题本则附录了县衙详细的审讯记录。由此,我们可以看到县衙如何查明这位底层民妇张氏“离异”以及被杀的事实。

县衙审问崔二珩,看崔二珩是否明知张氏“有夫而故娶”才酿此祸端。

买主(崔二珩)

县衙问(崔二珩):你多少年纪了,乾隆十三年十一月你在安邑县娶张氏做女人,他(她)是有夫之妇,你是否明知故娶?实用财礼银若干?何人说合主婚?乾隆十四年二月初十日,阎洪廷赶到你家,怎样把你女人扎死,据实供来。

崔二珩供:小的今年三十三岁,向在运城做买卖,因女人死了,就在运城地方托媒王张氏寻个妻室。乾隆十三年十一月里,王张氏来对小的说,阎起盛的儿子阎洪廷死了,妻张氏没吃少穿,要改嫁,你娶了罢。小的说有多大年纪,要财礼银若干?他(她)说今年实在二十七岁,要四十一两财礼银子,小的说允了。十一月二十一日去娶张氏,并没有见阎洪廷的面。张氏的父亲张世珍在跟前说他女儿实在是寡居,情愿写立婚书。小的信为实情,当用财礼银四十一两,是阎起盛收去的。把张氏娶到小的家就是那月二十七日。阎洪廷到小的家来说姓陈,与小的女人张氏是姑舅兄妹,要接小的女人回去。小的因年近了原没有应许，却信做在亲戚原留他吃过酒。他和小的女人说些么话，小的没有知道。女人也不曾告诉小的。这月初九日小的到岳父张世珍家替岳母做生日，没有回家。家中只有祖母和雇工卫喜成，不知阎洪廷怎么进院就把张氏扎死了。

县衙继续讯问崔二珩：阎洪廷称乾隆十三年十一月二十七日，他到你家曾与你女人商议逃走，你女人不肯，约他到乾隆十四年二月拜她母亲生日时然后逃走，这一段缘故，你女人曾告诉你没有？再供来。

崔又供：阎洪廷捏称陈姓说与小的女人姑表兄妹，小的原留他吃过酒。他们如何商量逃走是瞒着说的，小的并不知道，女人也不曾告诉小的。小的与女人相聚两三个月，她也不说是有夫之妇。所以小的竟不知细故，不敢谎供。

尽管清代官府重视妇女的“贞节”，朝廷亦通过旌表的方式提倡妇女守节，然而在生存压力和贫穷现状面前，民间社会实际情形与官府重视“礼义”的意图并非总一致。尽管清代政府重视妇女贞节，鼓励妇女守贞，然而由于妇女守节面临诸多现实困境，因此孀妇再嫁在民间社会并非稀见。并且，对于身处底层社会的娶主（买主）而言，娶一个再嫁孀妇的费用显然要更容易承受，他们考虑实际费用要更多。在该案中，崔二珩并不在意张氏属于再嫁，其关心的一是财礼费用，二是张氏是否年轻。如果二者皆符合的话，娶主亦容易接受。

为获得买主崔二珩的信任，阎洪廷同妻子、阎的父亲、妻子张氏的父亲一起,捏称张氏因为丈夫死亡,缺衣少食,无法守节。经过审讯,县衙认为崔二珩并不知道张氏的具体情况,以及她和阎洪廷之间的真实关系。

接着县衙主要讯问凶手阎洪廷,希望查明阎洪廷为何以及如何杀死这位“离异”妇女张氏。毕竟曾经夫妻一场,如今缘何要痛下杀手。

前夫(阎洪廷)

县衙问(阎洪廷):你是哪里人,多少年纪了,已死张氏是你女人么?娶过几年了,生有子女没有?你为什么把张氏卖给崔二珩为妻?得了多少财礼?崔二珩与媒婆王张氏是否明知故娶?乾隆十四年二月初十日,你怎样赶到崔二珩家把张氏立时扎死?哪里来的凶器?扎伤她何处?逐一据实供来。

阎洪廷供:小的是安邑县运城人,这已死张氏原是小的女人,娶过十二年了,生有儿子,名叫成娃,也有十岁了。乾隆十三年十月里小的因穷苦得很,要卖儿子,张氏不依。过了两日,小的又对张氏说,我实在过不去了,把你卖了得些财礼且过日子,迟几天之后,再和你设法逃走。张氏依了小的。

小的又与父亲阎起盛、岳父张世珍商议,都说这样穷苦,只可卖了两得逃命。小的不敢出头,父亲阎起盛对媒婆王张氏说我儿子阎洪廷死了,儿妇张氏没吃少穿,思量改嫁。烦你寻个主儿。王张氏说有个姓崔的,是夏县人,要娶个女人,这个主儿很好,就把张氏嫁给他罢。父亲应允了。二十一日,崔二珩拿银子到小的家来，小的躲过，不与见面。父亲阎起盛、岳父张世珍同写了婚书，收了四十一两财礼银子，除给与王张氏五钱外，小的实收银四十两零五钱。崔二珩原不晓得是有夫之妇。

二十七日，小的因儿子啼哭，心里也过不去。走到崔二珩家里假说姓陈，和张氏是姑舅兄妹，想接张氏回来。崔二珩说年节近了，不必回去。他当小的是实在亲戚，留小的吃酒。小的乘空向张氏约会逃走，张氏不肯。后来(张氏)又说明年二月里我与母亲做生日去，同你走罢。小的见她推阻，心里原有些不忿，吃了几杯酒就回去了。

这月初九日，是小的岳母生日，小的不好进去，在路旁偷看，只见崔二珩单身来上寿，不见张氏同来。明是张氏哄骗小的，小的心里气忿不过，原要杀他。

初十日早起来带了一把解手刀子，走到崔二珩门首已是晌午了。他家住房小的去过一次，已是熟的，刚要进去，那雇工卫喜盛盘问小的是哪里来的，小的说是运城来的。他拦挡不住小的，一直进到院里，见张氏在房内做饭，她一见小的就骂，是没脸面的，又来做什么！还不出去！

她这几句一发骂，小的火起，小的也不回言，拔出刀子赶上去扎他。张氏就往外跑，小的赶上她脑后狠扎了一刀，雇工人卫喜盛进来拉劝，被小的推倒，他起来跑出外边喊叫，小的又向张氏脑后头上连扎了两刀，张氏跌倒就死了。小的原想同死，自已在咽喉上也抹了一刀，就被他们拏(拿)住了，是实各等情。

在阎洪廷看来,儿子和妻子是属于他的唯一财产。阎洪廷因为生活贫苦,没法生存下去,他既无足够的土地,亦无处佣工。无奈之下,他先是想到要把儿子卖了,只是因为妻子张氏反对而作罢,后来没有办法,阎洪廷又商量着要把妻子张氏卖了。张氏也并非就同意被卖,只是因为阎说先换取些钱财后,然后再想办法把她带走。

显然,清代法律禁止这种看似是夫妻婚姻关系解除的"离异",实则是为了获取钱财而休妻的并不符合"礼义"的"卖休"行为。实际上,为了免得惹上诸多麻烦,纵然是买主也不希望"生娶活妻",在法庭上这样的行为也难以获得官府的支持。因此,在这一案件中,作为丈夫的阎洪廷并不出面,对外称已死,妻子张氏即为孀妇,因为生活困苦无法生存而再嫁。丈夫阎洪廷对卖妻行为也没法完全决定,他还要征得妻子娘家人的同意以及自己父亲的认同。

重要的是,"卖休"行为如果能得到家长的认可,不容易被官府发现,否则家长可以向官府告发,并要求将妇女领回。在该案中,如果不是因为命案发生,阎洪廷"卖休"的行为难以被官府发现。此外,对于男女婚姻关系的建立以及能否获得法律的承认,家长主婚和写立婚书显然处于重要地位,如此才能获得那些并不知情的买主的信任。

张氏"离异"被卖是获得阎洪廷的父亲以及张氏的父亲张世珍的同意的。县衙接着要详细讯问阎洪廷的父亲阎起盛。

夫家家长(阎起盛)

县衙审讯(阎起盛):你是安邑县人么?今年多少年纪了?你儿子阎洪廷现在不死,如何把儿媳嫁卖崔二珩为妻?何人说合?共得财礼银若干?崔二珩是否知情?你儿子赶到崔二珩家如何把张氏扎死,你曾否知情,逐一供来。

阎起盛供:小的是安邑县运城人,今年七十三岁了,阎洪廷是小的儿子,娶张氏有十二年了,生下一个孙子名叫成娃。乾隆十三年十一月里,小的儿子因没处佣工,家中受饿不过,要卖孙子。张氏不肯,儿子阎洪廷要小的商量,要卖张氏,小的因穷苦不过,原邀亲家张世珍到家,大家酌议。张世珍说你们这样受寒受饿,若我女儿肯嫁他人,我也不敢阻挡。他说了这话,小的就对媒婆王张氏说我儿子阎洪廷死了,留下儿媳养活不过,烦你寻个主儿。王张氏说夏县的崔二珩在运城做买卖,他要说头亲的事。你儿媳肯嫁他么?小的说就是这样。二十一日王张氏和崔二珩到小的家中,小的又邀张世珍一同立了婚书给崔二珩收执。崔二珩出财礼银四十一两交给小的,当时给王张氏伍钱,剩的四十两五钱都给儿子阎洪廷了。崔二珩并没与阎洪廷见面,不但二珩不知是有夫之妇,就是王张氏也是不知道的。至于乾隆十四年二月初十日,小的儿子是怎样赶到崔二珩家扎死张氏,小的实不知道。

县衙审讯(阎起盛):你儿子阎洪廷从前原与张氏商量明白,嫁去之后即设法逃走,所以乾隆十三年十一月二十七日,你儿子假充姑表兄妹还到崔二珩家走过一次，因崔二珩不叫张氏回来，约到乾隆十四年二月里她母亲生日，然后回去再行商量逃走，不想到初九日张氏又不回去了，你儿子恨极了，赶去立时把张氏扎死了，这些情节你儿子阎洪廷岂有不告诉你的理？若不实供，就要夹了。

阎起盛又供：小的因家里穷苦要卖儿媳，并不知道儿子与张氏商量逃走，也不知道怎样赶过去把张氏扎死的。小的是七十多岁的人，若知道，还恳叫儿子去谋死人么？求详情。

阎起盛作为张氏夫家的家长，儿媳“休”后被卖要经过他的同意。张氏无论是进入夫之宗还是脱离，都要获得夫家家长的同意：儿媳要被儿子所“休”，由此再改嫁他人，阎起盛显然是需要对此知情并且同意的；阎起盛作为夫家的家长，支配家庭的事务，儿媳被“休”从夫宗脱离后，再被“嫁卖”，阎起盛主婚，容易获得不知情买主的信任。

这实际上与婚姻成立的观念有关：清代婚姻成立无须像西方那样要受到宗教教会或者世俗国家等公共权威的认可，但“父母之命，媒妁之言”则是婚姻成立的关键性要素。“主婚人”和“媒人”在婚姻定立中斡旋，男女个人在诸多场合只是被置于客体位置。①婚姻需要征得双方家长意愿，由家长主婚，婚姻应该符合“礼义”，任何一方无故而悔婚约等不合“礼义”的行为，(主婚人)就会遭到惩罚。律文规定：“凡男女定婚之初，若有残疾、老幼、庶出、过房、

① [日]滋贺秀三：《中国家族法原理》，张建国、李力译，第476、478页。

乞养者,务要两家明白通知,各从所愿意,写立婚书,依礼聘嫁。"① 婚姻涉及两家之事,不能有所隐瞒,男女双方家庭皆自愿。男女嫁娶皆由祖父母、父母主婚,如果"祖父母、父母皆无者,从余亲主婚",丈夫死亡由妻子一人独自抚养女儿长大成人的,由该女子的母亲主婚。②

在该案中,阎起盛作为家长,张氏被"卖休"显然他亦无法脱离责任。儿子阎洪廷要"休妻"并且嫁卖,要经过他的同意;由他联系张氏的父亲,获得妇女娘家的认可,否则容易被告发;经他寻找媒人联系买主,并写立婚书。如果不是因为发生命案的话,这样的"卖休"案件显然难以被发现。

张氏被"休"嫁卖,她父亲的同意也是重要的。县衙开始审讯张氏的父亲张世珍,问他是否串通女儿张氏嫁卖获取钱财。

妇女的父亲(张世珍)

县衙讯问(张氏的父亲张世珍):你是哪里人?多少年纪了?那已死的张氏是你亲女儿么?嫁与阎洪廷几年了,生有几个儿子?他夫妻两个平日曾否和好?乾隆十三年一月里,你们怎样串通把女儿捏称寡妇,改嫁与崔二珩,共得财礼银多少?你分得若干?乾隆十四年二月初十日,阎洪廷为何事起衅把你女儿用刀扎死?据实供来。

---

① 马建石、杨育棠主编:《大清律例通考校注》,第442页。
② 马建石、杨育棠主编:《大清律例通考校注》,第443页。

张世珍供：小的是安邑县人，今年六十三岁，已死的张氏是小的亲生女儿，嫁与阎洪廷为妻，已经十二年了。生有一个儿子，名叫成娃。他夫妻两个平日原是和好的，阎洪廷因家里穷苦，要卖小的女儿，他们已经商议明白，来央求小的做主。小的见他们常日受饿。心里不忍，也就允了。乾隆十三年十月二十一日，亲家阎起盛邀小的过去说已经有了主儿，叫小的立婚书，小的一时没主意，和阎起盛两个立了一纸婚书，交给崔二珩把女儿嫁给他了。实得财礼银四十一两，是阎起盛收去转给阎洪廷的。婚书内捏写洪生名字，小的并没得分财礼银。阎洪廷不与王张氏崔二珩见面，他们并不知是有夫之妇。乾隆十四年二月初九日，崔二珩与小的女人做生日，来小的家，他住了一夜。初十日不知阎洪廷怎样把女儿扎死，小的并不知道。求伸冤。

县衔诘问：你女儿未曾出门之先，曾与阎洪廷商议明白得空仍旧逃回来，所以乾隆十三年十一月二十七日，阎洪廷还到崔二珩家走过一次，这样要紧的事，你女儿难道不曾告诉你？再实供来。

（张世珍）又供：这是他们夫妇私下商议，如何肯告诉小的，知道不敢谎供。

阎洪廷"卖休"的行为显然需获得张氏父亲的同意，因为这样才不容易被告发，否则妇女的娘家人不知情却最后发现女儿被卖，一般不会轻易罢休。对于张氏的父亲张世珍而言，女儿被"卖休"当然是难以接受的，然而在生存压力之下，他仍然同意了。张世珍当然也可以选择将女儿张氏领回,然而对于同样贫穷的他来说,这亦不是什么明智之举。领回之后也可以将张氏另嫁,然而这与“卖休”相比,对张氏的境遇的改变亦无实质差别。如今,既然女儿张氏也同意,张世珍也并不反对,认为这也是女儿寻找活路的办法。在生存境遇面前,“礼义”被暂置,父亲亦同意女儿被“卖休”。

媒人(王张氏)

县衙又问媒人王张氏:你是哪里人?乾隆十三年十一月里崔二珩娶这张氏做女人是你说合的么?他出过多少财礼?你得过多少媒钱?那张氏是有夫之妇,你为何说媒叫他另嫁人,这明是你知情说合无疑,快实供来。

据供:小的是安邑县城南关里人,原是媒婆。阎洪廷住在北关,相去有三四里地,他是无名小户人家,他的家事小妇人平日是不晓得的。那崔二珩是夏县人运城做买卖,他因女人死了,托小妇人寻头亲事。乾隆十三年十一月里,阎起盛来对小妇人说他儿子阎洪生死了,儿媳张氏只有二十七岁,现在又过不得日子,要寻人改嫁。得几两财礼使用。小妇人只道是真话,就向崔二珩说合,议定四十一两财礼银。二十一日,崔二珩同小妇人到阎起盛家,阎起盛和张氏的父亲张世珍立了婚书,交与崔二珩,小妇人把四十一两银子交与阎起盛了,阎起盛又给了小妇人五钱银子,那时并不见阎洪廷的面,实不知是有夫之妇。若知道,小妇人也不敢说合。

一个被认定为正规婚姻的“礼婚”，媒人显然是其中重要的一环，不过对于贫穷的底层民众而言，媒人的作用与其说是关乎婚姻成立和夫妇身份是否符合“礼义”的证人，倒不如说是起到联系陌生两家的现实作用。一般而言，正规的婚姻即“礼婚”要包括主婚、媒人、聘财、其回礼、婚书、成婚之仪式、披露宴等。① 媒人在定婚中通常起到调整和沟通两家立场的作用，成婚后又会作为夫妇身份合法的证人，而且与分家、买卖等诸方面类似，一般在重要的场合皆需要中人在场。② 媒人王张氏并不知道张氏是被“卖休”，因为她不会仅为了五钱的媒银而冒被官府惩罚的风险，去介绍这一不合“礼义”的婚姻。

县衙的判决

经过县衙的审判，基本事实是清楚的：阎洪廷因为生活贫困，无法生活下去，最开始想卖儿子，妻子张氏拒绝。后来阎洪廷又同妻子商量把妻子“卖休”，也就是为获得钱财而休妻，得到钱财之后再设法逃走，张氏同意。于是阎洪廷找到父亲阎起盛和岳父张世珍，一起商量此事，二人见到夫妻生活艰难，如此才能活命也就同意了。但是阎洪廷只是将“卖休”事告诉二人，并未将获得钱财后再设法将妻子带走的想法告知。阎洪廷自己不出面，让其父亲阎起盛找到媒人王张氏捏称儿子已死，儿媳因为缺食少穿无法守节，希望再嫁。媒人王张氏联系到娶主崔二珩，崔二珩对张氏被“卖休”的情形并不知情，付给财礼银四十一两后，阎起盛和张世珍写

① ［日］滋贺秀三：《中国家族法原理》，张建国、李力译，第476页。

② ［日］滋贺秀三：《中国家族法原理》，张建国、李力译，第480页。

立婚书，崔就将张氏领回。阎洪廷欲将妻子张氏领回，张氏并不同意，后来阎洪廷因此生忿而将妻子杀死。

基于以上的事实，县衙的判决如下：首先对于阎洪廷，尽管阎与张氏曾是夫妻，但是阎已将张氏"卖休"，夫妻之"义"已断，"张氏虽系洪廷之妻，但已得卖休夫妇之义已绝，应同凡论"，最后判决"阎洪廷依谋人造意律，拟斩监候"。至于阎洪廷的父亲阎起盛和张氏之父则依"嫁娶违律，杖百"，此事发生在恩诏以前，因此"免四十"，而阎起盛"年逾七十"，并未对其惩罚。其余如媒人王张氏以及娶主崔二珩则"不知情，不予置议"。①

"失声"的张氏

张氏在此案中已死，我们无法看到其供词，否则或许可以了解她为何开始同意和丈夫设法逃走，后来又反悔的想法。我们可以对此有多种推测：比如，她是厌倦了和阎洪廷那种缺衣少食的贫困生活；阎洪廷之前将其休后嫁卖，如今又要将其设法带走，她觉得这是一件十分丢脸的事情；丈夫阎洪廷的卖妻鬻子的行为尽管确属无奈，然而令张氏十分伤心；也许她担心如果和阎洪廷逃走，崔二珩有可能会报官，她会遭受县衙的惩罚。凡此种种，张氏的真实想法我们已不得而知，然而无论如何，我们所看到的张氏处境与一幅"拥有自我满足和富有意义的生存状态"②图景相距甚远。

① 题为"报安邑县民阎洪廷刀扎卖休之妻张氏身死拟斩监候事"，乾隆十五年十二月十四日，中国第一历史档案馆，档号：02-01-07-0427-003。

② ［美］高彦颐：《闺塾师：明末清初江南的才女文化》，李志生译，南京：江苏人民出版社，2005 年，第 4 页。

清代法律关于婚姻关系的构造，并非基于现代意义上的独立人格，其所强调的是婚姻应符合“礼义”，对于不符合“礼义”的婚姻关系，清代法律可强制“离异”。然而，处于社会实际中的民众并非就被动接受清代法律的规制，“礼义”对于民众往往具有不同的含义。清代法律强调婚姻关系要符合“礼义”，婚姻的成立和解除都要符合“礼义”，否则容易遭到法律的惩罚。但在社会实际生活中，往往情形非常复杂，比如在本案中，阎洪廷因为贫苦而希望活命，为活命他只能卖妻而获得一笔钱财，卖妻是清代法律禁止的，他可以选择休妻后并将其嫁卖。这样他为获取钱财的真实企图就很难被发现，只是反映在财礼数额上，不过官府也难以以财礼数额就判定是否违背“礼义”。这样的案例如此普遍，法律专门规定禁止为获得钱财而休妻的不符合“礼义”的“卖休”行为，阎洪廷当然害怕被县衙发现他的“卖休”行为，最主要的是，他希望尽快寻到娶主而获得一笔钱财。因此，他捏称妻子是丈夫死亡因贫困无法守节而再嫁。由其父亲出面，这样就更能获得娶主的信任。于此，亦可以看到法律如何影响民众的实际生活和行为选择。

清代法律关于“离异”的诸多规定对于妇女而言当然是不公正的，但我们不能仅局限于此，处在社会实际生活中的民众往往遇到诸多复杂情形。在该案中，尽管张氏贫困逼迫而无奈选择“离异”，然而正因如此，她才可能寻求生存的出路：通过与丈夫结束婚姻关系后而另嫁，她可以找到一个生存境遇稍微好些的家庭；丈夫由此获得一笔财礼，暂时摆脱生存困境。

三、清代法律实践中的"离异"妇女

清代关于婚姻关系的构造，并非基于平等人格的男女感情的结合，其主要将妇女视为夫之附庸，所以对清代"离异"案件的讨论，不能忽略另外两种案件类型即"典妻"和"卖休"：前者是为获取钱财，暂时结束婚姻关系，但保留回赎的权利；后者则类似于"绝卖"，为获取钱财而将妇女休后嫁卖。因此，对"离异"案件的讨论也要将这两种结束婚姻关系的案件类型纳入。更为重要的是，清代律例中对唐律延续的因"义绝"（包括夫对妻族、妻对夫族的殴杀罪，奸非罪，妻对夫的谋害罪）而强制"离异"的在实际中几乎没有踪迹，法律实践中常见的情形是夫典雇其妻、夫将妻卖休（离婚买卖）、夫强迫或默许妻与别的男人通奸，法律一般对此会强制离异。

（一）"典雇"妇女："礼义"与贫困

在关于清代县衙对卖妻案件审判的研究中，苏成捷敏锐地发现"妻子买卖与小农的土地买卖存在着一模一样的用语和很多类似的行为，包括典卖与绝卖之间的区分，还有要求找价的行为"①。在他看来："这些有关土地买卖与卖妻的共同用语，以及在卖妻案件里发现的找价要求，似乎反映了小农对于妻子的态度基本上是

① ［美］苏成捷（Matthew Sommer）：《清代县衙的卖妻案件审判：以 272 件巴县、南部与宝坻县案子为例证》，邱澎生、陈熙远编：《明清法律运作中的权力与文化》，第 468 页。

类似于土地的心态。土地与妻子都是如此重要的资产，因此无法与己身绝对分离，不管这种转移表面上采取何种形式：它们与个人之间有一种基本的关联存在，关涉着个人的地位、认同与生命，是不可能借由交付金钱而完全斩断的。”①不过在该文中，苏成捷并没有就具体“典妻”案件进行讨论，因为他发现妻子买卖很少明显冠上“典”的字眼，在他的分析样本里，“县级司法档案里没有一件提到‘典卖妻子’，而在刑科题本里只有一件提到‘典卖妻子’”。②

事实情形确实如此，笔者在第一历史档案馆搜集到的刑科题本中，只有四件明确提到“典妻”，除去一份满文档案涉及一位满族旗民因为“典妻”，被认为有辱满人脸面被专门上奏要求对其进行惩罚外，其余三件案例均为汉文。然而，未明确含有“典妻”字样，并不代表着此种行为在社会实际中少见。

相反，实际上这样的行为在社会实际中较为普遍。当时甚至有官员专门就此向乾隆皇帝上报，要求严厉惩处，以此宣扬“礼义”教化。乾隆时期四川重庆镇总兵张士庆，就向皇帝上呈奏折，要求“严查奸蛮典雇妇女为娼事”。在他看来，“典妻”尽管是贫民在生存压力之下不得已而为之，然而终究“有伤风化”。若不严加管理，会严重扰乱社会秩序。

---

① [美]苏成捷(Matthew Sommer)：《清代县衙的卖妻案件审判：以272件巴县、南部与宝坻县案子为例证》，邱澎生、陈熙远编：《明清法律运作中的权力与文化》，第471—472页。

② [美]苏成捷(Matthew Sommer)：《清代县衙的卖妻案件审判：以272件巴县、南部与宝坻县案子为例证》，邱澎生、陈熙远编：《明清法律运作中的权力与文化》，第469页。

查川省茂州、汶川、保县等处在万山之中,地土贫瘠,米粮稀少。每年九十月间多有蛮民携妻来重,于城外河坝空地打棚盖茅棚佣工觅食,约计百余户,或至二百余户不等。至春暖方归,内有一等无耻奸蛮,于彼典雇妻女,混杂居住处卖娼作活,岁以为常相。乾隆二十年四月内奉谕旨令前任抚臣转饬实力稽查,实系佣工力作之人,仍听其往来居住。若携带不良蛮妇有关风化,即行逐回。臣任期后又按期派发官员稽查,如遇到蛮民生事为匪,就立刻稽查讯问。并令商民不得擅自去往蛮民居住地方,兵役不得借机滋扰,防查严密。如遇个别奸蛮之徒,伤害风化,立法驱逐,以靖地方。但查茂、汶至重庆往返程途不下四千里,穷蛮远涉,资釜艰难。若果听其远来又将其驱逐,不如与本地方先行查禁,免令长途往回。

因此,恳请皇上勒抚臣转饬地方官,预期严行谕,设法稽查,如果奸徒仍有典卖妻女,携带出外,即行查拿,分别纠处。私自潜携带出境,饬令沿途文武官员一体盘查,回原籍收管,于风化有益。受人典雇之妇固非善类,其他妇女虽非俱系典雇而来,但千里长途男女混杂,难保其尽守妇道,俱属善良。且奸蛮携妇女外出,绝不会自露出典雇妻之情,而所在盘查之处亦恐不能逐户查出竟无一二遗漏。查此等不良妇女大概俱属年少之人,以后是否可除年至四十以上蛮妇,仍听携带出外佣工、往来居住不禁外,其年少妇女,悉行禁止,不许仍携远出。则不良少妇既难混远行,而奸蛮雇妇为娼之处将不禁而自熄(息)。①

张士庆的上奏不无迎合乾隆“教养”理念的企图。公元1735年,刚登上皇位的乾隆皇帝就曾发布了一份谕旨,明确表明了他的“教养观”:“从来帝王抚育区夏之道,惟在教养两端。盖天生民而立之君,原以代天地左右斯民,广其怀保,人君一身,实亿兆群生所托命也。夫教民之道,必先之以养民,惟期顺天因地,养欲给求。俾黎民饱食暖衣,太平有象,民气和乐,民心自顺。民生优裕,民质自驯,返朴还淳之俗可致,庠序孝弟之教可兴,礼义廉耻之行可敦也。”②乾隆在这份谕旨中,着重要求所有官员都应当重视“教养”百姓。③

作为总兵,尽管张士庆认识到这些贫民因为土地贫瘠而缺衣少粮,逼不得已才“典雇妻女”,但是他所关注的不是“养民”而是“教民”。在他看来,这种“典雇妻女”的行为违背“礼义”,有伤风化,应该严格查禁。他在上奏中反复使用“奸徒”“蛮民”“固非善类”等词语指称那些“典雇妻女”的贫民,认为对这些违犯“礼义”的底层民众,就应使用严格手段进行管理,否则他们会扰乱社会秩序。不过,他忽略了“教民”的基础在于“养民”,对于深处生存危机

① 题为“四川重庆镇总兵张士庆奏为严查奸蛮典雇妇女为娼事”,第一历史档案馆,档号:04-01-01-0010-034。

② 《清高宗实录》,第三卷,“雍正十三年壬戌”条,北京:中华书局,1985年,第231页。

③ 从中高层官僚的角度分析清代“教养”政治的,可参阅[美]罗威廉:《救世:陈宏谋与十八世纪中国的精英意识》,陈乃宣、李兴华、胡玲等译,赵刚、孔祥文审校,北京:中国人民大学出版社,2013年;杨念群:《清朝帝王的“教养观”与“学者型官僚”的基层治理模式——从地方官对乾隆帝一份谕旨的执行力说起》,杨念群主编:《新史学》,第五卷,北京:中华书局,2011年。

的底层民众而言,“典雇妻女”亦实属无奈。

对“礼义”教化的重视实际上亦是对社会的控制:这些底层民众数千里辗转,混杂居住,显然影响社会秩序,难于控制,强调风化和“礼义”,要求民众皆应遵守“礼义”,将其限制在家庭秩序中,则易于对社会的控制。正如一位刑部官员所认为的那样,“犯奸”的行为应该遭受惩罚,“盖名节乃举世所重,奸淫为恶之首”,因此要“惩邪淫而维风化!”①在当时诸多官员看来,法律应该通过惩罚这些犯奸者,在社会中创造一种压力,如此才能有效维持社会风化。

然而,对于深处贫穷现状的妇女而言,除了“典雇”自己,似乎也难有更好的生存方式,四川巴县档案中有不少显示出当时贫穷的妇女因为生存处境艰难,生存心态较为脆弱,容易选择轻生。

妇女戴氏因为丈夫徐曰泰常年外出,在家贫困没有吃的,自缢身死。②

彭光德的妻子于乾隆五十九年(1794)因在彭来仪、彭安相父子家中借钱不遂,自缢身死。③

王文弼与朱曾氏通奸,王经常把家中的物什悄悄偷给朱曾氏,以致王文弼的妻子陈氏时常因此与王争吵。一日,陈氏用棉纱换来一匹布放在家中,却被王文弼悄悄拿去,陈氏知道后就把布拿

① (清)全士潮、张道源等纂辑:《驳案汇编·续编》,何勤华等点校,第686页。

② 《乾隆三十年七月三日巴县详报戴氏自缢一案申册为报明事》,四川省档案馆编:《清代巴县档案汇编·乾隆卷》,北京:档案出版社,1991年,第86页。

③ 《乾隆五十九年十二月直里四甲四甲乡约张洪道复状为遵批实复事》,四川省档案馆编:《清代巴县档案汇编·乾隆卷》,第90页。

回,还斥责朱曾氏无耻,朱曾氏当晚就轻生自缢。①

"礼义"对于这些挣扎在生存边缘的底层妇女而言,无助于改变其生存境遇。妇女选择"典雇"与人,往往是为了生存。

宁波鄞县人施淦友于光绪九年(1883)二月间,凭媒人张应氏典买寡妇庄应氏为妻。十年春,施淦友因病失业在家,家贫难度,庄应氏私回前夫家居住。六月二十日,该氏来施家捡取火钳,没有找到,于是就向施索赔,二者发生了争吵。庄应氏收拾衣物要求回家,二者发生了争吵,施淦友用木棒殴伤庄应氏致死。庄如丙是庄应氏的儿子,庄如丙供:"已死庄应是母亲,父亲已故,光绪九年二月,母亲因未孀居,小的年幼,小的无人管顾,自愿典与人为妻,由人作媒与施淦友做女人。当得身价洋银六十圆。言明两边来往,十年后仍回小的家过度,当就过门。和施淦友并无嫌隙。母亲乘外出,私自走回,施来接过几次,母亲不肯回去。后来想到遗忘了一把火钳取回,没有找到,于是就和施产生了争吵,施淦友用木棒把母亲打死。"②

妇女选择"典雇"与人,一般程序是由媒人见证,双方订立典契,约定身价银和典期,妇女暂时与夫家结束关系,嫁到典主家,出典者由此获得一笔钱财以养活自己或者自己的子女。庄应氏因为丈夫已死,子女无人照管,因此选择"典与人为妻"获得一笔身价银。庄应氏并不希望与夫家完全断绝关系,因为若选择改嫁的话,

---

① 《乾隆五十九年刑房审单》,四川省档案馆编:《清代巴县档案汇编·乾隆卷》,第89页。

② 题为《报宁波府勤县人施淦友殴伤典妻庄应氏身死拟绞监候事》,第一历史档案馆,档号:02-01-07-4113-016。

庄应氏就失去了对子女的监护权利,这对于一位母亲而言,显然是一件难以接受的事情。因此庄应氏约定十年后仍回前夫家,只是暂时嫁到施淦友家。无奈施淦友亦十分贫穷,庄应氏就想私自回到前夫家中,这对于施淦友而言显然难以接受。因为在他看来,既然已经出钱将其典雇作为妻子,庄应氏就不应私自回到前夫家中,将庄应氏视为自己的所有物,这种心态恰如前述苏成捷所认为的近乎将妇女视为土地的心态。然而妇女并非土地,其内心情感以及与夫家的关系亦非说断就断,在此种困境中,庄应氏最终丧命。

这种将妇女视为男子附属物心态的另一种表现,就是买卖双方为妇女的身价银争执不休,甚至由此闹出命案。此类案件就如土地买卖引发命案一样,双方在价银数额问题上互不相让。妇女可以像土地一样典雇与人,男子在意身价银甚于妇女处境本身。以下两个案件均是由“典雇妻女”身价银争执引发命案。

金潮福籍贯是海宁州,当时在四川生理,娶妻于氏,生有两女。道光十一年(1831)的时候,金回到杭州,但是他的妻子女儿仍然在四川。这年的十一月,金潮福凭靠不知情的媒人陈氏作媒,娶了孀妇朱氏为妻。十二年的十月金仍然要回四川,朱氏无人收管,托徐氏为媒,议定十年为满,身价洋钱二十圆,立有典契。徐玉燕付过洋钱六圆,尚欠钱十四圆,金潮福屡次讨要都没有给,于是在道光十三年的五月初九黄昏时分,邀同徐玉燕相认识的徐老大,金潮福与徐玉燕混骂,用刀将徐扎死。朱氏供:“妇人先嫁董在玉为妻,董死后又嫁给了金潮福为妻,金先在四川生理,娶有妻室,寄居四川,道光十二年金仍然要回到四川生理,就把妇人典与徐为妻,徐氏为媒,立有典契,说定十年为满,身价洋钱二十圆,同妇人一同寄居在别人家。十三年的五月初九,妇人闻到吵架声就出来看,看到金潮福已经把徐有玉戳倒在地,妇人把徐扶起到床上,不料徐有玉就死了。”金潮福用刀戳伤徐玉燕身死,法律判决“应如该抚所题,殴杀人者不问手足他物并绞监候”,媒人“徐氏知情应照嫁娶违例,媒人知情减一等,杖七十,照例收赎”。朱氏则照律离异归宗。①

光绪十九年(1893)二月间,江云生因为患病没有钱医治,就自愿把妻子典与叶锡其为妻,当时付钱三圆,把妻子领回家过门,并且约定十年正月付清。江云生因典卖妻价与叶锡其发生口角,叶锡其被江云生用刀砍伤身死。法律判决江徐氏应归宗,由亲属家领回,典价洋银照追入官。②

以上两个案例皆反映了妇女在“典妻”交易中的被动和从属地位。在前一个案例中,金潮福并非由于贫困,而是其娶多妻的行为不合“礼义”,为法律所禁止,因此当他要回到川地,就将后娶的朱氏出典。滋贺秀三已经指出,传统中国婚姻关于妻之名分是独占的、排他的,法律禁止一个男人同时拥有两个以上的妻子:“夫与妻被一对一对应比喻为日与月、天与地。法律也处罚有妻而又娶者,并且认为后婚无效。”③无论金潮福选择将朱氏典出还是直接“卖休”,都意味着金潮福将朱氏视为自己的附属之物:当其回到生理之地时,他可以选择将朱氏典出,以此获得一笔钱财;当他再回来时,又同样可以用钱财将朱氏赎回;金潮福又因身价银而起争执,

① 题为“会审浙江钱塘县民金潮福因索讨典钱文起衅戳伤徐玉燕身死一案依律拟绞监候请旨事”,第一历史档案馆,档号:02-01-07-1106-008。

② 题为“报丽水县民江云生典妻索银致争砍伤叶锡其身死移尸毁尸灭迹拟绞监候事”,第一历史档案馆,档号:02-01-07-4238-015。

③ [日]滋贺秀三:《中国家族法原理》,张建国、李力译,第485页。

其在意身价银甚于对朱氏的处境。

在后一个案例中，男子因为无钱医治疾病，就将妻子视为财产而出卖，以此获得一笔钱财，后又因为身价银而酿成命案。无论怎样，在“典妻”关系中，男子将妇女视为从属物品的心态都较为明显。

对于身处贫困处境中的妇女，与男子相比，其生存境遇更为艰难。妇女无法像男子那样外出佣工，又没有足以维持生存的土地，在此种困境之下，或许身体是唯一可以出卖的“财产”。对于那些因贫困而娶妻困难的底层男子，妇女的生育功能可以将其家族延续。

法律和意识形态强化了身处底层的妇女自身将其视为男子之附属物的观点。法律关于婚姻中的妇女地位的规定，可以看到“夫权”的强势，妇女在此种情境下，反倒将那种视妇女为男性的附属物的观点作为理所当然。从朱氏的供词中以及这两件案件中妇女均同意被典的做法，可以看到妇女甚至在不知不觉中强化了那种将其视为附属的观点：“就把妇人典与徐为妻，徐氏为媒，立有典契，说定十年为满，身价洋钱二十圆。”这种不合理，对于身处当时情境中的参与者似乎一切自然而然：有关“礼义”贞节的意识形态塑造了“顺从的妇女”，妇女以听从丈夫的安排为“美德”；妇女被排除在经济事务和公共事务之外，妇女的职责主要限于家庭空间，妇女的家庭责任服务于整个家庭经济活动。当整个家庭因为贫困而无法生存，丈夫就将妇女视为“物品”令其流通，那些长期顺从的女子即会听从丈夫安排。

刑科题本中对违犯“礼义”的“典妻”或“卖休”行为，皆依照律例判决。以上两个案例均显示法律强制妇女“离异”,严格比照律例规定。对于朱氏,法律则要求“离异归宗”,不会考虑到朱氏归宗后的现实困境。同样,对于江徐氏亦是如此,要求亲属领回。

若妇女父母双亡,无家可归,情形会相对复杂。法律对妇女的判决,一是官府作为卖方,将妇女交由官媒嫁卖,财礼银入官;或者由前夫、后夫一方领回,不过这也并非出于对妇女弱势境遇的关怀,仍然是首先考虑到“礼义”,因为担心妇女再次改嫁。

道光十二年(1832),张氏因前夫死后不愿意守寡,自愿改嫁,嫁给颜恭钲。但是张又嫌弃颜贫困,于是回到母亲族家居住,颜多次接其回家均不回,于是颜将其卖休给瞿式练。族人颜恭前遇到颜恭钲,斥责其不该卖休,有辱祖人脸面。二者发生争吵,颜恭前失手用刀砍死了颜恭钲。张氏则“合依用财买休卖休本妇杖一百律,杖一百,系妇人照律收赎”。法律考虑到“张氏父母俱亡,无宗可归,若断令离异,势必复行改嫁”,最后“仍令后夫瞿式练领回”。①

强制“离异”后,妇女为生存有可能选择再次改嫁,这与清代鼓励妇女守节重视“礼义”的理念不合,因此会判令由前夫或后夫一方领回。尽管法律实践对现实有所适应和妥协,但并非出于对妇女现实境遇的考虑,仍然着重考虑的是“礼义”。

(二)“卖休”案件中的妇女

与“典妻”类似,“卖休”也是为钱财而结束婚姻关系,不过前者

① 题为“报沅陵县民颜恭钲卖休妻事口角致戳伤颜恭钲身死拟绞监候事”,第一历史档案馆,档号:02-01-07-3084-012。

是暂时结束婚姻关系,后者则类似土地"绝卖",将妇女嫁卖给买主。"卖休"的一般程序也是凭知情或不知情的媒人,联系到买主,议定身价银,并由媒人作中人,交付银两且写立卖契或休书后,由买主娶回。此种为获得钱财而将妻子嫁卖的行为显然违犯清代的"礼义",因此官府若发现的话,一般会要求强制"离异"。

此种为获钱财而休妻的"离异"形式在社会实际中也较为常见。笔者在乾隆朝"朱批奏折"中就发现了一份乾隆十五年(1750)湖北按察使德文针对"卖休"案件请求严惩媒人的奏折。在他看来,"卖休"行为违背"礼义"和人伦,有伤风化,应该严加管理,以正教化。兹录于此:

> 夫妇为人伦之首,婚姻之礼义正,然后品物遂而天命全。楚北愚民廉耻道丧,因贫卖妻,恬不知怪。夫离别为人生最苦之事,百年夫妇一朝活拆。母去,子当牵衣涕陨,恩缠爱割,回首悲啼。小民岂独无情,乃忍出此!遂当心访察,始知楚北有等棍徒平时专以媒合作生涯,见人贫困,花言巧语诱其卖休。见人愚鲁,嘴枪舌剑鼓其买休代写离书,捏造庚帖。灭伦伤化之事,顷刻而成。从中索后手索媒金索酒食,不厌不休,可怜贫民卖妻银两半入奸徒之手!若无乡邻族党并无此等惯媒,即人起卖休之念,而妻不比货物可以出售。而买休之人,亦断不敢向夫妻好合之家叩问卖妻与否,是买休卖休皆惯媒设局哄诱而成是也。楚省如此,他省或有类此者,均未可定。
>
> 奸徒忍心灭理至于此极,若不设法以示惩创,则伤风败俗,其流弊有不可胜言者。愚民被哄,情尚可悯。惟惯媒原非

> 四民艺业,当此升平盛世,何事非谋生之具?乃必拆人婚姻离人骨肉,以致败坏风俗!欲止活拆之风,当严惯媒之罪。请嗣后有知情为媒,活拆人夫妇者,照和同相诱卖良人为妻妾律,问以杖徒。使奸徒畏法不敢惯作媒合之人,则买休无线,卖休无门,活拆之风不禁而自绝。[①]

事实上,这位湖北按察使对待“卖休”的态度较为暧昧。他既看到了“卖休”往往是贫苦民众为生存而不得已为之,但又认为为获取钱财而休妻的做法终究违背人伦情感,有伤风化,要严加管理。所以他不是建议惩罚那些“卖休”的夫妇,而是选择将矛头针对那些“惯媒”。在他看来,夫妇离别,子与母散,这是“人生最苦之事”,颇值同情。身处底层的贫苦百姓,并非无情,他们亦非仅因贫困就会将妻子嫁卖。“卖休”现象之所以相对普遍,主要是受那些“惯媒”的挑唆,这些媒人属于巧舌如簧的“奸徒”,看到贫困的民众,就诱使他们将妻子嫁卖,对于鲁钝的老实人,甚至还代写休书。然而贫民卖妻所得的身价银,往往半入这些媒人的手中。他们还不厌其烦地索取各种财物,败坏社会风俗。如果不对这些“奸徒”严惩,社会流弊不止,教化不正。他认为之前的律例对于“卖休”案件中的媒人的惩罚太轻,应该加大惩罚力度,这样才能使他们畏惧惩罚而不敢轻易“生拆活妻”,违背“礼义”。

以下这些“卖休”案件显示的情形与湖北按察使描述的有所不同。并不能看到“卖休”案件是受媒人挑唆,而多是卖主主动联系

① 题为“湖北按察使德文奏为请严卖休买休惯媒设局哄诱之罪事”,第一历史档案馆,档号:04-01-01-0199-038。

媒人,希望可以找到买主,或者并无媒人。身价银没有半入媒人手中,媒人也并未经常索要财物,很多媒人往往对"卖休"案件真实情形并不知情。我们先来分析"卖休"的缘由。

贫困

在笔者搜集的这些案例中,因贫困而休妻嫁卖的案件最为常见,110 件刑科题本中有 68 件明确提到因贫"卖休"。尽管如前所述,妻子若无违犯"礼义"的行为,丈夫不能随意出妻,然而在社会实际中,因贫而"卖休"的行为还是经常发生。若是贫困可以将妻子休后嫁卖,以此获得一笔身价银,这亦显示了男子将妇女视为财产的心态。

同治八年(1869)正月间,刘其受因贫苦难度,向伊妻张氏商允,央陈习为媒,卖休与吕城溃为妻,议定财礼钱二千四百文,当即收清。①

光绪十八年(1892)五月二十日,严氏先嫁给廖克先为妻,生有一女,同治年间廖克先因为穷困将妻子卖休与刘中发为妻,得受财礼钱三十二千文,光绪三年(1877)刘中发又因夫妇不合,央求郭铁匠为媒,复将严氏卖休与素识之袁元振为妻,得钱三十千文。②

李氏系介休县人,先是嫁给本县人张四为妻,张四故去后,再嫁本县人杜铁柱子为妻。高永德向在介休县充当帮工,咸丰八年

① 题为"四川资州仁寿县刘其受贫将妻张氏卖休起衅殴伤吕城溃身死议准绞监候事",第一历史档案馆,档号:02-01-07-3981-017。

② 题为"报万安县民妇严氏致伤知情买休之夫袁元振身死拟绞监候事",第一历史档案馆,档号:02-01-07-4214-018。

(1858)九月,杜铁柱的儿子因贫困难以度日,于是凭媒董正魁等说合,将李氏卖休给高永德为妻,钱十七千文,写立卖契。①

王树步,璧山县人,年三十二岁,父母俱故,没有弟兄。凭媒接娶陈氏为妻,素睦,没有嫌隙。同治五年(1866)八月,因贫难度,把陈氏卖休与徐桢俸为妻,得受财礼钱三千五百文。②

凃玉美,年四十岁,慈利县人。父母俱故,并无弟兄。印氏先嫁向万彬为妻,道光九年(1829)十二月内,凃玉美在湖北地方闻向万彬因贫要将印氏卖休,就央向邦愿、向盛宝为媒。议定财礼钱四十四千文,买休印氏为妻,向万彬亲立婚书。③

清代政府和律例强调妇女应守节,婚姻应符合"礼义",不过在贫困的现实面前,由于"礼义"并不能解决困境,为寻求生路逼不得已而休妻嫁卖的行为仍然较为普遍。这些案例最后的判决未有证据显示法律考虑到贫困的现实及妇女的处境,在判决时多严格比照律例。

妇女通奸

清代法律鼓励妇女守节,要求妇女应该遵守"礼义",妇女通奸的行为显然违犯法律和"礼义",男子发现或怀疑妻子有通奸行为(嫌疑),可以选择休妻,而有的为贪图钱财,将妻子休后又将其嫁

① 题为"报文水县人高冬仔杀死伊父奸卖休之妇李氏拟斩监候事",第一历史档案馆,档号:02-01-07-3626-010。

② 题为"报重庆府璧山县民王树步殴伤卖休妻陈氏身死拟绞监候事",第一历史档案馆,档号:02-01-07-3668-002。

③ 题为"湖南慈利县民凃玉美踢伤卖休妻印氏身死议准绞监候事",第一历史档案馆,档号:02-01-07-3077-001。

卖。还有一种情形是丈夫贪图钱财，纵容妻子与人通奸，随后又将妻子嫁卖给奸夫。笔者搜集的 110 件刑科题本中的案例中，有 18 件因为妻子(包括怀疑)通奸而“卖休”。

刘氏先是嫁给了程明德为妻，后来有一天程明德看到妻子与人戏谑，就怀疑她品德不端与人通奸，于是就在道光十三年(1833)把他卖给了曹彦为妻，曹彦因为妻子去世买了刘氏。后来刘氏又被库四等人抢去，卖给河南仝姓的一户作为妻子，道光十三年又转到萧县居住。①

孟书耕娶范滑氏前夫之女毕氏为妻，毕氏与范树椿通奸，范树椿用强逼弱写休字，复将其妻带去。范因通奸而恋奸，逼写休书，许给孟书耕盘费京钱二百吊。法律判决：“通奸罪止枷杖，惟该氏因奸致本夫休弃罪，殴彼写婚书，未便仅照和奸本律问拟，应照买休人与妇人用计逼勒本夫休弃律，杖六十，徒一年。犯奸之妇杖决徒赎给伊夫领回，听其去留。”②

咸丰九年(1859)，城幅平与赵辛氏通奸，赵三才等知情贪利纵容，十年三月间赵三才因贪财将赵辛氏卖与城幅平为妻，身价钱二十千文，立契过门，并无媒证。③

然而无论如何，违犯“礼义”的妇女遭到丈夫休后嫁卖，终究显示了法律对妇女的限制以及丈夫在家庭中的强势。对于一个妇女

① 题为“江苏砀山县民曹彦被抢买休之妻刘氏一案四个月疏防限满抢犯无获开揭疏防武职各职名题参一案事”，第一历史档案馆，档号：02-01-02-2765-016。

② 题为“审拟镶黄旗汉军世袭佐领范树椿买休人妻事”，录副奏折，第一历史档案馆，档号：03-3996-016。

③ 题为“河南怀庆府武涉县民妇辛氏勒谋卖休之夫赵三才身死议准斩监候事”，第一历史档案馆，档号：02-01-07-3632-005。

而言,若违犯“礼义”而有“犯奸”的行为,则在法律实践中很难获得清代官员的同情和怜悯。

拐卖

还有一种情形是男子将妇女奸拐后,捏称夫妻并将其嫁卖,由于妇女违犯“礼义”,此种情况下法律实践中亦很难对其有多少实际保护。在笔者搜集的110件刑科题本中,这类案件有8件。

杨淀前是四川巫山县人,至建始县地方佣工度日,曾在贺良经家寄住觅工,始与贺良经之女认识,贺长女幼字游家清为妻,尚未接娶成婚。同治十三年(1874)十二月初九日,贺良经与子贺家文均赴向泽槐家帮工。贺家文之妻黄氏令贺长女挑水做饭,长女畏冷不允被黄氏斥骂,气忿欲往外祖家投诉。行至中途因为积雪不知去路,正想返回去的时候,遇到了杨淀前。贺长女即把情实告诉了杨,杨起意要把长女诱卖,于是就把长女诱至县属林家岭僻静的地方,当时已经很晚,就令长女同进山洞歇宿行奸,长女这才意识到被拐,苦闹不依。杨这时威胁说如果不依,就用刀杀死她。长女被逼无奈,于是同宿成奸。次早杨认长女为夫妇同行,并且要求长女勿要向人说破已被奸污,长女也随口答应。

后来到了恩施县属大湾地方,杨捏称贫苦难度,欲卖伊妻。央求不知拐情素识的崔元宣代觅娶主,值刘明书的妻子故世,正拟续娶,崔元宣向刘明书的父亲刘文贵说合,议定身价银十五串,二百文。杨书立字据,将长女卖与刘明书为妻,得受身价逃走。刘文贵于是月十四日主令刘明书与长女成婚。长女未吐实情,维时贺良经与子贺家文回家,询悉贺长女因被黄氏斥骂外出未归。寻觅到彼,长女向贺良经等哭诉前情,刘文贵始知长女被杨所卖。

法律判决:“杨淀前除吓逼成奸罪不议外,合依诱拐妇女卖为妻妾,被诱之人若不知情者,为首者拟绞,绞监候。事犯在光绪元年(1875)正月二十日恩诏以前,系在部议准之列,应准援免。再有犯加一等治罪,仍追身价银。”对于贺长女,则因为被逼奸已成,“不知情之娶主刘明书具领,贺长女被杨逼奸并甘心失节,应毋庸议”。①

妇女若与男子有奸,纵然是被男子拐卖,法律实践中考虑的仍是“礼义”,若妇女“甘心失节”,便很难获得清代官员的同情。在该案中,奸拐贺长女的杨淀前最终并未受到惩罚。相反,由于贺长女已失节,在一个重视“礼义”名节的时代,她的处境应较为艰难。

夫妻不能相安

对于夫妻不合的,也有男子将妻子休后并嫁卖,以此获得一笔钱财,这同样显示出社会实际中妇女的弱势地位。笔者搜集的案例中明确提到“不睦”或”不能相安”的案件有11件。

曾氏最初嫁给刘姓男子为妻,后刘姓丈夫死了改嫁给林义方为妻,因为夫妻“不能相安”,光绪四年(1878)十二月的时候,符圣南向林义方议订财礼钱六千文,“知情买休为妻,和睦无怨”。②

宋氏为山东嘉祥县人,年二十九岁,父亲宋丑,别没亲属,从前嫁给同县人师温为妻,生有一女。师温因为与其不睦,同治元年

① 题为“湖北武昌府建始县客民杨淀前吓逼贺长女成奸卖与刘明书为妻得财议准绞监候事”,第一历史档案馆,档号:02-01-07-4012-012。

② 题为“会审湖南益阳县民符圣南因知情买休并地界纠纷殴毙曾氏案依律拟绞监候请旨事”,第一历史档案馆,档号:02-01-07-13028-030。

(1862)把宋氏卖给任金方为妻,任金方知情。价钱四十千文,并没媒证婚书带同。①

疾病

男子有病因为无钱医治,将妻子休后嫁卖获得钱财。或者是妻子有病,男子无钱医治,将其休后嫁卖。然而嫁卖与否,主动权限都在丈夫。在笔者搜集的这些案例中,提到疾病往往是与"贫困""不能养活"等并列的,这类案件与前述贫困有交叉的部分,明确提到因疾病而"卖休"的有 9 件。

沈宗富供称邹氏是其女人,素患痨病,不能养活,起意卖休,托素识的陈桂林为媒,道光十二年(1832)四月二十三日,说是其孀居弟媳,黄登照情愿承娶为妻,议明财礼钱五十六千文。沈宗富供:"小的实因贫卖休,非女人情愿,女人现在因病不能到案,是实据。"最后判"沈宗富因贫穷卖休,照卖休本夫杖一百律,应杖百。罪上减一等,应杖九十。邹氏讯非情愿卖休,且有痨病,应仍令沈宗富领回,免其离异"。②

这里法律考虑到邹氏在卖休案件中并非情愿,而且又有疾病,如果强制离异的话,邹氏难以生存,因此让其丈夫将其领回,不过这似乎又回到了起点。实际上,对于身处贫困境遇中的底层民众而言,其行为选择十分有限。

---

① 题为"报开封府张保则与宋氏通奸商同谋杀卖休本夫任金方身死该犯在监病故事",第一历史档案馆,档号:02-01-07-3629-010。

② 题为"报罗山县民陈桂林卖休妻事起衅追殴黄登照跌殴身死拟绞监候事",第一历史档案馆,档号:02-01-07-3075-006。

同样，男子身处疾病中，因为无钱医治，会将妻子嫁卖获得钱财。宋氏先嫁给吴大盛为妻，后来吴大盛因为患病成废，同治元年（1862）就将宋氏卖休与李开扬为妻，得受财礼钱十千文。李开扬知情买娶，并无媒证。[①] 可以看到，在这两个案件中，是否选择卖休，其主动权则在于丈夫，而不管妻子是否同意，这显示了“夫权”对家庭事务的支配。

需要强调的是，刑科题本中的“卖休”行为一般都是附带提及的，并且在法律判决时多作为“轻罪不议”，既然这些案件主要是作为命案上报的，那么卖休案件为何会引发命案？

身价银争执

在笔者所搜集的案件中，因身价银而起争执并引发命案的最为常见，在110件刑科题本中有62件。正如苏成捷所认为的那样，“卖妻与其说它斩断一个人与其妻的关系，不如说它启动了卖主与买主之间的一种崭新且持续的关系——在这种关系里，买主在道德上被视为有义务帮助卖主，因为卖主的不幸造就了他的利益。这种买主与卖主间的不平衡，也意味着到了公堂之上买主比起卖主更可能输掉诉讼。这就是为何在卖妻已经过了很久以后，买主有时候仍然支付卖主两次或者更多次找价的原因，而且这些找价数额相当高，偶尔甚至超过原来的买价”[②]。无论买主还是卖主，他

① 题为“四川绥定府东乡县人牟以得商同奸妇宋氏谋杀卖休本夫李开扬身死议准斩监候事”，第一历史档案馆，档号：02-01-07-3629-009。

② ［美］苏成捷（Matthew Sommer）：《清代县衙的卖妻案件审判：以272件巴县、南部与宝坻县案子为例证》，邱澎生、陈熙远编：《明清法律运作中的权力与文化》，第472页。

们都显示出将妇女视为其财产的心态。他们对财产本身的关注要甚于对妇女境遇的关心。

李开扬知情买娶宋氏,并无媒证。牟以得与李开扬交好往来,见面不避。咸丰十一年(1861)三月不记日期,宋氏外出割草撞遇牟以得,牟与宋氏通奸。李开扬撞获,称欲送官,牟央求免送并许帮助钱米,李开扬贪利纵容。后来牟以得无力资助。李开扬常向以得索钱,每遇无钱付给就对宋氏殴骂,不许与牟以得往来。同治元年二月初三日,牟以得复至宋氏家中,李开扬当向牟借钱五百文,以得佯装回家取钱送给李开扬,李应允,各自出外赶集。牟屡次受李开扬勒索威逼,又没钱送给,定被断绝往来,起意将李开扬致死以便与宋氏长聚。当向宋氏商量,宋氏亦常被李开扬殴打谩骂,当即答应。在李开扬回家经过的僻静之处,牟以得在此静候,用刀扎颈后,李身死倒地。法律判决:牟以得除犯奸轻罪不议外,合依谋杀人造意者斩律拟斩监候,照例刺字。宋氏除犯奸并私埋为从轻罪不议外,合依谋杀人从而不加功者杖一百流三千里律,拟杖一百,流三千。①

同治八年正月间刘其受因贫苦难度,将伊妻张氏卖休与吕城溃为妻。光绪元年刘其受因乏钱用度,起意重索。声称吕城溃欠伊卖休钱二千四百文,欲令补给。吕城溃斥责其不应重索,信口谩骂,刘其受回骂,吕城溃受伤身死。②

① 题为"四川绥定府东乡县人牟以得商同奸妇宋氏谋杀卖休本夫李开扬身死议准斩监候事",第一历史档案馆,档号:02-01-07-3629-009。

② 题为"四川资州仁寿县刘其受贫将妻张氏卖休起衅殴伤吕城溃身死议准绞监候事",第一历史档案馆,档号:02-01-07-3981-017。

对于因贫困而“卖休”妻子的底层民众而言，其内心应是忿懑的。妻子才能过活，在婚姻关系交换中象征着贫困和无能，容易受到族人的指责。毕竟“卖休”行为是违犯“礼义”的事情，一个人为了钱财连妻子都可以休弃嫁卖，这在社会实际中显然不是什么值得公开的事情。将妻子“卖休”，并不容易就此结束与妻子的关系，卖主容易将自己身处贫困境遇中的不满都转移到买主的身上，因此反复要求补给钱财。他认为自己的境遇没有因为将妻子嫁卖而有好转，而买主的“落井下石”反倒加剧了他的悲催境遇。

而买主的心态则与其相反。对于多数同样身处贫困处境的买主而言，支付身价银本身对他们而言就不是一笔小数目，卖主反复要求给付钱财，当然加剧了他们原本就很贫弱的处境。而且在他们看来，既然身价银已经议定交付，就不应该再与妇女有什么纠葛。因此在“卖休”之后，容易引起诸多诉讼和争执并造成命案。

妇女通奸

引发命案的另外一个主要原因是妇女通奸，这种情形也是复杂多样的：妇女有可能在被“卖休”之前就已同买主通奸，其丈夫将妇女“卖休”给“奸夫”；妇女被卖休以后，与人通奸，因事发而引起争执。在笔者搜集的110件刑科题本中，此类案件有31件。

宋氏供称其为山东嘉祥县人，年二十九岁，父亲宋丑，别无亲属。从前嫁给同县人师温为妻，生有一女。师温因为和其不睦，将宋氏卖给任金方为妻。之后和张保则同村居住，张保则和任金方往来，见面不避。咸丰九年(1859)八月间，任金方外出张保则与其通奸，后非一次，并没得过钱财。任金方并不知情。十二月二十二日,张保则人来被任金方撞破,张保则逃走。任金方把宋殴打,并说和张保则并不甘休。二十九日早,宋出外拾柴,遇见张保则,向他告知前情,张保则说不如把任金方谋死。宋应允。约定那夜下手,二更时分任金方在炕边熟睡时,宋开门等候张保则来,张保则来了之后,骑坐任金方身上用手摁住咽喉。任惊醒,手脚乱挣,宋随手拿刀扎任,张用力摁住任,当时毙命。最后,宋氏"依谋杀人从而加功拟绞监候"。①

李氏系介休县人,先是嫁给本县人张四为妻,张四故去后,再嫁本县人杜铁柱子为妻。高永德向在介休县充当帮工,咸丰八年九月,杜铁柱儿子凭媒董正魁等说合,将李氏卖休给高永德为妻,钱十七千文,写立卖契。李氏在卖休给高永德之前,两人就已通奸,被窥破奸情才被卖休。高永德的儿子高冬仔从来不叫她继母。并且曾劝高将李氏赶走。后双方发生口角,李氏被高冬仔殴伤身死。②

凃玉美买休印氏为妻,与印氏和好无嫌。郑启帼向与其认识时,常相往来,印氏也见面不避。光绪十一年(1885)四月二十一日凃在外,回家看见印氏房门关闭,心疑探望,看到郑与印正在床上行奸。凃忿激,拾取木棍打斗进内喊捉,郑跑走,凃就用木棍连殴打印氏右肩,印氏撒泼哭喊,又用拳打伤她,印氏伤重,于二十三日

① 题为"报开封府张保则与宋氏通奸商同谋杀卖休本夫任金方身死该犯在监病故事",第一历史档案馆,档号:02-01-07-3629-010。

② 题为"报太原府文水县人高冬仔杀死伊父奸卖休之妇李氏拟斩监候事",第一历史档案馆,档号:02-01-07-3626-0103。

身死。①

乾隆十年(1745)正月,长安县民定武用银十两,将李洪银妻子景氏聘娶为室。后来李洪银后悔,退还了七两银子,要求将景氏领回,但这时景氏已经怀孕。双方同意退还,条件是如果定武资助所生子女的食用,所生子女就归定武所有。景氏回去后,又被其夫李洪银纵奸张义德。一日定武去景氏家中看到景氏所戴首饰,以及屋内棉纱等,知道这是张义德所送,就斥责景氏,一气之下就将其夫妇二人杀死。②

由于妇女在家庭中的弱势,即使是通奸行为,其中也显示不少是由丈夫逼迫或默许妻子与人通奸,以此获得钱财和资助。而对于那些妇女而言,如果违犯"礼义"有"犯奸"行为,便难以在法律实践中获得同情和保护。

与前夫(或后夫)的矛盾

那些被丈夫卖休的妇女,其内心可能容易充斥忿懑。毕竟丈夫为获得钱财而将其休后嫁卖,夫妻因"义"而合,如今既然已将其卖休,恩义和情感也就断绝,她们无法选择,只能同一个新的可能并不认识的贫困男人生活在一起。而且,那些被丈夫卖休的妇女在新的家庭中也可能同样身处贫困境遇中。这项与"通奸"的统计有交叉,若排除因通奸而引起矛盾的有 13 件。

① 题为"湖南慈利县民涂玉美踢伤卖休妻印氏身死议准绞监候事",第一历史档案馆,档号:02-01-07-3077-001。

② 题为"报长安县人定武买休景氏起衅杀死李洪银夫妇拟斩立决事",第一历史档案馆,档号:02-01-07-0303-011。

王树步,璧山县人,年三十二岁。同治五年(1866)八月间因贫难度,把陈氏卖休与徐桢俸为妻,得受财礼钱三千五百文。十一月初六日下午,陈氏来家说他纺有仔四两,没有带去,叫王清还。王斥说陈氏不该混索,陈氏乱骂,王回骂,陈氏顺手用木棒打王,后来被王打伤身死。王树步判"绞监候",陈氏"听从卖休,罪有应得。业已身死,应毋庸议"。①

法律判决中认为陈氏自愿被"卖休",因为违背"礼义"而没有守贞,对其被卖休的境遇并不怜悯,认为其"听从卖休,罪有应得"。法律在判决中着重考虑妇女是否违背"礼义",而不会过多考虑妇女的处境。法律中的"礼义"对于妇女更多的是贞节限制以及"夫权"的支配。

并非所有妇女都同意丈夫的"卖休"行为,然而在当时的社会实际中,妇女的反抗行为仍然有限。

自尽

身处此种环境之中的妇女选择有限制,如果不同意丈夫将其卖休,她们的反抗行为有可能就是选择自杀。

道光十年(1830),曹陈氏配与曹玉书为妻,成婚多年,曹私将陈氏凭媒王祥等卖休与王潮富。陈氏均不知情。陈氏感到无颜见人,自缢身死。②

---

① 题为"报重庆府璧山县民王树步殴伤卖休妻陈氏身死拟绞监候事",第一历史档案馆,档号:02-01-07-3668-002。

② 题为"报宿州民王潮富听从抢娶卖休之陈氏致氏自缢拟杖徒事",第一历史档案馆,档号:02-01-07-3043-004.

对于陈氏而言,被丈夫卖休是一件玷污其名节令其羞愧的事情,在她看来,这会让其无颜见人,因此她选择自杀。笔者搜集的案例中提到自杀的有 3 件。

复仇

在这种为获得钱财而将妇女休后嫁卖的婚姻交换关系中,妇女选择有限。妇女在这一过程中作为物品在流通,利用妇女的生育功能使贫苦底层男子的家族得以延续;或者男子纵容妻子与人通奸,以此获得钱财,之后再为钱财将妇女卖休给“奸夫”。然而,妇女终究不是物品,有的妇女会做出极端的行为:要么自杀,要么复仇。在笔者搜集的刑科题本中,提到妇女杀死前夫的案件有 17 件。

赵辛氏籍隶武陟县系赵三才之妻,赵三才并无生业,与城幅平素识无嫌,赵辛氏习见不避。咸丰九年(1859)十月,赵三才贪利纵容赵辛氏与城幅平通奸。十年三月间,赵三才因贪财将赵辛氏卖与城幅平为妻,身价钱二十千文,立契过门,并无媒证。后来赵三才将住房变卖,城幅平亦移居修武县开设饭铺生理。后城幅平因嫌赵辛氏懒惰,欲将该氏退还。十一年八月间赵三才路遇赵兴义,向其告知城幅平与赵辛氏通奸卖休情由。赵兴义以幅平奸买其族中妇人,心怀不甘,即同赵三才往向理论。赵三才因无住处,即托赵兴义代借李张氏喂牲口空屋家,希图多得身价银。赵辛氏不允,赵三才时常殴逼。(赵三才)声言(若)不愿,定即(将赵辛氏)处死。赵辛氏恨极,起意将赵三才致死,自寻生路。十月初一日,赵三才患吐泻病,神气昏迷。赵辛氏见赵三才熟睡,寻得一根麻绳,将赵三才勒死。赵辛氏除听从卖休并犯奸轻罪不论外，合依谋杀人斩监候律，拟斩监候。①

显然，复仇终究不可能改变其境遇，将前夫杀死当然不能寻得生路。无论如何，作为一种社会关系的“卖休”行为，显示出以主动的男性和被动的女性的基本区分为原则：卖方出卖妇女的身体以获得钱财，买方利用妇女的生育功能延续其家族。

(三)妇女离婚：审判离婚中的“礼义”

滋贺秀三曾指出，与父子、兄弟关系相比，夫妻关系被认为是“人合”“义合”，即后天的、社会的结合，会因后天的理由而解除。并且他认为这样的例证和说法很多，比如《唐律疏议》中“夫妻义合，义绝则离”、宋代陈振孙说“父子天合，夫妇人合，人合者恩义有亏则已矣”、清代钱大昕称“夫父子兄弟以天合者也，夫妇以人合者也，以天合者无所逃于天地之间，而以人合者可制以去就之义”。②不过这并不意味着妇女依据其单方面的意思就可以要求离婚，法律实践中的离婚案件仍然着重考虑的是“礼义”和对“夫权”的重视。

因夫长期未归而离婚

法律实践中，丈夫在外长期未归，妇女因为贫困难以生存可能

① 题为“河南怀庆府武陟县民妇辛氏勒谋卖休之夫赵三才身死议准斩监候事”，第一历史档案馆，档号：02-01-07-3632-005。

② ［日］滋贺秀三：《中国家族法原理》，张建国、李力译，第486页。

会要求改嫁。

王美纯于乾隆二十五年(1760)出外,五年未归,留下妻子李氏在家。有人作媒,将李氏嫁给了刘廷先,王美纯的哥哥王美常写的领字,并收了刘廷先九千钱。后来王美纯回来后发现妻子嫁给了刘廷先,于是告到官府,“小的今年冬月初四日回家,见妻子李氏不见,小的查问在刘廷先家,不知是刘廷先拐去?不知是哥子嫁卖?只求赏问哥子王美常就得明白”。王美常称弟媳确实嫁给了刘廷先,但并不是其嫁卖,而是因为自己不识字,只是听说叫人写了领就可以得到九千钱的盘缠。

县官正堂判词称该案由王美纯长期外出音讯全无而致,遗妻李氏在家,因为又赶上年岁饥馑,根本无法生存,李氏不得已才嫁给刘廷先。王美纯的兄长领取九千二百钱属实,并且根据王美纯的口供,亦可证实其妻李氏确属他人,“王美纯因年荒出外,弃妻不顾,而李氏不能守节令嫁,均非义夫节妇,刘廷先擅娶有夫之妻,亦属不合”。王美纯、刘廷先本应受到法律重究,但考虑到此事发生在灾年中,“姑念事在荒旱之年,从宽免究”。最后县官判决“断令刘廷先出钱十千给王美纯具领,其子亦令领回”。①

《大清律例》中规定:“期约已至五年无过不娶,及夫逃亡三年不还者,并听经官告给执照,别行改嫁。亦不追财礼。”②与刑科题本相比,地方诉讼档案显示出一定的适应性,不过这种适应性并不能违背律例本身的规定以及法律中的“礼义”。在该县官看来,王美纯因为荒年而外出五年,留下妻子一个人在家,“弃妻不顾”,这

① 四川省档案馆编:《清代巴县档案汇编·乾隆卷》,第188页。

② 马建石、杨育棠主编:《大清律例通考校注》,第453页。

不是一个“义夫”所应行之举;而李氏不能守节而改嫁,同样违背“礼义”贞节,也不是“节妇”所应行之事。既然夫妻双方皆未遵守“礼义”,那么县衙就可以考虑现实情形:王美纯已经五年音讯全无,这基本上已经达到律例中关于此类情形规定的时间上限,加上又是灾荒之年,王美纯的兄长作为家长也领取了财礼钱,因此县衙承认李氏再嫁的事实。但是县官同时又要求后夫出钱十千,其子领回。这既是安慰其前夫,不过亦表明县衙要更倾向于照顾前夫的权益。

类似的情形还比如丈夫失踪多年未回,妇女又与夫家家长难以相处,所以主动向官府请求由其父母领回择户另嫁。巴县档案中有一例,咸丰三年(1853)五月,刘二姑因为丈夫长期未归,请求县衙判令由父亲刘和祥将其领回另嫁他人。

刘二姑供:“今年十六岁,父亲刘祥和自幼把小女子抱与这王命用神的孙子王绪儿为媳,尚未完配。道光二十八年冬月间,公公命用神将小女子的翁王大猷并王绪儿逐出未归。今年五月间公公屡次嫌贱小女子,才来案下鸣冤的。因王绪儿逐出多年未回,断令父亲刘祥和把小女子领回择户另嫁就是作主了。”①

刘二姑在向县衙的供词中,首先强调不是丈夫未归,而是自己被公公嫌贱,这样自己就并非不能守节而违反“礼义”,最后县衙堂批“刘祥和遵谕将二姑领回另嫁”②。

---

①《巴县县衙为王君海被控将孙逐出未归屡次嫌贱未配孙媳案录状》,《清代四川巴县衙门咸丰朝档案选编》,第十二册,上海:上海古籍出版社,2011年,第663页。

②《刘祥和为遵谕将二姑领回另嫁事领状》,《清代四川巴县衙门咸丰朝档案选编》,第十二册,第662页。

妇女与翁、姑矛盾

在家庭关系中，矛盾的焦点往往不是夫妻关系，而是媳妇与翁、姑之间的矛盾。如果丈夫站在父母一边，那么妇女就更容易处于弱势。矛盾如果尖锐的话，妇女的家人可以要求将其领回另嫁；或者男方的父母要求其与妇女结束婚姻关系，让妇女的家长将其领回。县衙对此案件的审理往往并不强加干预，咸丰朝巴县衙门档案中有几例：

郭氏的父亲郭永吉要求领回他的女儿并另行改嫁，因为郭永吉认为女儿郭氏与刘欲泰成婚三年来，一直与刘欲泰的母亲有矛盾，争吵不断，郭永吉担心这样下去会容易发生更为严重的后果。郭永吉要求把女儿郭氏领回，重新改嫁。①

朱万美向县衙诉称要求儿媳朱彭氏应被她父亲彭万有领回，另行择户改嫁，并且要永远与他的儿子朱元盛断绝来往。原因在于他认为儿媳过于泼悍，从来都不料理家务，如果训斥她的话，还动不动就要自缢跳河，实在无法忍受。他认为儿媳如此行为也是受到她父亲彭万有的挑唆。因此要求彭万有将其女儿领回，与其子朱元盛离异并且断绝往来。②

妇女因与翁、姑矛盾而离婚的案件中，男方仍是主导，极少有妇女因此主动要求离婚的，法律实践中，县衙也不能直接越过男方

---

① 《郭永吉为领回郭氏择户改嫁事领约》，《清代四川巴县衙门咸丰朝档案选编》，第十二册，第306页。

② 《朱万美为朱彭氏仍归彭万有领回另行择户与朱元盛断绝往来事结状》，《清代四川巴县衙门咸丰朝档案选编》，第十二册，第100页。

的名义而直接判决离婚。

夫妻失合

这类案件往往最为复杂。夫妻失合，如果两厢愿离，法律对此也承认，不过这类案件极少有妇女主动要求离婚的。丈夫主动要求离婚的，则会突出或夸张妇女的行为如何“泼悍”；妇女及其家人则可以要求男方返还出嫁时所收物品，以及突出自己在家中遭受男方的暴力等，以此获得县官的同情。这些案件多是当事人的叙述，但我们从中仍然可以鉴别基本事实。

妇女尽管很少因夫妻失合无法相处而主动离婚，但若丈夫希望结束婚姻关系，妇女可以要求男方返还出嫁时金银衣饰等，妇女若无明显违背“礼义”的行为，县衙也不能判决强制离异。因此妇女有时反倒可以利用县衙希望结案的心理，从而获得对其有利的判决。

徐以仁于乾隆二十八年(1763)在川娶秦氏之女为妻，后于乾隆五十四年(1789)内搬回家乡楚地，“夫室参商控案，麻邑县主具准差行唤，中有王步街两劝说合”。秦氏考虑到“恩情义绝，务要以仁得秦氏嫁时金银衣饰等项，照单亲还。秦氏方免干休，将案息销”，其夫徐以仁“凭中自愿还出，比时凭中照单算明衣饰金银等项，共该银二百四十两正，凭中限至五月二十八日将认银还给秦氏亲收”。秦氏则“认限约收银，凭中还给以仁夫室，以免参商”。并且考虑到秦氏“日后永无异端，其立限约，此系以仁心甘情愿，并无中证勒逼等语。空口无凭，立出自认限约给与秦氏名下为据”，徐以仁以及四位凭中人的签字。①

不过多数情况下，妇女在家庭关系中处于弱势地位。

田仕仁诉称自己将女儿嫁给表侄刘醇孝后，后者仗着他父亲遗留的财富，一直嚣张跋扈，经常欺凌自己的女儿，其女儿已经生了两子四女，但是刘仍然娶妾在家，并且视妻子田氏如仇敌，“不时拳殴脚踢，生以理劝戒，奈伊宠妾心坚，云生女与伊妾口角等语”。等到自己前去的时候，发现刘醇孝已经把女儿“打昏在地，不能言语”。田仕仁同他理论，不想刘醇孝更加凶狠。田无奈而隐忍回家，找到刘的兄长刘文衡说理，文衡则说“醇孝五伦已绝，不能管束”。没想到刘醇孝知此，更加凶横并且报复，还用刀把自己戳伤，因此将此禀告县衙。②

当然，可以说妇女家长为将女儿领回另嫁，夸张其如何遭遇不公。然而，在该案中县令可以查问证人（刘文衡），妇女的家长又有被女婿扎伤的实情，相信为将女儿领回亦不必将自己扎伤，相信妇女在家庭中居于弱势的应为事实。

在以下两个案件中，就可以看到男子为与妻子离婚，其在向县衙的供述中，如何突出妇女在日常生活中如何“泼悍”而无法忍受。

乾隆五十三年（1788），吴泰来诉称由于其妻子张氏没有生育，自己于是就花了三十六千钱买了沈泉发的婢女春梅为妾，数年中妻妾都非常和睦，但今年春梅突然变得泼悍，张氏理斥，反被春梅用洗衣棒打落了两颗牙齿，并且咬伤了右手指。对此，吴称其并未深究。没想到二十四日竟然收拾衣饰逃跑，后来在沈泉发的亲戚

① 四川省档案馆编：《清代巴县档案汇编·乾隆卷》，第 191 页。

② 四川省档案馆编：《清代巴县档案汇编·乾隆卷》，第 191—192 页。

汪珍家找到。吴泰来认为春梅数年都很正常，妻妾相处正常，如今性情大变，是因为汪珍刁唆。如今竟然“逆妾殴妻，复敢隐逃，捏控掩咎”。没想到汪珍害怕被指控，“是日沈泉发以嫌殴逃归事控案”。①

此案殊为可疑，照常情而言，春梅作为妾又是婢女出身，既然数年之中都相安无事，为何突然性情突然大变，这并不符合常情。吴泰来又称对方捏控，但又并未指出对方捏控的目的。事实上县衙对此也颇为怀疑，认为应先查明事实，县官怀疑是春梅在家中遭受虐待殴打而逃走。

同样，熊开宗为与妾周氏解除关系，则突出周氏如何“泼悍”，违背“礼义”而“不知妇道”，由此希望获得县衙的同情可以解除婚姻。

熊开宗诉县衙要求与妾解除婚姻关系，他称自己由于原配韦氏疯瘫，而父母年迈无人照顾，因此凭媒人娶故人孀妻周氏为妾，没想到这周氏虫蝎心肠，“不知妇道，非但不服使令，更敢悖逆翁姑。希望奉侍怡亲，谁料益增亲怒，悖亲罪恶，蚁咎何辞”。因此他认为“此种悍妇，七出已干。情愿凭官出退，以安家业，以顺亲怀，为此上呈”。②

巴县档案中，这些案件多由丈夫主动提起，妇女很少因夫妻失合而要求离婚。

① 四川省档案馆编：《清代巴县档案汇编·乾隆卷》，第192页。
② 四川省档案馆编：《清代巴县档案汇编·乾隆卷》，第193页。

妇女通奸

妇女因为违背“礼义”与人通奸而离婚的案件较为常见,如果男方因此要求离婚,往往最为容易。法律要求妇女守贞,妇女违背“礼义”与人通奸,不仅难以获得县官的同情,而且还可能受到县衙的惩罚。咸丰朝巴县中有数件涉及妇女通奸而另嫁的案件:

汪廷英的女儿汪氏因为和夫家的雇工陈二通奸怀孕,被夫家人撞破,告到官府,县衙判双方离异,并要求汪氏的父亲汪廷英领回女儿,择户另行改嫁。①

杨启普的妻子何氏与杨的无服杨光程通奸,后被杨启普发现。杨启普无法忍受,向县衙诉称要求与何氏离异。但是在族人的调解之下,杨启普撤回诉讼,考虑到何氏已经为其生育,最后没有选择离异,“奸夫”杨光程则要受枷示众。②

该案中,因为考虑到何氏因为已生一子,出于对家庭的考虑,在族人的调解下,杨启普最终没有选择离异,县衙也尊重其选择,不过“奸夫”则要遭到惩罚。在这一类案件中,清代县衙不能绕过丈夫而直接判决。

丈夫逼奸

对于妇女而言,如果遭受丈夫(或丈夫家人)逼奸而要求离异,

---

① 《汪廷英为领回汪氏择户另嫁事领结状》,《清代四川巴县衙门咸丰朝档案选编》,第十三册,第 42 页。

② 《杨光程杨光荣等为杨启普甘与何氏离异杨光程受枷示事结状》,《清代四川巴县衙门咸丰朝档案选编》,第十二册,第 432 页。

最容易获得县衙的同意和怜悯。一般对此类案件,县衙会判决离婚。在重视妇女贞节的社会情境中,妇女可以凭此获得保护。

蒋老六是李氏的公公,但蒋老六却逼迫儿媳卖奸,此事被状告后,县衙要求李氏与蒋老六的儿子离异。①

刘何氏被丈夫刘仕义逼奸,刘氏不甘失节,因此向县衙请求与其离异,并且要求刘仕义返还衣饰和财银等。②

李幺姑被丈夫逼奸,李的母亲李禹氏要求将女儿领回。李禹氏供:"幺女自幼凭媒许陈开材为妻,殊开材不务正业,屡次逼女儿李幺姑卖娼。去年冬月间小妇人把陈开材具控在案休,恩审讯小妇人把女儿领回另行择配。"③

依据这些案件,可以推测前面讨论的"典妻""卖休"等案件,妇女在家庭中因为贫困而犯奸,往往并非其情愿,相信其中不少是遭受丈夫的逼迫。只不过一些妇女坚决不从而与丈夫结束婚姻关系。然而无论如何,从这类案件中都可以看到妇女在家庭中的不平等的境遇。

对于一部分民众而言,"礼义"对他们而言或许有另外的含义,那就是可以利用"礼义"而为其寻求利益。尽管清代法律实践中强调"礼义",但我们不必夸大清代的"礼义"理念对底层民众观念的影响。然而,妇女在这些案件中不过是作为"财物"流动。

---

①《蒋老六等为将蒋李氏逼娼被责惩日后不得翻控滋祸事结状》,《清代四川巴县衙门咸丰朝档案选编》,第十三册,第113页。

②《为甘与刘仕义离异并将衣饰及女择配之日取有财礼银两均分事结状》,《清代四川巴县衙门咸丰朝档案选编》,第十三册,第181页。

③《巴县县衙为李禹氏告陈开材等藐断歧控案录状》,《清代四川巴县衙门咸丰朝档案选编》,第十三册,第733页。

乾隆三十一年(1766),高朝位向县衙状告周之敏募卖妇女,高朝位称其侄女五姑嫁给沈朝统为妻,“所生一子年未甫周”。去年沈朝统因谭洪泽家遭盗窃一案而牵连入狱,“差拘押笼月余未审”,但后来有人来说沈朝统已死在狱里。考虑到侄女“衣食无措”,因此就在正月十四日的时候把她接到家里。几天后,到了正月二十一日,沈朝统的姨父周之敏来到家中说是要接侄女回去,并置办了酒宴请侄女,侄女跟去后,但是数日都没回来,去找周之敏问清情况,周刚开始是支支吾吾,后来索性避而不见。高朝位称自己经过细访,原来是周之敏串通媒人将侄女募卖给谭洪泽的舅舅傅二(傅大德)为妻,“蚁闻骇异,前月二十三日蚁来恩辕,又知朝统十九日方遂毙命。似此恶棍,不惟套接募卖大干法纪,更胆生妻活拆,律理奚容?”因此乞求县衙“剪恶除奸”,使生者不致遭卖,死者不致含冤,将“永颂鸿庥不朽,伏乞太爷台前施行”。

高朝位的叙述是如此值得怜悯和同情,他的行为都是为了考虑别人,考虑到侄女的境遇,自己还将其接到家中。然而所谓“无利不起早”,县官审讯查明的事实与高朝位所述并不一致:高朝位图借不遂,具告到县,庭讯之下,高氏仍配大德为婚。大德并未出有财礼。高朝位口口声声说的为“生者不致遭卖,死者不致含冤”“剪恶除奸”等不过是为了获得一笔财礼银,因为傅大德并未给其财礼银,高朝位才使用一套“礼义”说辞称侄女高氏被卖,说到底亦是为了将侄女嫁卖而获得身价银。因此,县衙判令大德缴银八两给沈朝统追荐费,并要求高朝位“不许滋事,甘结立案”。①

① 四川省档案馆编:《清代巴县档案汇编·乾隆卷》,第189页。

四、小结

在离婚案件审判中,妇女离婚与否的权限在于官府而非妇女本身。法律对于不符合“礼义”的婚姻会强制要求“离异”,法律着重考量的是妇女是否违背“贞节”伦理,而不是妇女的现实处境;对于那些“离异归宗”的妇女而言,其仍然无法获得自主权限,离异后还会被娘家领回后择户另嫁;妇女主动要求离婚的案件极少,离婚案件的审判也同样显示了妇女的弱势。

从诉讼档案观察这些底层妇女的命运,我们无法看到一幅妇女充满“自主性”的画卷。近年来,一些学者主张应重视明清中国妇女的“主体性”,反对“以男性为中心叙事”的妇女史,强调将妇女史放至社会实践中进行理解,并提出解构“以男性为主导的叙事”。关于解构式的书写方式,其主要表现是“主张超越男人的目光,听取女性自己的声音”。高彦颐就认为若从女性主体出发,就可以看到她们的主动选择和自愿性,她旗帜鲜明反对那种认为妇女被压迫的认识。在她看来,这不过是晚清至五四以来关于传统中国妇女形象的建构:“落后和依从的女性身份,一直是一个民族存亡息息相关的紧迫问题,当帝国主义侵略加剧时,受害女性成为中华民族本身的象征……对作为整体的中华民族的政治解放也对中国进入现代世界来说,女性启蒙成一个先决条件。总之,受父权压迫的女性,成了旧中国落后的一个缩影,成了当时遭受屈辱的根源。”①

① [美]高彦颐:《闺塾师:明末清初江南的才女文化》,李志生译,第3页。

因此,她认为这样的民族情绪是如此强烈,以致受压迫的封建妇女"祥林嫂"的形象成为一种无可置疑的历史真理。

然而,清代底层妇女的生活实际与所谓的"自主性"画卷显然相去甚远。清代关于婚姻关系的构造并非平等人格的男女基于感情的结合,其主要将妇女视为夫之附庸,妇女以不同的形式成为受害者。无论是暂时结束婚姻而保留回赎权利的"典妻"还是买卖离婚的"卖休",妇女都是被作为"物品"流通。身处贫困处境中的妇女,与男子相比,其生存境遇更为艰难:妇女无法像男子那样外出佣工,当然也没有足以维持生存的土地,在此种困境之下,或许身体是唯一可以出卖的"财产"。这对于那些因贫困而娶妻困难的底层男子,妇女的生育功能可以将其家族延续,丈夫对家庭事务具有支配权。

有关"礼义"贞节的意识形态塑造了"顺从的妇女",妇女以听从丈夫的安排为"美德"。妇女被排除在经济事务和公共事务之外,妇女职责主要限于家庭空间,其家庭责任服务于整个家庭经济活动。当整个家庭因为贫困而无法生存,丈夫就将妇女视为"物品"将其卖出而结束婚姻关系。作为一种社会关系的"卖休"行为,显示出以主动的男性和被动的女性的基本区分为原则:卖方出卖妇女的身体以获得钱财,买方利用妇女的生育功能延续其家族,妇女则显示对男性欲望的服从。

第三章 民国时期的妇女离婚诉讼

一、民国法律的变化

近代中国法律变革在婚姻方面体现得尤为明显，法律从原来重视“礼义”逐渐向“人格”转变。就法律条文而言，清代律例中关于婚姻的规定，强调的是“礼义”理念，这样一种重视“家族”和“等级”的理念同“人格”平等明显不同，是否“离异”，其权限不在个人而在国家。清代法律重视社会等级，不同社会等级应遵守相应的行为规范，婚姻行为应符合“礼义”要求，否则会强制“离异”。文武百官娶“乐人”(妓者)的话，就要受到杖六十的惩罚并“离异”，财礼入官。官员和“乐人”具有不同行为规范，二者结合不符合“礼义”要求，对此种婚姻要强制离异；“家长”与“奴”不能娶“良人”妻女为妻，否则就会“杖八十”，对于“其奴自娶者”，其罪亦如此。“家长”“良人”“奴”彼此不可为婚。如果妄冒为“良人”而与“良人”结为夫妻的话，就要受到“杖九十”的惩罚。“家长”不能为与

“良人”“奴”为婚而入籍为婢，这将受到严厉一等的惩罚“杖一百”。这些违背社会等级规范不符合“礼义”的婚姻都无法获得认可，法律要求强制“离异”。[①]

与此相关的是，清代法律禁止府、州、县亲民官任内娶部民妇女为妻妾，官员与部民分属不同等级，彼此不可通婚，否则会被官府强制“离异”，财礼入官，“亲民官任内娶部民妇女为妻妾者，杖八十，若监临官娶为事人妻妾及女为妻妾者，杖一百，女家并同罪。妻妾仍两离之，女给亲，财礼入官”。[②] 对于特定群体如僧道违犯“礼义”娶妻妾，法律强制还俗，杖八十，妇女离异，财礼入官。[③] 总之，法律禁止不同社会等级之间的男女通婚，法律以此强化不同社会等级的行为规范。

法律条文也反对“同姓为婚”，尤其是尊卑不得为婚。尊卑婚姻不符合“礼义”要求，会被强制“离异”，这是等级制度在婚姻(家族)的体现。比如，法律规定“凡外姻有服尊属卑幼共为婚姻及娶同母异父姊妹，若妻前夫之女者，各以亲属相奸论”，“其父母之姑舅、两姨姊妹及姨、若堂姨，母之姑、堂姑，己之堂姨及再从姨、堂外甥女，若女婿及子孙妇之姊妹，并不得为婚，违者，各杖一百。若娶己之姑舅两姨姊妹者，杖八十，并离异”。[④] 法律条文规定有亲属和尊卑关系的男女不得成婚，家族内的成员在婚姻上也应该遵守“礼义”。

---

① 马建石、杨育棠主编:《大清律例通考校注》,第 451 页。

② 马建石、杨育棠主编:《大清律例通考校注》,第 449 页。

③ 马建石、杨育棠主编:《大清律例通考校注》,第 452 页。

④ 马建石、杨育棠主编:《大清律例通考校注》,第 447 页。

除此之外，娶亲属妻妾也是被禁止的，娶同宗无服之亲以及无服亲的妻子，无论男女，都要遭“杖百”的惩罚。如果娶同宗缌麻亲戚和舅甥之妻，就要“各杖六十，徒一年”。法律因宗服远近而惩罚不同，如果收父、祖之妾和伯、叔母为妻的，就要受到斩刑惩罚，兄亡收嫂、弟亡收弟妇亦“各绞”，娶同宗缌麻以上姑侄姊妹的，则“各以奸论”，所有以上诸种不符合“礼义”的行为，都要强制离异。[1]与此相关的是，法律规定居丧期间不得嫁娶，否则将强制“离异”。凡是男女父母丧，或者妻妾夫丧自己主婚嫁娶的，就要“杖一百”。男子父母丧妾的，或者妻丧夫而女儿嫁人的，各减二等。妇女居丧嫁人的情形同样不符合礼义规范，即使成婚也要“离异”。[2] 此外，法律规定妻妾应有序，对有妻而又娶妻致妻妾失序的，后娶之妻也要“离异”。[3]

因此，清代法律对于不符合“礼义”的婚姻，可以强制“离异”，这显示传统法律与社会的家国同构的基本特征。男女婚姻的结合要符合儒家意识形态，违背“礼义”的婚姻不会被官方承认，并且应强制使其分离。诸此种种，上一章已经讨论，兹不赘述。总之，传统中国法律关于“离婚”的构造缺乏平等人格。

从法律条文上看，清末法律变革中的《大清民律草案》与《大清律例》相比，既有延续，也有诸多重要的变化。除了第 1359 条关于协议离婚的规定即“夫妻不相和谐而两愿离婚者，得行离婚”外，《大清民律草案》第 1362 条主要针对争议离婚案件，规定了离婚须

① 马建石、杨育棠主编：《大清律例通考校注》，第 448 页。
② 马建石、杨育棠主编：《大清律例通考校注》，第 448 页。
③ 马建石、杨育棠主编：《大清律例通考校注》，第 445 页。

满足的条件，其具体内容包括：重婚；妻与人通奸；夫因奸非罪被处刑；彼造故谋杀害自己；夫妇之一造受彼造不堪同居之虐待或重大侮辱者；受夫之直系尊属或重大侮辱；夫妇之一造以恶意遗弃彼此；夫妇之一造愈三年以上之生死不明。① 我们可以做如下对比：

《大清民律草案》	《大清律例》
1.夫妻不相和谐而两愿离婚者，得行离婚	"出妻"条：若夫妻不相和谐而两厢愿离者，不坐。
2.重婚	"妻妾失序律文"：若有妻而更娶妻者，亦杖九十。离异。
3.妻与人通奸	"出妻"条：七出第二条"淫佚"
4.夫因奸非罪被处罚	
5.彼造故谋杀害自己	"义绝"情形：妻欲害夫
6.夫妇之一造不堪同居之虐待或重大侮辱者	"纵容妻妾犯奸"律或"典雇妻女"律中，妇女被夫逼奸，可要求离异。
7.受夫之直系尊属或重大侮辱	"强占良家妻女"律，卑幼参与谋占资财、贪图聘礼而将伯叔母、姑等尊属用强抢卖，拟斩监候。
8.夫妇之一造以恶意遗弃彼此	
9.夫妇之一造愈三年以上之生死不明	"出妻"第二条律文：期约已至五年无过不娶，及夫逃亡三年不还者，并听经官告给执照，别行改嫁。

《大清民律草案》关于离婚的规定与《大清律例》明显不同：第

① 修订法律馆编：《法律草案汇编 · 亲属法草案》，台北：成文出版社，1973 年，第 27—28 页。

一,《大清律例》强调的“夫权”,法律实践中很少有妇女会因丈夫“犯奸”而要求离婚。恰恰相反,丈夫可以因妻子“犯奸”而出妻。新的变化首先是,妇女同样可以因丈夫“奸非”而主动要求离婚,对于丈夫而言,法律要求其同样需要遵守家庭伦理道德。清代离婚的权限在国家,新的法律则开始强调妇女可以因丈夫违犯夫妻道德而主动要求结束婚姻关系;第二,法律规定“夫妇之一造不堪同居之虐待或重大侮辱者”或者“受夫之直系尊属或重大侮辱”,妇女可以要求结束婚姻关系。清代法律注重的是妇女的贞节,只有当妇女的贞节受丈夫或夫家人的威逼,法律才会判决妇女“离异归宗”,由娘家人领回择户另嫁。因遭受“侮辱”而要求离婚,突出的是妇女拥有独立人格,并且妇女的人格尊严应受夫及夫家人尊重;新的法律规定“夫妇之一造以恶意遗弃彼此”,法律要求夫妻双方皆应该遵守夫妻道德,互相照顾。如果一方有遗弃的行为,另一方可以要求结束婚姻关系。而清代关于此方面的规定则是注重妇女贞节,而清代妇女因丈夫失踪而要求另嫁的话,必须满足一定年限。总之,新的法律注重人格和性别平等,不同于清代律例中注重“夫权”秩序的特征。夫妻任何一方都有权利提出离婚诉求,离婚权限归夫妻个人而非国家;无论夫妻一方,都应遵守夫妻道德,妇女亦可以因为男方“犯奸”而要求离婚;妇女的人格尊严应受尊重,妇女人格若受侮辱可以要求离婚;夫妻双方应该互敬互爱,不得遗弃对方。

不过这部《大清民律草案》并未产生实际效果,清朝灭亡后,新的政府并没有采用。“由于民国政府选择了 1910 年颁布的修订本清代旧法典的民法部分,仅仅改变了名称即删除了‘大清’‘刑事’,

订本清法典中的‘民事有效部分’保留在《现行律》中作为民国的正式民法一直沿用到1929—1930年。”[①]并且还在很多方面造成了误解，一个例证即“当时权威性的商务印书馆也错误地将民国初期的民法等同于清末起草的民法典。在号称是新法律的权威汇编的《中华六法》中，编纂者虽然正确地指出了清代未通过的刑法典草案作为民国的刑法仅有少许语言上的改动，以适应民国新的政治形式，但他错误地断定民国政府同时使用了清代未通过的民法典草案——一部与实际援用的法律大相径庭的法典”[②]。

尽管这部以“人格”为基础构建婚姻关系的民事法律草案未获颁布使用，但是其基本理念在1929—1930年的国民党《民法典》中仍然得到体现。1929年国民党政治会议通过“民商合一”的立法原则，除对公司、票据、海商、保险等单独立法外，有关债、物权、亲属、继承、商法等均成为民法各编，分为总则、债、物权、亲属、继承计1225条，称为《中华民国民法》。《中华民国民法》分编草拟和分期颁行，1929年5月公布“总则”编，同年11月公布“债”及“物权”两编，1930年12月公布“亲属”及“继承”两编。此部法典沿袭《大清民律草案》及北洋政府《民法草案》，采用德国民法编体例，实行“民商合一”原则，是中国首部正式颁行的民法典。

在这部法律中，“亲属”编中关于婚姻部分首先强调“婚约应由男女当事人自行订定”（第972条），以及“婚约不得请求强迫履行”

---

① [美]黄宗智：《法典、习俗与司法实践：清代与民国的比较》，[美]黄宗智：《清代以来民事法律的表达与实践：历史、理论与现实》，第二卷，北京：法律出版社，2014年，第16页。

② [美]黄宗智：《法典、习俗与司法实践：清代与民国的比较》，第16页。

(第 975 条)。[1] 该法将婚姻男女基于独立自主的人格基于上的结合,妇女享有与男性同等权利。在第五节“离婚”部分该法律具体规定离婚的诸种要求和情形,比如法律规定“夫妻两愿离者,得自行离婚”(第 1049 条)以及“两愿离婚,应以书面为之,并有二人以上证人之签名”。[2]

最为重要的是针对争议离婚的情形,法律规定“夫妻之一方,以他方有左列情形之一者为限,得向法院请求离婚”,这些情形具体包括:1.重婚;2.与人通奸;3.夫妻之一方受他方不堪同居之虐待;4.夫妻之一方,以恶意遗弃他方在继续状态中;5.夫妻之一方,意图杀害他方;6.有不治之恶疾;7.有重大不治之精神病;8.生死不明已逾三年;9.被处三年以上之徒刑,或因犯不名誉之罪被处徒刑。(第 1050 条)[3]除此之外,该法律还特别提到“有配偶者不得重婚”(第 985 条)、“因奸经判决离婚,或受刑之宣告者,不得与相奸者结婚。”(第 986 条)、“女子自婚姻关系消灭后,非逾六个月不得再行结婚。但于六个月内已分娩者,不在此限”(第 987 条)。[4]

国民党《民法典》关于离婚情形的规定基本延续了《大清民律草案》。该法律改变了清代律例以及法律实践中往往丈夫以妻子通奸的理由要求离婚,并且要求男女双方都应该遵守家庭道德,实际上扩展了妇女在家庭纠纷中的选择权限。值得注意是,国民党《民法典》增加的具体情形主要是关于“不治之恶疾”以及“重大不

---

① 法学编译社编:《袖珍六法全书》,上海:会文堂新记书局,1931 年,第 150 页。
② 法学编译社编:《袖珍六法全书》,第 161 页。
③ 法学编译社编:《袖珍六法全书》,第 161—162 条。
④ 法学编译社编:《袖珍六法全书》,第 151 页。

治之精神病”，这似乎又延续了“七出”条中的“恶疾”。至于“因奸经判决离婚，或受刑之宣告者，不得与相奸者结婚”，则意在保护家庭道德，如果法律因奸而判决离婚，离婚者又同相奸者结婚，这在当时社会实际中，难以被民众所接受。总之，国民党《民法典》视妇女与男子具有同等的人格，享受同等的权利，这些规定在第三节“婚姻之普通效力”和第四节“夫妻财产制”等方面均有明显的体现。正如黄宗智所认为的，“国民党法典对妇女的抉择和自主性进行了根本的概念重订，把妇女想象为独立自幼的自主体。她们像男人一样继承财产，在结婚和离婚上享有与男人同样的权利。在法律眼中，妇女像男子一样能完全控制其生活”①。以下我们将分析法律实践中妇女权利的复杂面相。②

二、法律实践中的离婚妇女

（一）社会习俗的延续

从社会习俗上看，在传统社会法律和习俗中，男子并非可以随意“出妻”，除了所谓“三不去”（与更三年丧、前贫贱后富贵、有所娶无所归）之外，贫穷是离婚率低的主要原因。二十世纪初，在中国山东乡村地区生活了三十年之久的美国传教士明恩溥（Arthur

① ［美］黄宗智：《法典、习俗与司法实践：清代与民国的比较》，第50页。

② 白凯详细分析了民国婚姻法律对北京和上海这两大城市妇女生活产生的影响，笔者这里主要分析当时农村和一般城市的情形。参见［美］白凯：《民国时期的妇女离婚与法律》，赵刘洋译，收录于黄宗智主编：《实践法史和法理：综合中西的研究》，广西师范大学出版社即出。

Smith）依据自身经历认为，尽管法律规定了“出妻”的七大理由，并且在他看来这些理由完全不合理，但是社会实际中离婚现象并不普遍，不能依据法律条文就推论妇女在家庭中完全处于被压迫的地位：“中国法律制定了休妻的七大理由，即‘七出’（无子、淫佚、不事舅姑、多言、盗窃、妒忌、恶疾），但是，我们可以发现，中国的离婚现象并不普遍，离婚并非如人们从上述法律规定进行推想的结果那样频繁出现。”他举出一个例证，就是当他问一个乡村男子想娶一个什么样女子时，该男子称只要不是瞎子、秃子就可以。在明恩溥看来，乡村社会中民众娶妻的目的就在于家族延续。①

民国时期的诸多调查同样显示出乡村社会中离婚现象少见，民国新式法律对妇女的实际生活影响有限，此外乡村社会的贫穷限制离婚行为选择。比如，顺义县沙井村没有离婚案件，山东历城冷水沟亦没有离婚案件，侯家营没有休妻的实例。从日本调查人员同沙井村村民的交谈中可以看到，尽管妻子“通奸”应是离婚的主要原因，但因为贫困，很多并不会选择离婚：“什么时候会离婚呢？夫妇不和的时候。没有其他什么原因吗？比如说丈夫不在的时候，妻子通奸之类的时候。沙井村有离婚的吗？一个都没有。妻子会做私通的事吗？有。那个时候会离婚吗？不知道的话就不用，也有知道了但是很贫困，又娶不到其他妻子，假装不知道的情况。”②

费孝通依据其江村调查的经验，也认为贫穷是对离婚的限制。

① ［美］明恩溥：《中国的乡村生活》，陈午晴、唐军译，北京：电子工业出版社，2012年，第193页。

② 徐勇、邓大才主编：《满铁农村调查·惯行类》，第1卷，李俄宪主译，第570页。

在他看来，尽管“从理论上来说，当丈夫的可以杀死奸夫而不受惩罚，然而在实际上很少这样做。由于花费很贵，甚至防止人们遗弃有不轨行为的儿媳。晚上人们聚拢在一起时，也会很随便地谈论到私通的事，我的情况提供者告诉我，有那么一个例子，有一个丈夫因经济上的原因，纵容妻子有另外一个男人”。①

在费孝通看来，中国社会中家庭矛盾的焦点不是夫妻关系，而是婆媳关系，如果婆媳矛盾突出，就容易出现“休妻”的结局，但这往往并非丈夫的意愿，并且需要给予妇女补偿：“如果婆媳之间发生纠纷，当丈夫的不能完全置身事外。如果他站在母亲一边，这往往是结婚后发生的情况，夫妻之间将发生争吵。如果他站在妻子一边，就成为母子纠纷。我曾亲眼看到过这样一个例子，由于婆媳之间的纠纷，儿子对母亲大发雷霆以致打了母亲，受到社会的谴责。”而“休妻”通常并非丈夫的意愿，往往“由婆婆提出，甚至违背自己儿子的意愿。如果婆婆能为采取这种行动找到一些站得住脚的理由，如儿媳通奸、不育等，则儿媳妇不能要求赔偿，否则必须给离弃的女方 60 元至 70 元”。②

然而无论如何，妇女在离婚中缺乏主动权确属事实。那些对妇女过度压迫的限制性因素多是消极被动方面的，比如出于对年轻妇女自杀这一严重后果的担忧，无论是丈夫还是婆婆都不会过分压迫年轻妇女。费孝通就指出：“媳妇无权提出离婚，但是她唯一可以采取的有效行动是放弃家庭。她可以逃奔到城里去，在那里找些事干来维持生活，直到有可能和家庭慢慢达成和解。如果

---

① 费孝通：《江村经济》，第 39 页。

② 费孝通：《江村经济》，第 40 页。

她丈夫坚决地支持他的母亲,以致夫妻和好无望时,她可能采取更加绝望的行动,即自杀。人们普遍都迷信她将变成鬼为自己报仇。"此外,妇女的娘家也是限制夫家行为的重要因素,如果妇女不堪压迫而自杀,"她的父母、兄弟将要求赔偿,有时甚至把丈夫的房子部分拆毁。因此,仅仅是自杀的威胁,实际上已足以使人们重新言归于好。当婆婆的由于害怕面临这种可能,因而通常不敢把媳妇逼到这种地步,以免激起她自己都十分害怕的后果"。[①] 由此可见,妇女在离婚中缺乏主动权,应是当时的较为普遍的基本事实。考虑到费孝通的学术名誉,他的叙述应是可信的。

尽管法律基于"人格"平等构建婚姻关系,然而社会实际中男女不平等的现象仍然存在。妇女若希望同样接受教育则困难重重,男子可以以"同居义务"将妇女限制于男性家庭之中。妇女希望获得教育,然而丈夫可以以"同居义务"对此进行诸多限制,妇女实现权利平等困难重重。比如:

原告汪进财(男)与被告汪曾进凤(女)于 1935 年订婚,1939 年 8 月在原告原籍婺源结婚,同年冬,汪曾进凤到铅山读书,居住于原告姑母及叔父家。原告以"被告曾晋生唆使汪曾进凤借在陈坊求学为名,不与其回婺源同居"为由,诉请判令"汪曾进凤同原告回原籍婺源同居"。河口地方法院认为:"被告汪曾进凤主张入校求学固无不当,然原告既已允许该被告回婺源原籍插入相当学校班次肄业并供给费用,汪曾进凤坚持须与原告在铅山陈坊同居,不能与原告回婺源原籍同居,殊难认为有理。"于 1940 年 5 月 4 日判

① 费孝通:《江村经济》,第 40 页。

决："被告汪曾进风与原告回籍同居，被告曾晋生不得阻止。"①

从法律案件中还可以看到，当时妇女"招夫养夫"的习俗仍然存在。"招夫养夫"的婚姻形式往往是男子因为生活贫困无法娶妻，而女方家庭则恰恰缺少劳力，此种婚姻方式在清代社会中较为常见，仍然延续。比如：

费港全诉余金鸡返还器具垫款及同居事件一案。双方于1935年正月订立招夫契约，原告即携石磨、豆腐缸等器具到被告家同居生活。后因被告连生三女，双方产生矛盾，被告拒绝与原告同居，原告遂起诉请求判令被告返还原告同居时所带之财产，并与其同居。河口地方法院按被告认诺各件判决，被告应将石磨一副、豆腐缸一个、豆腐桶一个、钱柜一个、梁桶一个、箩一石、耜子一把返还原告。②

尽管法律强调"一夫一妻"制，然而社会实际中，男子"纳妾"的现象仍然较为普遍。"生育观念"在社会中根深蒂固，妇女无法生育，男子因此纳妾或离婚的现象较为普遍。比如：

贵溪县彭新才（男）诉李清香（女）离婚案。原、被告于1925年结婚，次年产一子，养至三岁夭折，后一直未再生产。原告未经被告同意，于民国二十四年（1935）年三月纳妾，导致夫妻关系不睦，动辄相骂互殴，双方均因伤害罪被判刑。原告以被告对其虐待不堪同居为由请求离婚。法院判决准予离婚。③

---

① 江西省上饶地区中级人民法院院志编纂委员会编：《上饶地区法院志》，无具体出版社，1996年，第248页。

② 江西省上饶地区中级人民法院院志编纂委员会编：《上饶地区法院志》，第248页。

③ 江西省上饶地区中级人民法院院志编纂委员会编：《上饶地区法院志》，第249页。

此外,还有诸多男性为与妻子结束婚姻关系,仍然以“妇女通奸”为由,社会中对妇女的贞节和道德限制仍然广泛存在,法律对“犯奸”妇女也会进行处罚。比如:

杨祖传(男)以蒋湘萧(女)与人通奸为由向广丰县司法处提出离婚诉讼,广丰县司法处认为,被告与人通奸为不足证明,于1937年1月11日判决驳回原告之诉。原告不服,以被告通奸之事并非虚诬”为由提出上诉。

尽管该案中因为证据不足而驳回原告诉讼请求,不过“通奸”在当时社会中仍是主要离婚情形。

(二)离婚案件诸种情形

民国时期的现代法律扩展了妇女在家庭纠纷中的选择权,不过总的来说,法院判决离婚的案件相对较少。以四川地区为例,在一审婚姻关系案件中,离婚案件约占三分之一。1944年四川审结第一审婚姻关系案件2964件,其中离婚案件为816件,占27.53%。在审结的离婚案件中,判准离婚的仅有235件,占28.79%。1944年四川判决离婚的235个案件中,起诉者是女方的132件,起诉者是男方的81件,起诉者是双方的22件。离婚原因分别是:重婚69件,占29.36%;通奸42件,占17.87%;受对方虐待27件,占11.48%;受亲属虐待22件,占9.36%,遗弃29件,占12.34%;意图杀害1件,占0.42%;恶疾8件,占3.40%;精神病7件,占2.97%;

生死不明10件,占4.25%;徒刑罪20件,占8.51%。①

而在二审婚姻关系案件中,离婚案件亦占三分之一。二审审结婚姻关系案件461件,其中,离婚案件129件,占27.98%;婚姻撤销案件49件,占10.62%;婚姻无效案件43件,占9.32%;确认婚姻成立案件25件,占5.42%;确认婚姻不成立案件29件,占6.29%;同居案件52件,占11.27%;解除婚约案件134件,占29.06%。② 1945年在第二审审结的离婚案件中,原一审判决准予离婚的案件,又有约三分之一被改判,四川高等法院审结二审离婚案件59件。其中,驳回上诉的35件,占59.32%;废弃原判的24件,占40.68%。③ 1946年四川高等法院审结二审离婚案件37件,其中,驳回上诉的25件,占67.56%;废弃原判改判的8件,占21.16%;撤回的4件,占10.81%。④

不可否认,法律的确扩展了妇女在家庭纠纷中的选择权,增强了妇女的主体意识,然而法律实践和社会观念仍有诸多限制。妇女要求离婚的案件多于男性,这既说明法律增加了妇女的主体意识,妇女对家庭的期望要高于男性,但也意味着对家庭现状的不满,妇女因丈夫重婚而被遗弃、因夫通奸以及在家庭中遭受家庭暴力的现象仍然广泛存在。无论怎样,法律的进步意义仍然不能忽略,妇女主动要求离婚的案件数量要占多数,至少说明妇女在家庭纠纷中可以向法院诉求要求离婚,尽管无论是法律实践还是社会

---

① 四川省高级人民法院院志编辑室编:《四川审判志》,成都:电子科技大学出版社,2003年,第451页。

② 四川省高级人民法院院志编辑室编:《四川审判志》,第452页。

③ 四川省高级人民法院院志编辑室编:《四川审判志》,第452—453页。

④ 四川省高级人民法院院志编辑室编:《四川审判志》,第453页。

观念,对妇女离婚都存在诸多限制。我们以四川法院一审案件为例,由此可以看到民国法院离婚案件的一般情形。

通奸

通奸是主要离婚原因,对妇女通奸的案件,丈夫若要求离婚,往往容易判决离婚,当时法律对于妇女“犯奸”的行为仍要进行惩罚。1942 年任曹氏与陈鑫昌在苍溪县城万寿宫侧黑巷内通奸,被任贵德当场抓获。任曹氏还被送交县司法处,任曹氏被判处徒刑 5 个月。刑满后,久住娘家不归,任贵德起诉离婚,苍溪县司法处于 1946 年 6 月 13 日判决离婚。[①] 可以看到,任曹氏“犯奸”的行为受到惩罚后,其丈夫很容易与其解除婚姻关系。这既表明法律保护家庭稳定,同时也意味着法律仍然以严厉手段处罚违犯家庭道德的妇女。

重婚

重婚也是常见的离婚原因,妇女在家庭中仍然容易居于弱势,离婚原因多为男子重婚。妇女很容易因丈夫“重婚”而被遗弃陷入困境。皮韩氏(原告)与皮俊臣(被告)于 1935 年结婚,1939 年农历六月四日,皮俊臣在成都娶回辛氏,原、被告因此打架,同年 12 月,原告起诉离婚,并要求被告给付赡养费。夹江县司法处审理认为原告对被告重婚并未事前同意,事后无过失,能力薄弱,判决离婚将陷于生活困难,应酌情判令被告给予原告赡养费。并于 1940

① 四川省高级人民法院院志编辑室编:《四川审判志》,第 454 页。

年1月25日判决原被告离婚,被告给原告赡养费100元。[①] 考虑到在该案中,妇女事前不知情,事后也没有过错,如今因为丈夫重婚而离婚,又处于弱势,法院判决被告赔偿医药费。尽管法律扩展了妇女在家庭纠纷中的选择权限,然而由于妇女本身的弱势,离婚后也可能陷入困难的境地。

恶疾

法律规定一方如果患有不可治愈的恶疾或精神疾病,另一方可以要求离婚。(原告)朱雷氏与(被告)朱正荣,结婚已4年,被告下体有不治恶疾(淋病),原告以此起诉离婚,夹江县司法处认为原告离婚理由正当,于1930年6月判决准予离婚;原告之妆奁被告应听其取回,被告应给予原告赡养费70元。[②] 王万钟(女)与何德贵(男)于1942年结婚,婚后意志不合。1944年何德贵离家不返,并在铜梁地方法院诉请离婚,经一、二、三审驳回,何德贵离婚不成,又与卢学涌结婚,并由重庆寄信恐吓王万钟。王万钟申请调解不成,即起诉离婚。由于何德贵现住址不明,经公示送达,逾期何德贵仍不到庭,铜梁县地方法院于1947年1月缺席判决原被告夫妻关系准予脱离,诉讼费由原告自负。[③]

同居义务

还有一些案件是针对妇女长期不归,事实别居,丈夫向法院要

---

① 四川省高级人民法院院志编辑室编:《四川审判志》,第454页。
② 四川省高级人民法院院志编辑室编:《四川审判志》,第454页。
③ 四川省高级人民法院院志编辑室编:《四川审判志》,第455页。

求判决妇女承担“同居义务”。不过在这些案件中，可能是妇女在家庭中容易遭受家庭暴力，不堪忍受跑回娘家，法院在无法查明具体事实的情形下，考虑到夫妻有“同居义务”，就会要求妇女回至夫家。但富全诉称1942年其凭媒证与但胡氏结婚，1946年但胡氏与他发生口角后，即回娘家不归，请求判令但胡氏与他同居。但胡氏则称与但富全结婚后，时时遭但富全殴打，致不堪虐待逃归娘家，不敢与但富全同居。合川地方法院认为原告与被告自取得民法上夫妻之身份，即应负同居之义务，原告请求与被告同居有理由，于1947年2月22日判决被告但胡氏应与原告但富全同居。[①] 法律规定夫妻之间有“同居义务”，不过妇女因为遭受家庭暴力而离开家庭，强制要求同居反倒容易使妇女陷入更为弱势的境地。

一方欺骗和隐瞒

民国社会属于交替时代，当时男子重婚的现象较为普遍，一些女子在同男子结婚时往往并不知道男子已经结婚，当其以男子“重婚”要求离婚时，法院多倾向判离。王素芝诉称：受媒人诈骗，由生母包办与周少卿订定婚约，事后得知周少卿早已娶妻在室，且年近五旬，难以匹配，催周解除婚约遭拒绝，请求法院解除婚约。周少卿辩称：他早已娶妻在家属实，但无诈骗之事，已请媒人向原告说明原配无生育再娶，并将原配之妻向原告指认，原告及父母均未拒绝订婚，原告事后反悔是想吞没聘礼。合川地方法院查明被告与原告订婚前早经娶妻在室，认为纵令原告及其母明知被告已有妻

① 四川省高级人民法院院志编辑室编：《四川审判志》，第455页。

室依然同意订婚,但婚约之订立与民法规定的一夫一妻制相违,有悖公共秩序善良风俗,现原告请求解除婚约有理,于 1948 年 10 月判决原被告间的婚约准予解除。[①] 法院考虑到男子"重婚"既违犯法律所规定的"一夫一妻"制度,也违背"公序良俗"原则,因此支持妇女的离婚诉讼请求。

离婚字约反悔

对于当事人自愿订立离婚字约的,法院承认其效力。不过由于当事人一方往往容易因诸多原因而后悔,因此向法庭诉称并非自愿,不过即使妇女向法院诉称离婚字约并非其自愿,因为无法提供证据,法院往往会将上诉驳回。黄文华(女)与段荣松(男)在资中城之乐安茶社订立离婚字约,在场的双方亲友十余人均在该离婚字约上签名盖印,黄文华亲盖指印。事后,黄文华以离婚契约是受段荣松、段绍华强迫签押的,请求资中地方法院确认离婚契约无效。资中地方法院于 1945 年 10 月 17 日驳回起诉,黄文华不服,向四川高等法院第十分院提起上诉。四川高等法院第十分院审理认为:双方当事人签订离婚契约的茶社系公共出入之地,难以实施胁迫;且在场人唐智能、李衡阳等 5 人具结证明系双方自愿离婚所写,上诉人称订约时受欺诈胁迫毫无实据。资中地方法院驳回上诉人第一审之诉无不当,上诉无理,于 1946 年 4 月 13 日判决上诉驳回。[②] 法院考虑到妇女在离婚字约上签字,而且当时又在场数人,难以相信属于逼迫,因此驳回该妇女的诉讼请求。

---

① 四川省高级人民法院院志编辑室编:《四川审判志》,第 455 页。

② 四川省高级人民法院院志编辑室编:《四川审判志》,第 456 页。

三、法律实践中的妇女权利困境

离婚诉讼情形全国大致类似,总体而言,妇女离婚案件在法院审理的民事案件比重不大。根据1944—1946年统计,福建省全省一审审结婚姻纠纷案件1250件,占同时期民事案件审结数的7.75%。其中有离婚597件,婚姻撤销85件,婚姻无效90件,确认婚姻成立44件,确认婚姻无效55件,同居139件,解除婚约240件。法院诉请离婚均需具备“法定理由”,才能获准判决离婚。全省判决离婚的214件中,由女方提出的186件,占86.92%。准予离婚(受虐待和遗弃及意图杀害)122件,占57.01%,其他有重婚52件,通奸15件,恶疾及精神病者9件,生死不明11件,犯徒刑罪者5件。[①] 江西玉山县司法处1937—1949年间所审结的230件民事案件中,婚姻案件只有29件,占12.5%。万年县司法处共审结民事案件203件,其中婚姻案件4件(解除婚约3件、离婚1件)占1.97%。河口地方法院1941年共审结民事诉讼案件99件,其中婚姻案件5件(离婚1件,请求同居1件,撤销婚姻2件,解除婚约1件),只占5%。[②] 1946年河口、鄱阳两地方法院共受理民事诉讼案件256件,其中婚姻案件23件,审结250件,其中婚姻案件23件。所结婚姻案件中,判决的8件,和解的4件,驳回的4件,撤回的6件,其他1件。婚姻案件包括离婚、撤销婚姻、婚姻无效、确认婚姻

① 福建省地方志编纂委员会编:《福建省志·审判志》,第75页。

② 江西省上饶地区中级人民法院院志编纂委员会编:《上饶地区法院志》,第243页。

成立或不成立、同居、解除婚约。[①] 尽管法律扩展了妇女在家庭纠纷中的选择权，但是法律实践中对离婚的判决往往强调“法定理由”，法律实践中往往容易驳回当事人的离婚诉讼请求。

（一）“妾”的法律地位

“妾”在法律实践中，往往被排除于婚姻关系之外，妇女离婚诉讼请求往往会被法院认为缺乏“法定理由”而驳回。陈秀琴（年 21 岁）向法院诉请与杨再兴（年 44 岁）脱离关系并给付扶养费案，然而却一直被法院驳回。陈诉称，1942 年杨以诱迫手段将当时年仅 16 岁的她强纳为第三妾，杨及其大老婆动辄对陈施加凌辱虐待。1947 年陈回娘家为其父祭祀后返杨家时，“竟遭杨无端殴打致伤，左邻右舍乃至保甲长所目睹，但因杨为人凶残，无人敢出面劝阻”。陈称无法与杨同居，回到娘家，但其娘家“家境贫寒，生活困难”。陈于同年 10 月诉于厦门地方法院，请求准予脱离关系，并一次给付扶养费 4000 万元（法币）。厦门地方法院于当年 12 月 24 日做出判决，对杨再兴虐待陈秀琴的行为，以原告不能提出佐证，不予认定。并谓陈秀琴“既不愿继续为被告之妾，自得自由脱离，且原告于起诉前既已离开被告家庭，被告更非不许脱离”，“原告诉请判决准予脱离家庭关系，依首开说明，应认为无理，予以驳回。次查家长与家属间应互为扶养义务，然家属指永久共同生活为目的，同居一家者而言。若不能同居一家，即欠缺视为家庭之要件，自不得主

① 江西省上饶地区中级人民法院院志编纂委员会编：《上饶地区法院志》，第 245 页。

张扶养费权利”。陈秀琴不服一审判决，上诉于厦门高等分院，因她无法如期交纳裁判费，厦门高等分院即于 1948 年 3 月 16 日以“上诉难于合法”之裁定，将陈秀琴的上诉驳回。①

法律实践中实际上将“妾”排除于婚姻关系之外，因为法律不承认“妾”的法律地位，但对社会实际中的“纳妾”现象又认为其不属“重婚”而不干预和惩罚。陈秀琴的身份是“妾”，法院认为与以永久共同生活为目的的家属关系有别，既然已经返回娘家，杨再兴也并不反对，因此即可视为已经脱离关系。此种关系不同于夫妻关系，法律实践中将其排除于婚姻保护的范围，反复将陈的诉讼请求驳回。然而，法律既不承认“妾”，将其排除于法律保护范围外，又认为丈夫与“妾”的关系不同于“重婚”，这又在事实上默许了“妾”的存在。

（二）家长的支配权

法律规定“男未满十八岁，女未满十六岁”（第 980 条）②不得结婚，不过在社会习俗中早婚并不稀见，而且法律又同时承认家长的“主婚”，“未成年人结婚，应得法定代理人之同意”（第 981 条）③。民国时期家长在家庭事务中具有支配地位，妇女的婚姻仍然由家长支配，法律实践中对此实际上多不直接干预。

原告人尚正业，男，时年 26 岁，中宁县人。被告人肖白氏，女，

① 福建省地方志编纂委员会编：《福建省志 · 审判志》，第 75—76 页。
② 法学编译社编：《袖珍六法全书》，第 150 页。
③ 法学编译社编：《袖珍六法全书》，第 150 页。

中宁县人。被告人肖桂桂,女,时年 18 岁,系肖白氏之女。被告人肖德金,男,系肖桂桂之兄。原告诉称其希望被告肖桂桂能够履行婚约。原告称:1945 年 5 月,原告求媒人说合,在被告母亲肖白氏、兄长肖德金主持下和被告肖桂桂订婚,肖桂桂当年 16 岁。订婚时开具庚帖合婚,下聘礼法币 2.4 万元、绸缎衣料 5 件以及化妆品等俱全,被告母亲收受,摆宴迎接,邻人皆知,择 1946 年 1 月 31 日迎娶。临近婚期,被告屡推年幼,身染时疫,推延至 1947 年 8 月,并托媒人贺黄氏通告,以物价高涨,要求增加聘礼法币 70 元,衣料 3 件。当原告如数办齐送去时,被告又拒不受礼,肖白氏让女儿背约毁婚。故原告起诉于法院要求判决履行婚约。卫宁地方法院于 1947 年 12 月 8 日以"婚约应由男女当事人自行订定,方为有效"为由,驳回原告人诉讼请求。原告对一审判决不服,上诉于宁夏高等法院,提出"订定婚约时虽为肖桂桂之母和兄长主持,但肖桂桂本人知晓,聘礼衣料颜色且为肖桂桂本人提出,对此婚姻,肖桂桂属本人情愿",要求废弃一审判决,判决履行婚约。宁夏高等法院审理认为,"被告人肖桂桂对婚约既不追认,依法自难生效,且婚约不得请求强迫履行"。故于 1948 年 4 月 20 日判决:驳回上诉,维持原判。①

在该案中,女方的家长实际上支配了妇女的婚姻,而法律实践中看似尊重当事人双方的意愿,强调"婚约不得强迫履行",却忽略了家长可能为收取财物而阻碍双方婚姻,法律实践中,对家长权限并不直接干预。

---

① 宁夏审判志编纂委员会编:《宁夏审判志》,银川:宁夏人民出版社 1998 年,第 250 页。

（三）“事前同意”与“事后原谅”

国民党《民法典》规定：“对重婚者、与人通奸者，有请求离婚权的一方于事前同意或事后原谅或知悉后已逾六个月或自事发后已逾二年者，不得请求离婚。”（第1053条）①尽管有助于保护家庭，然而法律实践中则可以以此作为缺乏离婚的“法定理由”，限制当事人正当的离婚诉求。比如1947年贺宁地方法院审理的纳彦清、纳玉寿诉纳长福离婚案：

原告人纳彦清，女，时年16岁，宁夏永宁县纳家户人。原告人纳玉寿，男，时年57岁，系纳彦清之父。被告人纳长福，男，时年45岁，宁夏永宁县王全堡人。原告诉称：“纳彦清与纳长福于1947年2月结婚，后见被告与纳寡妇有通奸情事，同年4月9日又娶纳寡妇为妻，请求判令与被告离婚。”被告纳长福辩称：“去年2月原妻有病时，纳寡妇到家服侍至12月，原妻病死后再未来过其家。并未与纳寡妇发生过通奸，更未娶纳寡妇为妻，系原告纳彦清之父挑拨，想让其女离婚改嫁。”经贺宁地方法院审理认为：“原告以被告有通奸或重婚为理由请求与被告离婚。经讯问证人纳长善等，证实被告并无娶纳寡妇为妻之事，证言可采。且原告于知悉后已逾六个月，其诉与法律条文规定之期间不符，不得请求离婚。”于1947年12月23日判决“原告之诉驳回，诉讼费用由原告负担”。

原告纳彦清对一审判决不服，上诉于宁夏高等法院，理由为：

① 法学编译社编：《袖珍六法全书》，第162页。

“被告犯通奸罪，被处徒刑六个月；4 月 10 日本人才知被告欲娶纳寡妇，并不知二人通奸，被告被判通奸罪（缓刑）后仍与纳寡妇同居。本人知二人连续通奸的最后日子为 12 月 1 日，被告与本人恩义断绝，留纳寡妇在家，拒本人于门外，不给衣食，且时常遭到二人责骂虐待。要求废弃原判，准予离婚。”

最后经宁夏高等法院审理认为，“被上诉人纳长福于去年 2 月 22 日与上诉人结婚后，又于 4 月 28 日娶纳寡妇为妻，迄今纳寡妇仍在被上诉人家内居住，且经纳成业证明属实。虽上诉人当时即已知悉，迄今已逾六个月，但纳寡妇现仍在被上诉人家内居住，与被上诉人继续通奸，上诉人请求离婚应予准许。原审未查明情况遂将上诉人之诉予以驳回，实有不当”。1948 年 3 月 10 日判决：原判决废弃；纳彦清与纳长福准予离婚，第一、二审诉讼费用均由被上诉人负担。①

初审法院无论是强调妇女“事前同意”还是“事后原谅”，尽管看似尊重妇女的意愿，然而这实际上等于是默认丈夫违背婚姻法律的现状。而且法律实践中可以此作为离婚缺乏“法定理由”，直接将妇女的离婚意愿排除于法律范围保护之外。

（四）姘居关系

国民党《民法典》对于姘居关系并不认可，男女双方皆可以随时解除，将其排除于婚姻关系保护范围外。不过这对于结婚数年

---

① 宁夏审判志编纂委员会编：《宁夏审判志》，第 251 页。

的妇女显然并不公正，若男子以此而随意解除与妇女的关系，妇女容易陷入贫困境地。

汪水仙以“蒋芳春骗其结婚，屡遭虐待，且其未满十五岁，又未怀孕”为由，请求撤销其婚姻。河口地方法院于 1945 年 2 月 12 日判决准予撤销婚姻，蒋芳春不服，以其“结婚花费巨大，婚后感情亦笃”为由提出上诉。江西高等法院第四分院认为，“按结婚违反法定年龄，除当事人于起诉时已达其法定年龄或已怀胎者外，均得请求撤销其婚姻，被上诉人既未满十六岁，又尚未受胎，被上诉人请求撤销婚姻，原审予以照准，并无不合”。1945 年 4 月 10 日判决上诉驳回。① 对于此种关系，强调婚姻仪式，这延续了传统社会重视婚姻重视“礼义”的特点。

法律实践中对于那些虽然结婚多年且已生子的“事实婚姻”，由于没有举行婚姻仪式，法院同样会认为其属于姘居关系，而不对其进行保护。另外一个案例是南城县傅天才与傅全氏脱离关系案：双方同居多年，并生育孩子，但未举行拜堂请客结婚仪式，傅天才提出脱离关系之诉。南城县司法处既认为双方并未发生婚姻，又判决原、被告两方婚姻无效。江西高等法院第四分院认为“上诉人与被上诉人同居时既未履行婚姻仪式，显系姘居关系，此种违反善良风俗之契约任何一方均可解除”；被上诉人在原审声明寥项系与全氏脱离关系，并无请求确认婚姻无效之诉，遽判令原、被告二造之婚姻无效，显属失当。②

初审法院的逻辑矛盾的判决结果，倒是反映了法院的困境，对

① 江西省上饶地区中级人民法院院志编纂委员会编：《上饶地区法院志》，第 248 页。
② 江西省上饶地区中级人民法院院志编纂委员会编：《上饶地区法院志》，第 249 页。

于长期共同居住生活且已生育子女的事实婚姻,是否可以不顾社会实际而一律将其排除于法律保护范围之外,男子可以随意解除关系,这显然容易使妇女陷入贫困无援的境地。

四、小结

民国时期的法律明显不同于清代,其关于离婚的构造乃建立于“人格”平等基础上,将妇女视为具有主体地位的个体。新的法律注重“人格”平等和性别平等,不同于清代注重父权秩序的特征。夫妻任何一方都有权利提出离婚诉求,离婚权限归夫妻个人而非国家;无论夫妻一方,都应遵守夫妻道德,妇女亦可以因为男方“犯奸”而要求离婚;妇女的人格尊严应受尊重,妇女人格若受侮辱可以要求离婚;夫妻双方应该互敬互爱,皆不得遗弃对方。

然而在社会实际中,妇女权利的实现仍然困难重重。除了新的法律对乡村社会影响有限,男女不平等的习俗仍然存在外,社会实际中男性仍然可以利用法律限制妇女权利。例如,男性可以用“同居义务”将妇女限制于男性家庭之中,限制妇女接受新式教育的权利;尽管法律强调“一夫一妻”制,然而社会实际中,法律并不干预“纳妾”,“纳妾”的现象仍然较为普遍;诸多男性为与妻子结束婚姻关系,仍然会以“妇女通奸”为由,社会中对妇女的贞节和道德限制仍然广泛存在,法律对“犯奸”妇女仍然会进行处罚。总之,由于社会观念的延续,民国法律在社会实践中的具体效果多有限制。

民国法律实践中,亦会以离婚“法定理由”限制妇女的离婚诉求。尽管法律扩展了妇女的家庭纠纷中的选择权,不过法律实践中对离婚判决往往强调“法定理由”,容易驳回妇女的离婚诉讼请求。例如,“妾”的身份在法律实践中就往往被排除于婚姻关系之外,妇女的离婚诉讼请求,会被法院认为缺乏“法定理由”而驳回。而在实际生活中,法律又认为丈夫与“妾”的关系不同于“重婚”,这又在事实上默许了“妾”的存在;民国法律规定法定婚姻年龄,但又同时承认家长的“主婚权”,家长支配子女婚姻的现象仍然常见;国民党《民法典》规定:“对重婚者、与人通奸者,有请求离婚权的一方于事前同意或事后原谅或知悉后已逾六个月或自事发后已逾二年者,不得请求离婚。”(第 1053 条)这尽管有助于保护家庭,然而法律实践中则可以以此作为缺乏离婚的“法定理由”,考虑到法律实践中妇女多以丈夫“通奸”为由,要求离婚的案件相对较多,无论是强调妇女“事前同意”还是“事后原谅”,看似尊重妇女的意愿,实际上等于要求妇女容忍丈夫违背婚姻法律的现状;法律对于姘居关系并不认可,男女双方皆可以随时解除,将其排除于婚姻关系保护范围外。这对于结婚数年的妇女并不公正,男子可以随意解除与妇女的关系,却使妇女容易陷入贫困境地。

第四章　改革开放前中国法律实践中的妇女离婚

一、引言

如何确定离婚判决依据是离婚诉讼中的关键问题，也反映出国家对待婚姻的基本立场。1980 年婚姻法规定，“如感情确已破裂，调解无效，应准予离婚”，明确将夫妻双方之间的“感情”破裂作为离婚判决的依据。关于此方面的考虑，时任全国人民代表大会常务委员会法制委员会副主任的武新宇详细解释，这主要是希望既能坚持婚姻自由原则，又能给法院相应灵活性：“在我们社会主义国家中，要提倡夫妻互相帮助，建立民主和睦的家庭，大力宣传共产主义道德，反对那种对婚姻关系采取轻率态度和喜新厌旧的资产阶级思想。但是，我们也不能用法律来强行维护已经破裂的婚姻关系，使当事人长期痛苦，甚至使矛盾激化，造成人命案件，对社会、对家庭、对当事人都没有好处……多年来,法院在处理离婚案件时掌握偏严,就反映了这种社会情况。根据一些地方和部门的意见,草案改为'如感情确已破裂,调解无效,应准予离婚',增加了'如感情确已破裂'这个条件。这样规定,既坚持了婚姻自由的原则,又给了法院一定的灵活性,比较符合我国目前的实际情况。"[①]1989 年最高人民法院在《关于人民法院审理离婚案件如何认定夫妻感情确已破裂的若干具体意见》中,进一步详细列举了"感情破裂"的十四条具体认定标准,包括"包办、买卖婚姻,婚后一方随即提出离婚,或者虽共同生活多年,但确未建立起夫妻感情的";"一方被依法判处长期徒刑,或其违法,犯罪行为严重伤害夫妻感情的";"或者一方下落不明满二年,对方起诉离婚,经公告查找确无下落的";等等。[②]

本章将指出,如果从法律实践角度看,1980 年婚姻法将"感情破裂"作为离婚判决依据,以及之后出台的关于感情破裂标准的认定,实际是对 1950 年婚姻法实践经验的总结和确认。离婚判决依据根据社会实际逐步调整,从强调婚姻是国家政策组成部分的离婚"正当原因",到更加注重夫妻相处事实的"感情破裂"演变。离婚判决依据的变迁,显示出法律与社会的互动,法院不断从实践中总结、概括经验,对法律在适用中出现的各种疑难问题进行反馈,以适应不断变化的社会实际,这样一种连接道德原则与具体实际

---

① 关于《中华人民共和国婚姻法(修改草案)》和《中华人民共和国国籍法(草案)》的说明,http://www.law-lib.com/law/law_view1.asp? id=44312。

②《最高人民法院关于人民法院审理离婚案件如何认定夫妻感情确已破裂的若干具体意见》,全文 (law-lib.com)。

被黄宗智先生概括为“实用道德主义”的思维，同样体现在今天中国的婚姻法律实践中。

关于社会主义建设时期中国婚姻法的研究，已有诸多研究成果。① 本章主要利用新方志尝试勾勒出法律实践中中国离婚判决依据的演变，并结合法院审判记录，分析法律实践中法官如何确定离婚判决依据，试图展示婚姻自由与社会实际之间的复杂关系。诉讼案件是采取随机抽样办法，从每一年离婚案卷中调取四件，查阅了东北某市中级人民法院 1961—1976 年中的 64 件离婚诉讼案件。这些案件的卷宗封面上一般会写明案由（离婚）、上诉人和被上诉人姓名、（一名）审判长姓名和（两名）审判员（合议庭审判）、（一名）书记员姓名、收案日期、结案日期、一审判决结果、二审判决结果、归档日期和归档号数。由于案卷尚未公开，这里隐去当事人真实姓名等信息。一个卷宗通常包含以下文件：民事上诉移送书、一审法院判决书、上诉状、讯问证人笔录、合议庭笔录、中级法院民事判决书、送达回证，我们从法院审理记录中可以看到法官在婚姻判决中如何思考。

二、1950 年婚姻法的基本原则

从基本原则上来看，1950 年婚姻法强调年轻一代尤其是青年

① ［美］黄宗智：《离婚法实践——当代中国法庭调解制度的起源、虚构和现实》，《中国乡村研究》，第 4 辑，北京：社会科学文献出版社，2006 年；Kay Ann Johnson, *Women, The Family and Peasant Revolution in China*, Chicago: University Of Chicago Press, 1983; Neil Diamant, *Revolutionizing the Family: Politics, Love, and Divorce in Urban and Rural China, 1949—1968*, Berkeley: University of California Press, 2000.

妇女的自主意志,打破了家长在婚姻中的支配权。法律规定:“废除包办强迫、男尊女卑、漠视子女利益的封建主义婚姻制度。实行男女婚姻自由、一夫一妻、男女权利平等、保护妇女和子女合法权益的新民主主义婚姻制度。”①法律尊重男女婚姻自由,保护青年在婚姻中自主地位,反对家长对子女婚姻的包办。

法律同时废除纳妾制度和童养媳,保护妇女权益,提高妇女在家庭中的地位。法律强调:“结婚须男女双方本人完全自愿,不许任何一方对他方加以强迫或任何第三者加以干涉。”②彭文浩(Michael Palmer)对此曾指出,1950年婚姻法的推行,主要是希望获得青年一代对新政权的支持。③ 可以看到,法律倡导婚姻自由,婚姻必须是建立在男女双方自愿基础上。

法律同时基于性别平等原则塑造了新的家庭道德。法律规定,“夫妻有互爱互敬、互相帮助、互相扶养、和睦团结、劳动生产、抚育子女,为家庭幸福和新社会建设而共同奋斗的义务”等,妇女具有与男性平等的权利和地位,夫妻双方均有“选择职业、参加工作和参加社会活动的自由”,“对于家庭财产有平等的所有权与处理权”。④ 法律提高了妇女地位,鼓励妇女将个人生活与国家建设融为一体,积极参加国家劳动生产。

实际生活中,对妇女产生直接影响的是法律规定妇女可以主

---

① 《中华人民共和国婚姻法(1950年)》,见中国妇女管理干部学院编《中国妇女运动文献资料汇编》,第二册,北京:中国妇女出版社,1988年,第45页。

② 《中华人民共和国婚姻法(1950年)》,第45页。

③ Michael Palmer, “The Re-Emergence of Family Law in Post-Mao China: Marriage, Divorce and Reproduction”, *The China Quarterly*, No.141(Mar., 1995), p.110.

④ 《中华人民共和国婚姻法(1950年)》,第45页。

动要求离婚。法律明确规定："男女双方自愿离婚的，准予离婚。男女一方坚决要求离婚的，经区人民政府和司法机关调解无效时，亦准予离婚。男女双方自愿离婚的，双方应向区人民政府登记，领取离婚证；区人民政府查明确系双方自愿并对子女和财产问题确有适当处理时，应即发给离婚证。"①并且，实践中法律所反对的"封建婚姻"类型涉及范围广，妇女可以主动要求离婚，大大扩展妇女的选择权。

尽管法律规定了妇女争议离婚案件的处理方式，但是在法律实践中如何恰当把握"离婚标准"较为困难，1950 年婚姻法更多是宣示性别平等和婚姻自主的基本原则，缺少确定的实际操作依据。法律施行后，法律解释机关对离婚标准做了解释："县或市人民法院对于一方坚决要求离婚调解无效时，应根据每一案件的具体情况予以判决；有正当原因不能继续夫妻关系的，应作准予离婚的判决；否则也可作不准离婚的判决。"②提出将离婚原因是否正当作为离婚判决依据。问题在于，离婚原因是否正当也并不是一个可以明确判定的依据。

诸多地区各级人民法院在审判离婚案件中，原因是否正当，主要就是看当时政治形势。比如在 1950 年婚姻法颁布初期，四川各法院在执行离婚标准中，即使发现"少数虽有正当的离婚原因，但夫妻关系没有完全破裂"，但是诸多法院的做法是，只要"有理由的一方提出离婚（多是女方提出离婚）后，即判决或调解准予离婚"。

① 《中华人民共和国婚姻法（1950 年）》，第 45 页。
② 中央人民政府法制委员会编：《中央人民政府法令汇编（1950）》，北京：法律出版社，1982 年，第 93 页。

1953年，中央负责法律的机构对离婚案件中离与不离的标准重新解释，提出以夫妻关系是否达到“确实不能同居的程度”作为准予或不准离婚的标准。但是，“正当原因”标准在一些法院仍占据主导地位。1957年“反右”运动以后，一些法院在离婚标准的掌握上“主要是看当事人的离婚原因（理由）是否正当。有正当原因的，在调解和好无效的情况下，一般都调解或判决离婚；对离婚原因不正当的，在调解和好不能时，一般都判决不准离婚”。原因是否正当，主要是看政治环境，只要“当事人以划清政治界限或阶级界限为理由，提出与被判刑的人或‘五类分子’离婚的，一般都被认为理由正当，多数案件都调解或判决准予离婚了”。[①] 原因正当与否，明显受政治影响。

总体而言，社会主义建设时期中国法律实践中离婚判决依据，从强调将婚姻作为国家政策一部分的“正当原因”，到更加注重夫妻相处事实的“感情是否破裂”转变，当然其中也存在反复和纠葛。1950年5月开始实施新的婚姻法律，至1953年，全国掀起了离婚高潮，妇女主动要求离婚案件急剧增加，法院对离婚判决标准执行宽松，只要存在法定“封建婚姻”情形就被认为原因正当，比如童养媳、妾、包办婚姻等，一般不经法庭调解即判决离婚；1954年以后，旧的婚姻制度被打破后，法院对离婚判决逐渐严格，往往判决不离；六十年代初期，生存压力冲击着婚姻的稳定，婚姻买卖和妇女再婚案件增多，法律面对实际，又显示出宽松的立场。总之，社会主义建设时期中国的法律实践，在如何将婚姻自主与具体社会实

① 四川省高级人民法院院志编辑室编：《四川审判志》，第466—468页。

际结合方面进行诸多探索。

三、政治动员中的婚姻自主

1950 年 5 月开始，新的婚姻法律实施后，全国掀起了离婚高潮，妇女主动要求离婚案件急剧增加。法律希望打破不平等家庭秩序，法院对离婚判决标准执行得非常宽松，只要存在法定“封建婚姻”情形，比如童养媳、妾、包办婚姻等，皆属于离婚“正当原因”，一般不经法庭调解或简单调解即判决离婚。

通过政治动员，国家将新的婚姻法律贯彻至基层社会。为深入贯彻新的婚姻法律，诸多省区各级政府还成立专门“贯彻婚姻法运动委员会”，各级政府主要领导亲自挂帅召开动员大会，全体国家干部、企事业单位职工要统一学习婚姻法及有关文件，并且要求“参会民众结合实际，揭发、批判封建思想和抗拒婚姻法的行为，并处理错误严重的干部”。区、县两级政府的全体干部学习结束后，还要全部深入到各基层单位、广大农村，继续广泛深入宣传婚姻法，要求继续进行“揭发、批判违背婚姻法的行为”。当时诸多县区成立了人民法庭，处理离婚案件，对积极运用法律主动要求结束“封建婚姻”关系的妇女，作为“典型”进行宣传，鼓励妇女走出家庭，支援国家建设。①

各级政府还专门成立“贯彻婚姻法运动委员会”，宣传贯彻新的婚姻法律。上海市、区两级成立“贯彻婚姻法运动委员会”及办

① 河北省地方志编纂委员会编：《河北省志 · 民政志》，石家庄：河北人民出版社，2010 年，第 501 页。

公室，组织妇联、青联、民政、司法、公安等部门共同宣传，各级司法机关派出大批干部，深入工厂、农村、机关、学校，运用多种形式，向群众宣传婚姻法的基本原则和有关结婚、离婚的法定条件。其间，还要求各级法院及时选择有教育意义的典型案件，召开公判、公审大会，体现法律政策精神，支持群众对封建婚姻制度的斗争。机关党报和广播此时也大力宣传新的婚姻法律，“《解放日报》刊登上海人民出版社出版的《婚姻法图解》；上海人民广播电台播发有关婚姻法文章。1953 年 3 月，上海举办婚姻法宣传月活动；同年 4 月 6 日，召开上海贯彻婚姻法广播大会”①。经过政治动员和宣传后，新的婚姻法律被基层民众所知晓。

当时宣传动员的重要方式是“树立典型”，推动婚姻法律的贯彻实施。比如黑龙江省和松江省当时广泛宣传的“典型”是赵淑范的经历，赵原来是一位童养媳，新的婚姻法颁布后，积极寻求法律的保护，法院依法为其解除了婚姻关系，从此走上了革命道路，并且成为人民干部。② 此种经历对于当时底层妇女群体显然具有诸多触动和吸引，“树典型”的意义在于，其可以相对迅速使民众了解政策导向，引导民众积极参与。

经过国家政治动员，全国诸多地区离婚案件骤增，其中妇女主动要求离婚的案件占绝大比例。1950 年松江、黑龙江两省共受理离婚案件 16474 件，为 1949 年的 6.9 倍，离婚案件的增加主要是诸多青年妇女主动提出离婚，法院亦积极支持妇女离婚，各级人民法院在审理离婚案件过程中，强调“通过审判活动，坚决废除封建婚

---

① 上海审判志编纂委员会编：《上海审判志》，第 222 页。

② 黑龙江省地方志编纂委员会编：《黑龙江省志 · 政权志》，第 727 页。

姻家庭制度,建立和巩固社会主义的婚姻家庭关系,维护社会安定团结”。新的婚姻法实施后,该省离婚案件骤然增加,“青年妇女主动提出要求离婚,积极争取婚姻自由”,各级人民法院在审判时注重“通过审判这一法律手段,摧毁封建主义婚姻制度。解放广大妇女群众,使许多妇女摆脱整天‘围着锅台转’的地位,走出家门,同男人一样参加生产劳动和革命工作”。[①] 1953 年黑、松两省共受理一审离婚案件 18784 件,为当时该地区历年最多。[②] 法律鼓励妇女积极争取婚姻自由,走出家庭参与劳动生产建设。

在甘肃,新的婚姻法实施后,该省出现离婚高潮。当时甘肃省各级政府“采取多种形式,向群众宣传婚姻自由、妇女解放、男女平等等婚姻法的重要精神,要求广大干部,尤其是区、乡干部和婚姻登记管理干部,要“坚决支持广大人民群众争取婚姻自由和改善婚姻家庭关系的合理要求”,1950—1959 年,全省法院受理的离婚案达 14.63 万件,年均 1.5 万件,其中女方提出离婚的远远高于男方,如 1952 年全省法院受理的离婚案件中,女方提出离婚的占 89.17%,男方提出离婚的仅占 10.83%。[③]

1950 年 5 月婚姻法颁布施行后,福建省离婚案件急剧增多。1951 年全省一审审结 6213 件,比 1950 年审结 1853 件增加 2.35 倍,在当年审判的离婚案件 4315 件中,调解和判决离婚的 3907 件,占总数的 90.54%,各级法院处理离婚案件时,强调通过审判以“支持广大群众特别是妇女反对封建婚姻和争取婚姻自由的正义斗

① 黑龙江省地方志编纂委员会编:《黑龙江省志·政权志》,第 727 页。
② 黑龙江省地方志编纂委员会编:《黑龙江省志·政权志》,第 728 页。
③ 甘肃省地方史志编纂委员会编:《甘肃省志·人口志》,第 380 页。

争”。1952 年,全省各级人民法院审结离婚案件 17824 件,较上年上升 1.87 倍。①

新的法律的确有助于改变诸多妇女生活境遇,但妇女主动要求离婚并非就意味着皆是为摆脱被压迫处境。宁夏一位法官反思该地区“贯彻婚姻法运动”过程中的问题,就发现当时出现了诸多“妇女自己不爱劳动,怕受苦,想吃闲饭,嫌丈夫穷而要求离婚”的现象。②

还有一些是因为在“土改”过程中,其丈夫被划分为“地主”或“富农”等,因为丈夫的成分不好害怕受到牵连而主动要求离婚的,这类案件在当时占相当比例。比如:“宜昌县第九区白树乡 19 岁贫农女子王正英由父母包办,于 1951 年农历九月与大桥乡男青年陈发如结婚。婚后十多天,陈家在土改运动中被划为地主,连王正英嫁妆在内的家产被没收用于‘清算地主阶级对农民的剥削账’,王正英作为地主家庭的成员受到管制,为此提出离婚。”③实际情形复杂,妇女要求离婚并非皆因在家庭中处于受压迫。不过总体上而言,法律对提高妇女地位和促进性别平等具有重大意义。

四、婚姻自主与社会实际的矛盾

法律在鼓励妇女结束不合理的婚姻关系时,遇到诸多现实困

① 福建省地方志编纂委员会编:《福建省志·审判志》,第 76 页。

② 《咱省执行婚姻法中存在的几个问题》,《宁夏日报》1951 年 9 月 18 日。

③ 宜昌法院志编撰委员会编:《宜昌审判志》,宜昌:三峡电子音像出版社,2010 年,第 197 页。

境，其中一个未曾预料的严重后果是妇女自杀和被杀的案例急剧增加。主要原因包括：新的婚姻法律打击面过广，遭到诸多基层干部和民众的抵制；法院不区别夫妻相处的具体现实，过度介入婚姻生活，激化家庭冲突；政治动员激发了妇女的性别平等意识，然而当时在社会层面却尚未建立起性别平等保障的制度环境。

在政治动员的过程中，法律打击的“封建婚姻”范围过广，遇到诸多阻力。据黑龙江省人民法院对38个市、县报告的统计，“截至1950年7月中旬，人民法院受理因离婚造成妇女伤亡的案件37起，其中死9人、伤31人。婚姻法施行后，男方则怀疑女方要离婚而将其杀伤；有的女方提出离婚，男方不同意，便施以暴力企图阻止女方；有的离婚后女方向男方索要财物时被杀伤等”①。在这37起案件中，“干部阻碍婚姻法执行的19起，其中阻碍离婚14起，干涉自由结婚的4起，强迫已离婚的女方与原夫恢复夫妻关系的1起”②。松江省人民法院调查，“从婚姻法颁布到当年11月，全省因婚姻纠纷而酿成家庭悲剧的有15起，其中杀死妇女10人，妇女被迫自杀1人，重伤妇女5人，杀死孩子3人”③。宁夏地区出现“有些妇女因为受不了虐待而提出离婚要求，竟惨遭男人杀害或被迫自杀。如中卫县朱登弟的老婆向人民法院提出离婚后，被朱杀死；金积县最近也发生妇女因要求离婚，被丈夫用刀砍伤的现象”④。

当时妇女自杀或被杀的现象经常出现。1950年，经黑龙江和

---

① 黑龙江省地方志编纂委员会编：《黑龙江省志·政权志》，第727页。
② 黑龙江省地方志编纂委员会编：《黑龙江省志·政权志》，第727页。
③ 黑龙江省地方志编纂委员会编：《黑龙江省志·政权志》，第727页。
④《咱省执行婚姻法中存在的几个问题》，《宁夏日报》1951年9月18日。

松江两省各级人民法院判决和调解离婚的13686件,占审结离婚案件的83.5%,然而在此过程中,妇女群体仍然面临诸多困境,悲剧性结果不时发生:“仅松江省1952年1月至10月统计,因婚姻问题妇女被害死亡的108人,其中他杀61人,自杀47人。”[①]在福建地区同样遇到较大阻力,在该省法院看来主要原因是有些人“受封建思想和习惯势力的严重束缚,对婚姻法持严重抵触态度,甚至残酷迫害要求婚姻自由的妇女”。据1951年10月统计,“龙溪地区8个县因婚姻问题被迫自杀和被杀的青年男女有141人,受严重虐待的有454人”[②]。据不完全统计,“1952年全省因婚姻问题被虐杀或自杀的有1089人,其中绝大部分是青、壮年妇女”[③]。

新的婚姻法律还在部分群众和干部中受到抵制。对于部分群众而言,娶妻显然是一笔不小的花费,如果妇女轻易离婚,对他们而言,显然难以接受;此外,部分地区干部直接干涉婚姻,尽管一些婚姻在结婚时属于家长包办,但不排除结婚若干年后建立起感情,如果不加区别而直接动员离婚,会遇到抵制;此外对一些干部而言,除了观念上原因外,急剧增加的妇女离婚案件,大大增加了他们的工作量,情感上亦难以接受妇女纷纷要求离婚的现象,当时有诸多抵制的观念和行为:“有的群众认为婚姻法就是离婚法、女人法,‘三八节’就是离婚节;有的干部对离婚高潮表示反感;有的干部认为凡登记结婚的就是自由结婚,不准离婚;还有干部认为离婚多会妨害工作;有的区政府规定结婚和离婚只能限定在某月某日,

---

① 黑龙江省地方志编纂委员会编:《黑龙江省志·政权志》,第728页。

② 福建省地方志编纂委员会编:《福建省志·审判志》,第77页。

③ 福建省地方志编纂委员会编:《福建省志·审判志》,第77页。

还规定离婚须有双方的离婚协议。"①恩施县司法科规定,"凡与他人有通奸关系而提出离婚的先判通奸罪";沙市市人民法院对有妻、妾的当事人提出离婚的,规定"只准离小(妾),不准离大(妻)";潜江县人民法院审结的600多件离婚案件,女方均未得到家庭财产中应得份额。②

面对此种困境,诸省要求各级法院在审理时强调在离婚判决时,应具体分析夫妻感情,而不应仅凭主观臆断完全强调离婚"正当原因",应恰当把握尺度,这实际是使婚姻自主更加适应社会实际。

诸省各级法院在针对"贯彻婚姻法运动"出现的诸种问题进行了反思,强调应该根据具体情形详细了解夫妻之间的感情,对是否判决离婚应该具体分析,恰当把握尺度。不能"以感情代替政策",对应予离婚的案件,不能"片面强调贫雇农娶个老婆不容易,而判决不准离婚",也不能"怕出人命,该离的不准离或不该离的又准予离婚"。③ 黑龙江、松江两省人民法院召开会议或下发文件进行纠正,明确指出判决离婚与否应该详细了解夫妻感情,不能依据臆断而随意判决:"离与不离的基本条件是夫妻之间的感情,如感情完全丧失,没有继续同居可能的。应考虑离的一面;感情未达到严重破裂程度,经说服教育能够不离的,一定要考虑不离的一面。感情是具体的,要具体分析,对判离与不离必须详细研究,才能最后结

① 湖北省地方志编纂委员会编:《湖北省志·司法志》,第318页。
② 湖北省地方志编纂委员会编:《湖北省志·司法志》,第319页。
③ 黑龙江省地方志编纂委员会编:《黑龙江省志·政权志》,第727页。

论,万万不可主观臆断。"[①]福建省人民法院在同月召开的全省第八次司法会议上,要求全省各级人民法院在办理婚姻案件时,既要"纠正对妇女权益保护不力的偏向",又要反对过度干预民众婚姻生活的做法,"纠正在当事人不告、甚至不愿政府干涉的情况下,反去强加干涉的偏向"。[②]

诸省法院逐步调整政策,在鼓励建立新家庭制度的同时,也强调要注意方法调整,即使属于包办婚姻,也要考虑现实处境,对婚后已经建立起情感的不能强加干预。福建省各级人民法院在运动中,"对那些虽系包办婚姻,而婚后已建立一定感情,尚有和好可能的,则尽力做好和睦工作"。比如闽清县"改善了 850 个不和睦家庭",惠安县针开展"妇女回夫家"运动,"挽救了 236 个企图自杀的妇女,并使 800 多对男女得到正常的夫妻生活"。[③] 这些做法与其说是国家从婚姻自由的立场上倒退,不如说是使婚姻自由原则更加适应社会实际。

五、婚姻自由与离婚判决依据

1954 年以后,诸多法院认为旧的家庭等级制度被打破后,社会中离婚案件出现了新的类型,"喜新厌旧"和"草率结婚离婚"案件增多,面对现实变化,法院对离婚判决逐渐严格。1954 年以后最高人民法院陆续出台了一系列司法解释、指示、审判经验总结等,强

---

① 黑龙江省地方志编纂委员会编:《黑龙江省志·政权志》,第 727 页。
② 福建省地方志编纂委员会编:《福建省志·审判志》,第 77 页
③ 福建省地方志编纂委员会编:《福建省志·审判志》,第 78 页。

调离婚审判应依据夫妻感情状况。[①] 法院开始严格执行法庭调解制度,要求夫妻双方严格遵守家庭道德规范,实现社会秩序稳定。

即使在离婚判决时法院强调“夫妻感情”,对离婚“正当理由”的要求也并未消失。法院在处理离婚案件时,要求诉讼当事人须有“正当原因”,不能违背婚姻道德,纵然依据一般情理即可推测属于夫妻关系难以维系的,法院仍然判决不准离婚。法院对此基本考虑是,若同意婚姻中“过错方”的离婚请求,等于是放纵那些不遵守婚姻道德的行为,因此对那些“因见异思迁思想而要求离婚的,或者在男女关系上犯了错误的,即使双方感情已经完全破裂,但只要对方坚持不离,就不准离婚,以此来惩罚在男女关系上犯错误的当事人”[②]。比如福州市台江区游某某与翁某某离婚案:当事人双方感情不好,婚后 18 年,游曾 4 次起诉离婚,只因她过去曾与人通奸,受过处分,均不准离婚,直至 1981 年才判决离婚。[③] 湖北省自 1957 年起,强调以“阶级斗争观点”分析离婚案件,准予离婚的一般只限于有“正当原因”的,而对没有“正当原因”,法院一般判决不准离婚,该省前三年(1954—1956)与后四年(1957—1960)掌握离与不离的原则不同,后四年准予离婚的只占总数的 68.77%,比前三年占总数的 78.02%,减少 9.25 个百分点。[④]

整体而言,法院在离婚案件审判时强调分析夫妻相处现状,改

---

① 关于这一时期的司法解释和指示等,见最高人民法院研究室编《中华人民共和国最高人民法院司法解释全集》,第 1 卷,北京:人民法院出版社,1994 年。

② 福建省地方志编纂委员会编:《福建省志 · 审判志》,第 77 页。

③ 福建省地方志编纂委员会编:《福建省志 · 审判志》,第 77 页。

④ 湖北省地方志编纂委员会编:《湖北省志 · 司法志》,第 318 页。

变之前一般不加区别即判离婚的做法,开始注重家庭关系稳定。1954 年以后,黑龙江省法院认为经历了“贯彻婚姻法运动”之后的婚姻家庭关系,已经发生诸多变化,法院应该根据实际变化的情形,强调以夫妻双方相处实际感情作为判决依据。这一时期,法院利用“调解和好”和“判决不离”等方式支持婚姻维系的案件比例明显增加。黑龙江省高级人民法院要求各级法院,办理离婚案件要“坚持改善、巩固婚姻家庭关系和有利于生产的方针”,对于有过错的离婚案件,应该“批评教育有过错的一方,争取调解双方重归于好”,该省法院改变政治动员时简单支持婚姻自主的做法。①

同样,1954 年后湖北省法院亦强调要依据夫妻感情作为判决依据,改变之前强调离婚原因是否“正当”的做法。该省法院认为从 1950 年至 1953 年,全省用 3 年多时间宣传贯彻婚姻法后,“新的婚姻制度初步确立,婚姻家庭关系趋于稳定”。与之前相比,离婚案件出现了诸多新的变化:“婚姻案件比实施初期大量减少,原告人中不再是女方占绝大多数;离婚的原因也发生重大变化,被包办强迫结婚而离婚的逐渐下降,因草率结婚或夫妻感情破裂以及喜新厌旧,第三者介入而引起离婚的相对增加。”②比如 1960 年全省审结 5486 件离婚案件中离婚原因统计,属于“封建婚姻”的有 727 件,仅占 13.25%,而那些“基于见异思迁,婚外恋的有 780 件,占 14.22%;基于婚前了解不够,婚后感情不好的有 1634 件,占 29.79%;因家庭纠纷或夫妻之间不忠实行为的有 1268 件,占

① 黑龙江省地方志编纂委员会编:《黑龙江省志 · 政权志》,第 728 页。

② 湖北省地方志编纂委员会编:《湖北省志 · 司法志》,第 318 页。

23.11%;'五类分子'或刑事罪犯的配偶为划清界限的有686件,占12.50%"。[①] 法院在审理时注重家庭关系稳定,要求男女双方皆应遵守家庭道德规范,维护家庭秩序稳定。不过由于整体上离婚判决偏于严格,也造成了明显违背婚姻自由的问题。

六、当婚姻自由遭遇生存伦理

20世纪六十年代初期,由于受"三年自然灾害"影响,全国人口流动增加,逃荒人数剧增,生存压力驱动下的婚姻买卖和妇女再婚案件增多,法律实践面对生存压力的现实情况则采取宽松的立场。已婚妇女在流入地与新配偶重婚或同居,导致原婚姻关系破裂,离婚事件增多,法律对于这一类重婚案件,原则上不惩罚"重婚"行为,一般支持原来的婚姻,但也会依据具体情形,对于女方坚决不与前夫和好的,则在"做好思想工作"的基础上,法院判决离婚或不离。对于因生存问题而导致的婚姻买卖问题,区分具体情形,财物一般不追缴,已建立感情的也不强制干预。

比如,20世纪六十年代初期,黑龙江省离婚案件出现新的变化,因为当时全国经济困境冲击了婚姻的稳定性,法院强调在判决时应视具体情况区别对待,妥善处理。黑龙江省高级人民法院提出以下处理原则:"因自然灾害造成生活严重困难而不得不重婚的,一般不予刑事处分,原则上废除重婚,维持原来婚姻关系;用于

① 湖北省地方志编纂委员会编:《湖北省志·司法志》,第318页。

买卖婚姻的财物,要从实际出发,区别对待,妥善处理。”①

1960年代初甘肃省出现离婚高潮,大量人口外流,大批已婚妇女在流入地与新配偶重婚或同居,导致原婚姻关系破裂,离婚事件增多。仅1961—1962年,全省法院受理离婚案达42995件,年均21497件,尤其是重灾区离婚比重很高,依据当时民政部门的统计:“1963年天水地区离婚3034对,占全省离婚数的26.38%;武威地区1614对,占全省离婚数的14.03%;临夏自治州1459对,占全省离婚数的12.69%。1970—1979年,全省共受理离婚案件49647件,年均4964件;办理离婚25078对,年均2507对,其中1970年只办理324对。”②越是经济困难地区,婚姻稳定性受到的冲击越大,妇女因为生存问题导致的“重婚”现象更为普遍。

比如,当时湖北部分重灾区的某些有夫之妇外流到生活条件较好的地方与人重婚。从1961年开始,这些妇女的配偶陆续提起诉讼,据枣阳、云梦、武昌等县法院统计,1962年此类案件占婚姻案件的50%以上。全省各级人民法院对于这些重婚的妇女着重于批评教育,规劝其返回原籍与丈夫和好,一般不再追究其重婚的刑事责任,对于女方坚持不与原夫和好的,则全面考虑各方面的情况,在做好“思想工作”的基础上,判决准予或不准离婚。③

同样,1959—1961年间,福建省部分地区妇女外流与人非法同居、重婚的情况突出。据当时17个县(市)的重点调查,“在555起重婚、非法同居中,属于妇女外流与人重婚的466起,占总数的

① 黑龙江省地方志编纂委员会编:《黑龙江省志·政权志》,第729页。
② 甘肃省地方史志编纂委员会编:《甘肃省志·人口志》,第381页。
③ 湖北省地方志编纂委员会编:《湖北省志·司法志》,第319页。

83.96%。之后各地生产初步恢复后,许多群众和外流妇女纷纷要求政府帮助其返回家乡与家人团聚,从1961年起离婚案件急剧上升"①。针对此问题,该省法院1963年6月18日下达《关于认真处理外流妇女与人非法同居、重婚问题的通知》,一方面指出"重婚"违法,但对"由于严重自然灾害因生活困难而与他人重婚的。不应以重婚论处,原则上应维持原来的婚姻关系","对外流入非法同居的妇女,原则上应动员返回原夫家团聚。但在具体处理案件时,从实际出发,根据婚姻基础,感情好坏,重婚时间长短,有无子女等全面加以考虑,区别不同情况,进行妥善处理"。②

总之,社会主义建设时期中国离婚判决一直面临着如何将婚姻自主和社会实际相协调的问题,离婚判决依据从强调婚姻作为国家建设内容的离婚"原因正当",到更加尊重夫妻相处事实的"感情破裂"转变,尽管存在反复。其实协调婚姻自主和社会实际,关键在于法官要尽可能准确确定夫妻相处状况,做出符合实际的判决。

七、法官如何确定离婚判决依据

1989年最高人民法院曾详细列举了感情破裂的十四条认定标准,包括比如"包办、买卖婚姻,婚后一方随即提出离婚,或者虽共同生活多年,但确未建立起夫妻感情的","一方被依法判处长期徒刑,或其违法,犯罪行为严重伤害夫妻感情的",还有"或者一方下

① 福建省地方志编纂委员会编:《福建省志·审判志》,第78页。
② 福建省地方志编纂委员会编:《福建省志·审判志》,第78页。

落不明满二年,对方起诉离婚,经公告查找确无下落的"等。[①] 这些标准,实际是对社会主义建设时期相应审判经验的总结。通过案卷记录,我们可以看到,协调婚姻自由和社会实际,关键在于法官应尽可能准确确认夫妻相处的真实状况,以下我们依据一个中级法院关于上述几种情形的案件审判记录,来看社会主义建设时代中国民事法官是如何确定离婚判决依据的。

(一)婚姻包办的案件情形

在妇女于某要求与丈夫尹某离婚的案件中,于某在离婚理由中强调其婚姻是"家长包办",自己因为疾病"并不知情"。以"包办婚姻"为由要求离婚的,通常容易获得法院的支持,这是法律着重反对的婚姻类型。

法官确认离婚原因"正当"与否,首先会潜在影响法院的询问方式。在此过程中,法官如何询问非常关键,其将明显影响妇女陈述的内容,法官的询问实际在引导妇女应该说什么,不该说什么。对妇女于某要求离婚的案件,二审法院为查明事实和夫妻感情状况则询问当事人,该卷宗中有详细的询问记录,由此可以看到法官如何处理这类案件。

法官首先询问的内容主要是于某婚姻的基本情况,比如婚姻过程、相处时间、离婚过程、是否有子女等内容,这里法院希望了解

① 《最高人民法院关于人民法院审理离婚案件如何认定夫妻感情确已破裂的若干具体意见》,全文(law-lib.com)。

双方的感情基础和婚后相处状况。

问:你把结婚的过程说说?答:前年三月间我那时有精神病,我母亲把我拎到江沿大队老周家订婚三四天就登记结婚的。问:当时你同意不?答:那时我有病稀里糊涂的,我也不知他怎么给我的。问:在那过时间多长呢?答:有六七个月,我好了一些我提出离婚他就打我,我就往娘家跑。我父母往回送多少次,我妹妹也送我。问:最后你父母为什么不往回送了呢?答:后来我母亲叫我回去,我不回去,我母亲又打我。后来大队开介绍信,到公社去解决。问:公社解决多少次?答:公社给解决多次,我坚决离,他不同意离。公社没有判决又介绍到法院的。问:你的病什么时候好的?答:去年秋天好的。问:怎么好的?答:前年他给我买了药,我吃了好些。后来回家,我母亲拎我到公社卫生院复诊。问:你们生活之间有没有小孩?答:没有。

之后,法院的询问开始进入关键的"离婚原因",离婚原因"正当"与否,明显影响判决结果。

问:你离婚的理由是什么?答:就是我有病时老人给我的,岁数大,我提出离婚他又揍我。问:你们能不能再过下去呢?答:不能再过下去了,他岁数大,我要求离婚,他就经常揍我。问:岁数大就是离婚理由吗?答:他岁数大,又不积极给我治病,怕治好了离婚,又不给我做衣服。问:离婚后你打算怎么办好?答:我离婚后我在家待几年,到队内劳动。问:再找对象不了呢?答:我多待几年,我再找好的,我再结婚。问:你们不离不行吗?答:我是决心不和他过了,再怎么我是和他离了。问:你不能再考虑一下和他过吗?答:我是坚决和他离开了。问:如果离婚的话,财产的什么争执没有?答:没有什么,我什么也不要。问:口粮上有什么要求?答:我回来二年的口粮我得要的。问:这二年你吃什么了?答:我都吃些菜和皮子啥的。

这样的询问有助于扩展妇女选择权限,法院不是挤压妇女的选择空间,而是本身就倾向于判决离婚。比如当于某说"他岁数大,我要求离婚"之后,法院反问道"岁数大就是离婚理由吗?",此种反问与其说是辩驳,其实倒不如说是提醒于某再详细解释其离婚原因。

其实,法院在之前的询问中已经确认于某要求离婚的决心,比如"公社给解决多少次?""你们能不能再过下去呢?"等,这样的询问其实不是压力,而更像是以尊重妇女意愿的方式征求意见。对这一案件,该法院已经倾向于判决离婚,因为法院询问集中于妇女离婚后事情,比如"离婚后你打算怎么办好?""再找对象不了呢?""如果离婚的话,财产的什么争执没有?"等,这些其实都是判决离婚之后要面对的事。

当妇女于某为了离婚,在说过财产方面"什么都不要"后,法院清楚知道离婚后妇女的口粮显然是必需的,法院这时的询问实际上又是站在妇女于某的立场上,提醒于某关于离婚后口粮方面的要求。这些内容涉及诸多方面,既有妇女对婚姻的态度,也有关于离婚的理由,以及离婚后的生活安排等。

接着法院询问于某的母亲田某,当时全国各地在宣传动员群众参加“批林批孔”运动,法官对“包办婚姻”的反对态度非常明确。法院对“包办婚姻”的行为直接批评:“为什么孩子不到年龄就叫结婚,当时还有病就叫结婚,这不违背毛主席号召的晚婚吗?你们这是虐待和遗弃行为,这对吗?”,这样的询问较多显示出法官的权威。

> 问:你什么时候到于家的?答:于某四岁时到于家的。问:你为什么和于某的生身父离婚的?答:因为受虐待而离婚的。问:你带来几个(孩子),到于家生几个?答:只带来于某一个,到这生四个。问:到这生四个,念书没有?答:念书。问:为什么不供于某呢?答:因为于某现在的爹看不上她,我和他为此也打架,看不上于某。问:为什么给于某找这么早的婆家?答:因她受气,气的得了精神病(17岁)。心思给找个婆家算了,静心。问:为什么孩子不到年龄就叫结婚,当时还有病就叫结婚,这不违背毛主席号召的晚婚吗?你们这是虐待和遗弃行为,这对吗?答:我们错了,请求政府给处分吧!问:你女儿她病好了之后提出离婚,你劝过她没有?答:我劝过多次,也找公社劝过,法院去的也劝她多次,她坚决不干怎么办。问:如果离了,今后怎么办呢?答:那我也不能再干涉了,叫她自己选择吧!问:你女儿结婚时和婚后你们向尹某那要过钱没有?答:没有。问:尹某给你们家庭送给粮没有?答:没有,

> 他一次也没有给送。问：这二年你女儿口粮怎么解决的？答：我卖了两口猪给些粮，又换些粗粮吃。

之后，法院询问上诉人即于某的丈夫尹某。比如，关于口粮等方面，法院则明确表明态度，最后还直接说道："你等候判决吧！"这也体现出法院在最终判决前其实已经有判决离婚的倾向。

> 问：你这上诉状谁给写的？答：是我的老乡吴某给代笔写的。问：你不同意县法院判决离婚的理由是什么？答：县法院判决说我们婚姻是他父母包办的，我想不通的。结婚包办，离婚也包办吗？我想不通的。骗取结婚证明我也想不通的，到公社于某说得很好，她不嫌我岁数大，公社姓刘的当时我也听她说有精神病，我也认可要她的。我给她治病，和我要单据，我上哪去留它呢？……问：尹某你看怎么办好呀！答：她不跟我了，那她得赔偿我给（看）病的药弗（费）。口粮我已经送去了，我不给他们了。问：口粮你送去了？在县法院调解时，你并没有说过送去了，你说治病花六百多元，经查没有根据，我们又不能支持你的意见的。答：我不同意的。问：那你等候判决吧！答：嗯！

在询问上诉人和证人之后，法院认为该婚姻属于"家长包办"，还要求双方家长写了"检讨书"和"保证书"，一并存档。

于某父母的"检讨书"检讨其对子女婚姻包办的错误行为，并表示要"积极参加这场批林批孔的伟大运动，一定和孔老二的旧思想旧观念决裂，彻底改造自己的世界观”。

“保证书”中写道要尊重子女意愿：“过去由于我有旧思想、旧观念，趁女儿有病期间包办了她的婚姻，经过党的教育和帮助，使我认识了错误的严重，今后保证做到：1.好好读毛主席的书，听党的话，认真执行党的各项政策；2.搞好家务，按党的要求教育好子女，长大好能更好地为人民服务；3.今后要发扬家庭民主，有事大家商量，不自己说了算；4.对女儿的婚姻由其自主，决不包办，并说服其按照党的要求年龄结婚，在家期间绝不打骂虐待。”

审理案件的法官认为该案原审判决正确，驳回上诉。最后，二审法院判决：“被上诉人于某的父母和上诉人强迫精神病患者结婚是错误的，应给予批判教育。据此，原审法院判决双方离婚是正确的。上诉人要求赔偿治病和误工损失等，索要去二百元等问题，查无实据，不予支持。依法判决维持原判，驳回上诉。本判决为终审，不准上诉。”①

（二）劳动教养的情形

1961 年的一件离婚案件中，上诉人王某山（男，时年二十五岁，成分贫农）不服县一审判决其与王某娇（女，时年二十二岁，成分贫农）离婚，向该中级法院上诉。该卷宗中首先是初审法院的“民事案件上诉移送书”，该移送书由院长签名填写，“本院 1960 年 10 月 2 日所判决的王某山与王某娇离婚一案，因被告人不服提出上诉，

---

①《于某与尹某离婚民事二审诉讼卷宗》，A 市中级人民法院档案室藏，档号：1974-11。

我院已将该案的上诉本送达原告人，并已收到他的答辩状。兹将该案上诉状、答辩状连同全部案卷送上，请处理。此致。某法院。院长签名。日期”。

该案一审是由王某娇提起离婚诉求，原告称双方于1956年12月经人介绍自愿结婚，婚后感情一般，原告因为被告不务正业，对家庭生活不加照顾，并让被告人向乡人借钱、借钱，原告不同意去借钱或者借不来钱时，双方就会争吵打闹，为此被告还曾打过原告。另外被告人曾和孟某关系不清，并将孟某接到家中居住，以致夫妻关系更加破裂。1958年11月被告人还因为盗窃等犯罪活动被送劳动教养，因此原告以“感情不好”等为由，提出与被告人离婚。在审理中被告人说过去双方感情很好，原告这次提出离婚，主要是原告和周某某关系不清引起的，他不同意离婚。

在一审法院看来，原、被告系自愿结婚，婚前双方缺乏很好的相互了解，使其婚后经常为生活琐事争吵不休。此外被告人结婚后，不务正业，对家庭生活不照顾，还让原告人出走向邻居求借，为此被告人曾打过原告人。这已经使夫妻感情日渐恶化，已达到不能继续同居的程度。而且被告人又因犯罪被送劳动教养，长期不能履行夫妻义务。

该法院认为原告提出离婚理由是正当的，应予以支持。至于被告人在审理中提出的其夫妻感情很好，离婚是由原告人作风不好引起的问题，该法院则认为：“经过调查和有关群众证实，其夫妻感情确系不好，原告人生活作风较活泼无其他问题。”因此，在法院看来，“这就充分说明被告人以此作为不同意离婚的条件是显然不妥当的”。最后法院判决：“双方离婚；婚生男孩现年五岁，因为长期由被告人母亲抚养，原告少问其生活，判决由被告人母亲抚养；关于财产方面，行李一套、皮鞋一双、麻线衣服一套归原告所有；现有外债二十元由原告人负责偿还。”

被告不同意一审法院判决离婚的结果，向上级法院上诉。在上诉理由中，王某山认为双方感情较好，并没有不和睦的地方，至于女方所提出的逼迫其借债度日以及经常打他都不是事实。而且他称自己与孟某并没有什么关系，只是干妹干哥，因此才接到家中住的，而且与她认识也是通过王某娇。相反，他则认为女方因为嫌弃家贫不务正业，乱搞男女关系，经常打骂虐待孩子，不给小孩吃奶，还和周某以及造纸厂的商某也有不正常的关系。

对于其被教养的经历，他则说道：“通过政府的人道主义的教育，我坚决改造自新，争取早日回到社会，恢复夫妻关系。我的教养并不是长期的，政府对改造坏人的政策、收容教养不是长期的，很快可以恢复夫妻关系。我认为女方提出的长期不能过夫妻生活为由采取离婚是不适当的。”他认为总的来说，女方提出的理由是“不充足”的，不可作为离婚的依据，他不同意法院判决离婚，提出上诉。

该中级法院为了解夫妻双方的感情状况，询问证人并记录。该案中的证人是媒人杨某，法院可能考虑到媒人对双方都相对熟悉。其询问的内容主要包括如何认识原、被告双方的、怎样介绍的、结婚前的相处情况、婚后的相处的情况、对上诉人的评价、孩子抚养情况、征求判决意见。比如问到双方的感情情况，“问：他俩结婚后的感情怎么样？答：打一气，好一气。问：王某山的品质总的来说怎样？答：人是不错，就是学瞎了。”

该法院于 1961 年 3 月 14 日组成了合议庭审理此案。合议庭记录中先是描述了案件基本情况,之后是合议庭成员的意见。该记录中的一位法官称:“男方对他的缺点不仅不加以改正,相反还进行犯罪活动而被教养。经了解在教养中表现不好(被评为第三类),女方提出离婚应予以支持。原审判决离婚是正确的。我同意原审意见,维持原判。”

合议庭另外两位法官也同意维持原判。合议庭最后确定结果是“维持原判,驳回上诉”。

在此基础上,该法院认为:“上诉人与被上诉人虽系自主自愿结婚,但婚后上诉人又不务正业,不照顾家庭生活,促使夫妻感情恶化。并且,上诉人不仅不改正错误,相反又进行盗窃等犯罪活动,显见这种夫妻关系难于继续。被上诉人提出离婚是正当的,应予以支持。驳回上诉,维持原判。”①

法院判决离婚,和诉讼当事人违背家庭道德密切相关。就该案而言,丈夫王某山并未遵守家庭道德规范,其被劳教后更容易被法院视为道德品质存在问题,难以获得法院同情,法院认为妇女要求离婚的理由是“正当”的。法院查明由于丈夫不务正业,致使家庭生活困难,并经常叫被上诉人到亲邻借钱,当被上诉人不同意去借或借不来时,双方即争吵,导致感情恶化,这就说明丈夫王某山并未遵守法律所要求的家庭道德规范,尤其是王某山还因为盗窃被劳动教养,在教养过程中表现不好。妇女以此要求离婚时,法院认为其离婚诉求是“正当”的,夫妻关系难以维系。

---

①《王某山与王某娇离婚民事二审诉讼卷宗》,A 市中级人民法院档案室藏,档号:1961-13。

至于法院如何考虑“离婚理由”，上述合议庭记录上有明显体现：“男方对他的缺点不仅不加以改正，相反还进行犯罪活动而被教养。经了解在教养中表现不好（被评为第三类），女方提出离婚应予以支持。”在该案中，对判决有实质影响的其实是法院查明男方有犯罪行为，并在教养过程中表现不好，这被视为明显违反家庭道德。

（三）丈夫私自外流两年以上的情形

1974 年的一件离婚案件卷宗中，法院确认女方离婚原因是“正当”的，主要在于男方卖掉家中财产私自外流，这不仅没有承担其家庭角色，而且不利于社会秩序稳定和国家生产。因此，该法院认为判决双方离婚是正确的。实际上，该法院在审理这一案件中，已经倾向于判决离婚，从以上记录中可以看到法院主要是在做男方的“思想工作”，希望他能接受判决离婚的现实。

原告张某（女，时年 30 岁，出身贫农，职业社员）与被告贺某（男，时年 32 岁，出身贫农，职业社员）于 1969 年 3 月间经人介绍自愿订婚，同年 6 月“非法结婚”。婚后不久，因为双方遇事欠商讨，又不能互敬互让，导致感情淡薄。尤其因原告家务料理不周，加之被告性情粗暴，因此常为生活琐事而口角、打骂。虽然经过大队、公社多次调解教育，但仍然没有好转。原、被告双方感情逐渐疏远、恶化。1971 年 5 月某天，原告乘被告上山种地之机，便抱着孩子跑回娘家不归。被告人却于 1971 年 10 月间背着原告将二间草房、一口猪卖掉后，不安心于集体生产，于 1972 年 4 月私自外流，长达二年之久。在此期间,被告还指使其兄将剩余家产再次贩卖,家产卖后得款均被被告挥霍。而对被告人及其子女的生活不问不管,造成夫妻感情完全破裂。为此,原告以"经常被被告人打骂,没有夫妻感情"为理由,提出与被告人离婚,被告人不同意离婚。

该县一审法院认为双方草率、非法结婚,婚后夫妻感情不佳,尤为严重的是被告私自将家产卖掉外流后,对原告及其子女的生活不管,造成了夫妻感情完全破裂,已达到不堪继续同居之境地。因此"我院为了保障妇女与子女的合法利益,有利于抓革命、促生产,根据婚姻法的有关规定,判决双方离婚,婚生女一名由原告自行抚养,现有衣物在谁手归谁所有"。

贺某不同意法院的判决,向该中级法院上诉,在上诉书中他称原告张某的生活作风有问题,"到处搞男女关系后在家生了孩子,送人后她父亲在这种情况下找人给我介绍,当时我也根据这种情况加上全家同意和本人自愿,我也要了她"。至于为何一直没有登记,他称这是原告的父亲的意思,如果原告插队搭户,国家会给一部分钱,粮食也多。在他看来,刚开始一年多感情很好,后来不好的原因是 1970 年的时候他所在的大队粮食歉收,因为生活贫困,原告的父亲就提示自己把房子卖掉到街上住着,他给找工作。贺某不同意,张某的父亲就让女儿回娘家,贺某去找她的时候,还被她家人打伤住院。对于县法院判决离婚,他不同意,认为这给他的生活带来了痛苦,是"硬压着头强制给我离婚"。他写道:"上述我说的这些问题要求政府详细调查。由于我的文化水平底(低),加上脑子坏啦,有这样那样的错误,我只是把经过的事,徐(叙)述一边(遍),望政府给处理吧。我有错误的地方要求政府对我很很(狠狠)的(地)批和帮助。”

卷宗中“再找贺某工作情况简记”,可以看到该中级法院已不止一次去找贺某了解情况。这次,办案法官于 1974 年 6 月 21 日到县法院向院长交代了来意,县法院院长派刘同志一同前去做工作。他们到了大队先向调解主任交代来意并了解情况,之后又会见了大队支书康书记,又和两位队长进行了交谈,他们共同表示:“县法院的判决是合适的,符合实际情况,已无和好的可能,只是男方不服判,做他的思想工作是不太好作的。”

之后,当天下午一点到五点又同贺某进行谈话,当时在场的村支书、调解主任、县法院办案人员、经过反复教育,贺某仍然坚持上诉理由,并不放弃上诉意见,也不撤诉。该中级法院的办案法官在记录中专门附注了为何选择简记而不是详细记录,实在是因为“该人的说话特别零乱,无法记录,故做此简记”。

中级法院经过讨论,认为应该维持原判,同时要“做好上诉人贺某的思想工作”。可以推测,法院办案人员又会再一次做思想工作。

最后,该中级法院在判决书中称:“上诉人背着被上诉人将家中二间草房、一口猪卖掉后,私自外流两年之久。在此期间上诉人对被上诉人及其子女的生活不管不问,并让其兄将剩余家产全部卖掉,因此造成夫妻感情完全破裂,被上诉人提出离婚,经大队、公社多次调解无效,诉讼到法院。原审法院判决双方离婚,上诉人不服,提出上诉。双方婚姻基础不好,婚后又未建立起夫妻感情,加之上诉人私自将家产卖掉长期外流,对被上诉人及子女的生活不管不问,夫妻感情完全破裂,不能继续同居。因此原审法院判决双方离婚是正确的,故判决维持原判,驳回上诉。”①

(四)调解和好的情形

对没有明确离婚“正当原因”的情形,法院一般会调解和好或判决不离。社会主义建设时期中国法官具有较大职权,法官深入双方所在社区和单位,详细了解双方感情状况,找到夫妻矛盾关键,促使双方互相妥协,使双方关系得以维系。

法官角色与其说是是非明确的“裁判者”,不如说是“调停者”。法院采取“法庭调解”,深入了解诉讼当事人双方矛盾,希望能够以此化解矛盾。法院之所以能够积极促成调解,一个重要方面又是因为“调解”与“判决”密不可分,以“判决”促成“调解”。

以下案件在法院的调解下,妇女最终撤诉,表示愿意和丈夫继续生活。

1962 年王某(女,时年 40 岁,成分贫农,职业社员)不服县法院“判决不离”,要求与丈夫姜某(男,时年 54 岁,身份贫农,职业社员)结束婚姻关系。她认为婚后十天就打骂,每年都要闹离婚一两次。现在名义上为了分她卖房子的钱,实际上就是不想和她在一起过了。而且,丈夫姜某还和她表嫂子暗地通奸。她还认为丈夫对家务从来不管不问,也不照顾孩子。她向法院倾诉道:“因为在社里干活积极,从 60 年 11 月得了病,但姜某在家中看到治病就生气,说长道短,为此家庭纠纷不断,家庭的苦脑(恼)生活,实无法和

① 《贺某与张某离婚民事二审诉讼卷宗》,A 市中级人民法院档案室藏,档号:1974-10。

他过到一起。他一贯强词夺理,暗地伤人,希望政府调查他的这些老邻居(了解)他对家中的感情怎样……这样的感情有关影响生产,影响身体,我实在不能和他维持在一起生活,我认可自己劳动,自己吃。再不受这些苦脑(恼),不能和姜某在一起过日子。"

姜某称自己是29岁和女方结婚的,至于是不是父母包办,他认为那时是旧社会,都是旧式婚姻。女方说结婚10天后就打仗(打架),他承认这个事情是有。在他看来,主要是因为那时生活困难家贫。女方指责他多次提出离婚,他说这事情根本没有。至于说他和表嫂通奸,更是无中生有。女方称他曾用大斧要劈她的事,他说这也根本没有。房子问题是年轻时候的事情,现在也没有因此打过架。总之根据这些情况,他不同意离婚,在他看来:"我们打架拌嘴是有的,可是我没有虐待过她,我们这个事情是她的亲戚张某挑拨的,他给出的主意。女方说的不是事实,我不同意离婚。有关我讲的,证人有大队某某等四人。"法院的询问首先希望了解夫妻矛盾的关键。

> 问:你和姜某什么时候结婚的?答:是我十七岁那年,男方二十九岁。问:怎样结婚的?答:是我父亲包办的,收110元钱。问:是在哪结婚的?答:你们有几个孩子?答:现在两个孩子,大的十三岁,二的十岁。问:你们两个结婚后感情怎样?答:结婚后感情就是不好。问:怎样不好?答:姜这个人就是这样,一做活做累了,他回家就不满意,总说我不干活,因此就打骂我,他经常打骂,就是这样。有事从不给你商议。就是我往外借个东西什么的,他也动不动叫我走,给他倒地方。弄不

弄就到村上、乡上和法院给处理……问：你们过去提过几次离婚，谁提的，为什么？答：到法院去过一二次，就是现在第二个小孩，他说不是他的，他才把我告到法院去。问：这次你们因为什么？答：就是因为房子的事情。

正在询问的过程中，姜某到场，法院就直接现场对双方进行调解。

问：你们这次提离婚是谁提的？因为什么？答：就是因为这个房子，离婚开始谁也没有提出，因为女的把房子卖了，先前来与我讲，我就不满意。既然卖给别人，第二天我收拾行李就搬走了。问：你看你搬出去也不和你老婆商量，这对不对？答：这不对是不对，但我得走，不能住了。问：你的脾气怎样？答：就是一般，也没和别人闹过意见，就是和老婆闹过几次。问：这次是谁提出来的？答：这次是姜某提出来的，要不然的话，我也不能这么伤心呢。问：姜某你是否提出离婚，同意离婚吗？答：我没有提过，也不同意离婚。问：说明对这事（卖房子）双方应谅解，应和好？答：我对这个房子的事，过去从没卖过东西，这次卖交卖付我真不了解，姜说他不知情形，不是那回事，实际上卖时他在场。问：你们两个过得怎样？有没有不合的地方？答：平时他脾气很大，在外老说老婆偷嘴吃（出轨），待他不好。问：姜某，她讲这些你说过没有？答：我脾气是有，但那话我确实没说过，老社员都知道。

在此过程中,法院表明立场,即"希望双方一起过",既然当事人双方现在已有房子,并希望双方能够顾及孩子,继续维系婚姻关系。

> 问:我们意见吧,你们这是不离婚最好,能到一起过。答:男方表示可以,女方表示不离也行,就是不到一起过。问:我们意见你们最好就是一起过,因为现在也有房子了,你们这得为孩子着想。你们最后有什么意见?答:姜某表示愿意和好,养活这两个孩子。问:女方还有什么意见?答:我也可以不离,但我不能和他一起过。问:那好吧,今天就谈到这吧,你们还有什么意见没有?答:没有了。

经过就地调解,最后该法院称:"当事人王某因离婚一案,不服县法院判决,上诉到地区中级人民法院。经中院就地调解达成协议,双方表示和好,故上诉人同意撤诉。因此,该案准予撤诉不予以再审。但上诉人要求被上诉人提出保证,以重新建立起和睦家庭。被上诉人表示对过去造成夫妻不和,对女方照顾不周以及脾气不好等绝不再犯,表示要互敬互爱、互相帮助,对生活琐事互相谅解以重新和好。因此,得到女方谅解,女方要求撤诉,重新同居。"①

概括起来,上述这些案件,法官们对夫妻感情的判断可谓是实质性的,基本没有关于法律条文的引用,其特点正如黄宗智先生曾

① 《王某与姜某离婚民事二审诉讼卷宗》,A市中级人民法院档案室藏,档号:1962-19。

剖析的那样:法官先让当事人倾诉委屈和问题,然后再表明观点,法官本人所表达观点代表的是通过调查获得的真理;访问和谈话方式是引导当事人自愿参与并如实表达观点,而非法官居高临下式纠问;法官总是亲自下乡调查,而非召唤证人和当事人当堂办案等。[①] 依赖于这样一种实质性做法,反倒使得法官们对离婚案件的判决比较符合实际,这也说明如何协调婚姻自由与社会实际,关键在于法官要尽可能准确确认夫妻感情真实状况。

八、小结

我们首先应看到1950年婚姻法在推动婚姻自由方面的重要意义。法律打破"父权制"对妇女权利的限制,大大提高了妇女的各方面地位。法律强调"废除包办强迫、男尊女卑、漠视子女利益的封建主义婚姻制度",提高了子女在婚姻选择中的自主权;法律废除诸种不合理的婚姻制度,如"重婚、纳妾",禁止"童养媳、干涉寡妇婚姻自由"等。新的法律有助于建立新型家庭关系,增强妇女主体意识,提高妇女的政治和社会地位,保障妇女诸多方面权利。

我们应该区别不同时期婚姻自由与社会实际之间的复杂关系。离婚判决依据逐渐从强调婚姻作为国家政策组成部分的"正当原因",到更加注重对夫妻相处事实的"感情是否破裂"转变,尽管存在反复和纠葛。1950年5月开始实施新的婚姻法律至1953年,只要存在法定的"封建婚姻"情形,比如童养媳、妾、包办婚姻

① [美]黄宗智:《离婚法实践——当代中国法庭调解制度的起源、虚构和现实》,《中国乡村研究》,第4辑,第23—25页。

等，皆属于离婚"正当原因"，一般不经法庭调解即判决离婚；1954年以后，法律面对现实的变化，对离婚限制逐渐严格，同时针对限制离婚所带来的问题，强调要注重对夫妻感情具体分析；六十年代初期，由于受"三年自然灾害"的影响，逃荒人数剧增，经济困境冲击着婚姻的稳定性，婚姻买卖和妇女再婚案件增多，法院判决又显示出较为宽松的立场。

1980年婚姻法将"感情破裂"作为离婚判决依据纳入正式法典中，其实是对这一时期中国民事法律实践经验的确认。法律不断根据社会实际，从实践中总结、概括经验，以使婚姻自主适应不断变化的社会实际，这样一种将道德理念与具体实践相互连接的做法，一直延续至今天的婚姻法律实践中。

而如何协调社会道德原则与私人领域之间的关系，是今天中国离婚判决中的关键问题。比如离婚过错举证责任由"职权主义"改为"当事人主义"后，在离婚取证程序方面："今天的案卷内容更多的是书面证据，以及伴之而来高度形式化的证据交换程序材料。"①离婚取证程序的形式化趋向，容易忽略夫妻相处中的真实情况，显然会影响法律公正，在法官职权、离婚取证程序、法院案件审理数量、诉讼当事人权利保护等方面都有明显变化的情况下，如何协调道德原则和私人领域的关系，仍然有很多问题值得进一步探索。

① [美]黄宗智、巫若枝：《取证程序的改革：离婚法的合理与不合理实践》，《政法论坛》2008年第1期。

第五章　中国婚姻“私人领域化”？——当代中国法律实践中的妇女离婚

以阎云翔—戴慧思为代表的社会学家认为国家权力逐渐从私人领域退出后,法律对个人权利的保护使得中国婚姻逐渐呈现“私人领域化”状态,在他们看来,此种变化挑战了“父权制”文化并扩展了妇女权利;与此类突出中国婚姻法律(积极)变化的观点不同,中国法律专家彭文浩—贺欣关注到当代中国婚姻法律中的(消极)延续性。彭文浩的观点是当代中国婚姻法律同样关注社会秩序稳定,法律并未完全放开对民众社会生活的限制。贺欣则认为尽管当代中国婚姻法律制度发生了种种变化,但在实践中并未带来妇女权利的扩展。

本章与以上两类观点皆有不同:尽管当代中国婚姻法律与以往相比,更加尊重当事人的离婚意愿,但法律实践中对争议离婚案件的审理,在离婚判决依据、财产分割、子女抚养等方面,源自中国法律传统中的面对社会实际的实用性考虑与实质主义的道德理念相结合的“实用道德主义”思维方式仍然延续，这与当代西方法律仍然多有不同。当代中国婚姻并非完全呈现“私人领域化”状态，中国法律仍显示出其独特的现代性；法律若完全从私人领域退出，忽略实质主义道德关怀，并不必然就意味着妇女权利的扩展，亦可能使得部分弱势妇女群体的权利难以获得真正保护；从前瞻性而言，中国“家事法”的构建不必采取极端强调个人权利的西方的形式化原则，源自传统中国法律实践中的一套“实用道德主义”思维方式，亦可作为重要资源，道德理念、实用考虑与权利观念并非必然对立。

一、现有的分析

（一）中国婚姻“私人领域化”

当代中国婚姻法律与民众生活关系问题，引起一批国际学者的关注，并形成两类主要研究思路。一类是强调当代中国法律越来越尊重个人权利，国家逐渐放松对民众私人婚姻生活的限制，中国的婚姻关系愈加呈现出松散弱化趋势。阎云翔的“中国社会个体化”（Individualization of Chinese Society）和戴慧思（Deborah Davis）的中国婚姻“私人领域化”（Privatization of Marriage in China）命题则从社会学角度描述了中国市场化改革以及在此过程中法律制度对个体权利的保护，由此对当代中国婚姻生活带来的影响。两种命题的基本预设是中国的市场化改革以及法律对财产权利的保护带来的是“个人”的崛起,中国的社会转型呈现的是“国家—市场”以及“家—个人”线性式转变。

阎云翔的研究受到了以贝克夫妇(Beck and Beck-Gernsheim)为代表的“个体化”理论的启发,阎云翔认为中国社会结构逐渐趋于个体化(Individualization),具体体现在三个方面:个体在身体和社会两方面的流动性不断增加,个体从家庭、团体、国家中脱嵌;个体身份和认同增强;新型社会性即作为个体的个人之间的社会互动出现,同时中国社会的道德问题和困境显现。①

耶鲁大学社会学教授戴慧思将当代中国婚姻称为“后社会主义婚姻”。她认为逐步呈现“私人领域化”状态的中国婚姻类似于当代西方婚姻关系的“去体制化”趋势。她指出中国婚姻“私人领域化”的主要表现如:“当代中国关于离婚的障碍设置已降至最低,婚前财产约定获得合法性,夫妻共同财产主张已弱化,婚前性关系以及婚外性关系亦很少被惩罚。当代中国婚姻出现了诸种新变化,婚姻趋于自愿订立的合同关系、婚姻共同财产保护以及两性关系严密监控的弱化等。”②在戴慧思看来,国家逐渐从私人领域退出,婚姻愈加成为私人生活的重要内容。对戴慧思而言,此种婚姻关系“去体制化”,实际上可以视为对“父权制”文化的进一步挑战,这扩展了妇女权利。③

---

① 阎云翔:《中国社会的个体化》,陆洋等译,上海:上海译文出版社,2016年,第301、305、309、311、312页。

② Deborah Davis, “Privatization of Marriage in Post-Socialist China”, *Modern China*, Vol. 40, No.6(Nov., 2014), p.551.

③ Deborah Davis, “Privatization of Marriage in Post-Socialist China”, *Modern China*, Vol. 40, No.6(Nov., 2014), pp.570—571.

因此，他们的核心观点是法律对私有财产权利的保护带来的是“私人领域”的崛起。实际上，二者的思路显示的是一种普适化、线性（西式模型的）式现代化思路，其强调的是国家从“私人领域”退出，挑战了“父权制”文化并扩展了妇女权利。

（二）中国法院的体制制约

另外一种研究思路则与此不同，其所强调的不是权利与变化，而是当代中国婚姻法律中的消极（延续）性，认为当代中国婚姻法律尽管发生了种种变化，但在实践中并未带来性别平等或者放开对民众生活限制，当代中国婚姻法律仍然存在着诸多问题。比如著名的中国法专家彭文浩（Michael Palmer）详细检视了中国婚姻法律的诸种变化，在他看来，许多变化仍不过是“新瓶装旧酒”。他认为当代婚姻法律对家庭关系的重构，目的是使家庭与改革时代不断变动的经济和社会秩序相一致。①

与此类似，贺欣则指出了当代中国法院对争议离婚案件的判决仍然受到体制制约。他认为当代对争议离婚案件的处理主要依赖的是法院判决而非调解和解，其具体表现是对于首次离婚请求，法官通常是判决不离婚，但对于第二次离婚请求则会判决离婚，而这已经成为法院对争议离婚案件判决的常规化处理方式。法官做

① Michael Palmer, "The Re-Emergence of Family Law in Post-Mao China: Marriage, Divorce and Reproduction", *The China Quarterly*, No.141, Special Issue: China´s Legal Reforms (Mar., 1995), p.110.

出此种选择主要是受体制制约即法院司法系统的评价标准的影响。[①] 在进一步的研究中,贺欣等学者更明确指出,尽管法律规定诸种妇女权利的保护,然而法官出于实用的考虑为解决纠纷而兴起的"实用话语"(Pragmatic Discourse)实际上造成了性别不平等。作者认为尽管在法律规定层面,重视妇女权利,然而在实际层面,由于当代中国法官的责任不是去修复夫妻关系,而是作为一名专业者去解决纠纷,法官不会去关心夫妻关系中的对错。而出于纠纷解决的实用目的造成性别不平等,法官的询问会挤压那些并不希望离婚的妇女选择空间。[②]

需要说明的是,本章有几点基本考虑与以往研究不同:首先,仍然会有诸多案例显示,那些希望法院判决离婚的妇女同样可能利用法官的实用考虑,以寻求获得有利于其自身权利的判决;其次,法官的动机与法院的判决理由应该区别,我们同样不应忽略对法律判决的细致分析,判决会受到事实依据的限制;此外,法律实践中并非只有实用性考虑,法律表达层面仍然存在诸多道德规定,道德、实用与权利并非必然对立。实际上,道德性规定往往最具包容性,可以同时容纳情理、事理、法理。

---

① 贺欣、冯晓川:《离婚法实践的常规化——体制制约对司法行为的影响》,《北大法律评论》2008 年第 2 辑。

② Xin He and Kwai Ng, "Pragmatic Discourse and Gender Inequality in China", *Law & Society Review*, Vol.47, No.2(Jun., 2013), pp.282, 283, 304.

(三)中国法律实践中的"实用道德主义"

在笔者看来,一个更具包容性的思路是黄宗智先生对中国离婚法实践历史的研究。基于扎实的诉讼档案研究,黄宗智认为离婚法实践(Divorce Law Practices)是"毛主义法庭调解"制度传统的核心,对当代中国的民事法律制度产生了深远影响。[①] 他还指出调解和好在新世纪前是法庭对存在严重争议的离婚请求的普遍做法。在他看来,中国离婚法实践显示的思维方式是一种道德性与实用性的抱合,这种思维方式尽管"会存在损害权利且事实上经常以实际考虑为借口而被容忍"的弊端,但此种思维亦具有优点,比如可以适应不断变化的社会实际以及(与西方形式主义法律传统相比)更具包容性。[②] 在笔者看来,黄宗智提出的"实用道德主义"强调的是二者的抱合,而非仅仅单方面突出实用,他亦强调道德准则的前瞻性作用。[③]

值得一提的是,黄宗智在十余年前的一篇文章中就以其敏锐的学术洞察力指出当代中国离婚法律实践发生的新变化。他指出:"随着市场化和党政控制弱化的加速,也随着中国共产党强烈

---

① [美]黄宗智:《离婚法实践——当代中国法庭调解制度的起源、虚构和现实》,见氏著《经验与理论:中国社会、经济与法律的实践历史研究》,第271页。

② [美]黄宗智:《中国民事判决的过去和现在》,见氏著《经验与理论:中国社会、经济与法律的实践历史研究》,第333、345页。

③ 对二者关系详细的例证和论证,可参阅[美]黄宗智《道德与法律:中国的过去与现在》,《开放时代》2015年第1期;[美]黄宗智:《中西法律如何融合?——道德、权利与实用》,《中外法学》2010年第5期。

反对离婚的立场的历史背景条件和考虑因素正在消退，有关离婚的法律规定很可能会更多地出现自由化，因此离婚也将变得更容易。改革开放前和改革早期独具特色的强制性调解的重要性在逐渐降低，这也是现实变化的反映。”①

根据民政部每年公布的《社会服务发展统计公报》数据，我们可以看到 2011—2015 年中国的离婚率逐年增长，而且中国的离婚人数已经达到相当规模。2011 年共依法办理离婚手续的有 287.4 万对，增长 7.3%，民政部门登记离婚 220.7 万对，法院办理离婚 66.7 万对；2012 年共依法办理离婚手续的有 310.4 万对，增长 8.0%，民政部门登记离婚 242.3 万对，法院办理离婚 68.1 万对；2013 年依法办理离婚手续的共有 350.0 万对，比上年增长 12.8%，民政部门登记离婚 281.5 万对，法院办理离婚 68.5 万对；2014 年依法办理离婚 363.7 万对，比上年增长 3.9%，民政部门登记离婚 295.7 万对，法院办理离婚 67.9 万对；2015 年依法办理离婚手续的共有 384.1 万对，比上年增长 5.6%，民政部门登记离婚 314.9 万对，法院办理离婚 69.3 万对。② 可以看出多数离婚属于协议离婚，换言之，离婚在中国越来越容易，法律越来越“尊重”民众的“离婚意愿”。

在此基本背景下，我们仍将目光聚焦于离婚争议案件，通过详细考察法院如何对待离婚争议案件，以此观察法律变化对妇女意味着什么。本章以“中国裁判文书网”纳入的 2013 年上海市基层

① ［美］黄宗智：《中国民事判决的过去和现在》，第 342 页。

② 《中华人民共和国民政部社会服务发展统计公报》，http://www.mca.gov.cn/article/sj/tjgb/，访问日期：2018 年 5 月 7 日。

法院处理的所有离婚诉讼案件（全部423件）为例，分析离婚诉讼实践中妇女权利的复杂面相。之所以如此选择，主要考虑到2013年是《婚姻法司法解释（三）》颁布后全国离婚率增长最快的一年，上海市作为中国超大城市且市场化程度高，希望以此可以更加清晰地展现法律变迁与民众生活的复杂关系。

二、当代中国婚姻法律条文中的实用规定与道德原则

进入具体案例讨论之前，我们应首先区别法律表达中的实用规定与道德原则，可以看到二者之间呈现复杂的关系。一部分关于道德的规定在法律实践中无法具体适用，只是宣示一种道德立场，法律实践中则将离婚作为一种既定事实，既然无法避免，法律首要考虑的是如何具体解决纠纷而不是修复情感，法律显示出对不断变化的社会实际的适应；一部分具有抽象性和模糊性的道德准则通过具体、实用化的解释，在法律实践中仍然具有实效；还有是关于照顾弱者、考虑过错的道德准则，贯穿于实用性的法律规定中，法律实践中仍考虑这些道德准则。戴慧思的中国婚姻“私人领域化”命题主要描述的是法律对不断变动的婚姻现实的适应，法律更少直接干预婚姻和更多尊重离婚诉讼当事人的选择，这实际上是婚姻法律实践中适应性的一面。

（一）当代中国婚姻法律对社会现实的适应

区别法律表达中的道德准则与实用规定，可以看到一套对婚

姻关系保护的道德准则。比如，在婚姻法总则部分第四条“家庭关系”就详细规定“夫妻应当互相忠实，互相尊重；家庭成员间应当敬老爱幼，互相帮助，维护平等、和睦、文明的婚姻家庭关系”，同时禁止“家庭成员之间的虐待和遗弃”等，法律构建了理想家庭关系形象。在这样的家庭关系中，夫妻双方互相尊重，相互理解，彼此之间相互忠实。法律鼓励平等、和睦的夫妻关系，同时反对破坏这种理想关系的行为。

而在社会实际中，婚姻纠纷当然无可避免，且在法院每年受理的各类诉讼案件总数所占比例高。随着中国社会经济转型，这些婚姻纠纷案件亦呈现新的特点，最高人民法院（以下简称最高法）不断出台具体司法解释以应对不断变化的复杂的法律实践和社会实际。为公布司法解释，一般经过多个步骤：首先向全国各级法院发出通知，要求各地总结审判经验，将适用婚姻法审理中的问题及建议进行反馈；最高法整理归纳后且经过充分调查研究，草拟司法解释初稿；广泛征求各方意见，如地方法院、高级法院领导、全国人大法工委、全国妇联等单位，召开专家论证会，对解释稿不断进行修改形成送审稿；将送审稿提请最高法院审判委员会讨论通过。[①] 最高法不断根据法律和社会实际制定出台新的婚姻法解释，本身就显示了道德与实用相结合的思维方式，从实践中总结、概括抽象经验，形成法律条文。法律条文在具体应用中出现各种疑难问题再进行反馈，如此反复，以使法律条文适应不断变化的社会实际。

① 《最高人民法院民一庭负责人就婚姻法司法解释（二）答记者问》，2003 年 12 月 26 日，见最高人民法院民事审判第一庭编著《最高人民法院婚姻法司法解释（二）的理解与适用》，北京：人民法院出版社，2015 年，第 39—40 页。

当然，此种道德和实用相结合的思维方式与当代中国法院内部管理体制亦有内在联系。戴慧思就认为：“由于中国的法律条文具有抽象性和模糊性，且下级法院无法像英美法庭那样引用先例进行判决，法院遇到模糊的法律条文不知如何适用，首先会咨询法院党委会的意见，该机构又会咨询上一级法院的意见或党内监督机构的意见，如果此问题持续存在且影响广泛，一般就会要求最高法给予具体的司法解释，以指导下级法院的司法判决。”①

但我们不应只看到最高法相对于下级法院的支配性地位，同时也应看到抽象的法律条文通过具体的司法解释以与复杂的社会实际相适应，这亦是法律条文具体化的过程。比如，2001 年的《婚姻法司法解释（一）》（以下简称《司法解释（一）》）就首先细致解释新修订的婚姻法中具体法律条款的确切含义，以使带有道德关怀的法律条文在具体适用过程中清晰明了。通过对法律条文确切含义进行清晰细致解释，为地方法院在实际判决中提供依据，减少判决争议。

除此之外，面对社会实际还会增加一些新的法律说明，这实际上具有立法的性质。同样在此次司法解释中，就规定法院在处理符合“感情确已破裂”准许离婚情形的案件，不应像以往那样因当事人有过错而判决不予离婚，进一步尊重诉讼当事人的权利；该司法解释还具体规定离婚无过错一方可以要求“损害赔偿”，此赔偿可以财产形式进行。正如戴慧思所评论的：“法院通过指导下级法院区别准许离婚情形的不同标准，准许离婚案件中的无过错方可

① Deborah Davis, “Privatization of Marriage in Post-Socialist China”, *Modern China*, Vol. 40, No.6(Nov., 2014), p.558.

以要求过错方进行损害赔偿,这些情形包括过错一方有重婚、与他人同居、实施家庭暴力或虐待、遗弃家庭成员的,法院支持‘过错财产化’的原则,同时又推进对人身权的保护,这就使得婚姻不仅仅只是一种情感的满足。”①法律面对社会实际的含义,不仅只是滞后于社会现实,法律条文同时亦可以超前于现实,通过法律重构家庭观念。

由于《司法解释(一)》主要是关于如何理解和适用新婚姻法中增加的制度,内容多是关于程序性问题的具体规定,对法律实践中经常出现的关于财产分割规定很少,针对此不足,2003 年公布的《司法解释(二)》着重解决的是离婚财产分割问题。这次解释涉及的主要是法律实践中经常遇到的离婚财产分割诸种争议,其涉及夫妻财产的认定及分割的有关情形可谓非常全面,包括:婚前给付对方财物,离婚时是否应予返还;住房补贴、住房公积金、破产安置补偿费如何分割;由国家房改政策产生的房改房分配问题,父母为子女购房提供的出资如何认定等。②

这些问题复杂多样,许多与当代中国的社会经济改革有关,这显示法律对社会实际的适应。比如关于带有福利政策性质的房屋价值及归属问题的争议案件,就与当时国家的住房政策改革有重要关系。在房改房实行货币化配置之前,单位一般是将房屋作为给职工的福利待遇,以低租金的形式进行实物分配居住使用。而

① Deborah Davis, “Privatization of Marriage in Post-Socialist China”, *Modern China*, Vol. 40, No.6(Nov., 2014), pp.558—559.

② 最高人民法院民事审判第一庭编著:《最高人民法院婚姻法司法解释(二)的理解与适用》,第 55 页。

住房制度改革后，此种福利性质的实物分配制度被市场化的房屋分配制度所替代，即须通过支付相应房屋价格或较高租金取得福利性房屋的居住使用，此种性质的住房在出售价格和所有权方面都与房屋买卖市场出售的房屋不同。①

针对这一问题，最高法院处理的思路是认为应该根据实际区别不同情况，司法解释最终明确规定：“双方均主张房屋所有权并且同意竞价取得的，应当准许；一方主张房屋所有权的，由评估机构按市场价格对房屋做出评估，取得房屋所有权的一方应当给予另一方相应的补偿；双方均不主张房屋所有权的，根据当事人的申请拍卖房屋，就所得价款进行分割。”此外，还具体考虑到离婚时双方对尚未取得所有权，或者尚未取得完全所有权的房屋有争议且协商不成的情况，这种情形下，司法解释认为人民法院不宜判决房屋所有权的归属，应当根据实际情况判决由当事人使用。可以看到，司法解释强调根据实际情形，区别不同的解决方式，此种实用性规定有助于提供解决夫妻房产争议问题的具体可操作性裁判依据。

此外，正如戴慧思所评论的那样，《司法解释(二)》亦进一步加强了夫妻关系存续期间个人财产的合法地位。除了新修订的婚姻法第十九条关于个人婚前财产公证的规定外，戴慧思还具体指出，比如《司法解释(二)》第二十二条具体规定父母为当事人双方购置房屋的情形如何认定财产权属的问题，实际上亦是强调个人财产的合法性。在戴慧思看来，这样的规定实际上强化了夫妻之间个人财产的合法地位，这也是法律对社会现实的适应。她具体解释

① 最高人民法院民事审判第一庭编著：《最高人民法院婚姻法司法解释(二)的理解与适用》，第 223 页。

道:“以往在农村地区,父母一般会倾尽自己的财产积蓄为儿子盖房结婚,然而由于当时离婚罕见且受区域流动限制,父母很少会到法庭要求收回自己对儿子婚姻的投资。在城市地区,直接的婚姻花费实际更低,并且房子也都是租借的,父母收回对子女婚姻的投资的问题更是无关轻重。然而现在却不同,不断增长的房价和人口流动的加速一方面增加了父母这方面的经济负担和压力,另一方面又冲击了子女婚姻的稳定性。”①在这样的情形之下,法律必须要面对具体社会实际,《司法解释(二)》中法律具体规定了如何认定此类房屋产权的归属,并且还注意区分具体实际情形。

由于处于转型中国社会实际中的具体离婚争议案件复杂多变,2011 年新的婚姻法司法解释公布,对法律实践中出现的新的争议问题做出回应。《司法解释(三)》自 2008 年开始起草,到 2011 年正式公布,其间经过多个步骤,重点处理在实践中出现较多、争议较大的问题:父母为子女结婚购买不动产的认定、离婚案件中一方婚前贷款购买不动产的处理、附协议离婚条件的财产分割协议效力的认定等问题。② 以下仅以法律实践中经常出现的一方父母为子女出资购买房产的分割争议为例,以此展现司法解释针对此是如何体现实用性思维的。

针对当前中国的高离婚率和高房价的社会现实,《司法解释(三)》明确了父母为子女出资购买不动产的认定问题。第七条明

---

① Deborah Davis, “Privatization of Marriage in Post-Socialist China”, *Modern China*, Vol. 40, No.6(Nov., 2014) , p.559.

② 《最高人民法院关于适用〈中华人民共和国婚姻法〉若干问题的解释(三)新闻发布稿》,2011 年 8 月 12 日,见最高人民法院民事审判第一庭编著:《最高人民法院婚姻法司法解释(三)的理解与适用》,北京:人民法院出版社,2015 年,第 7 页。

确规定：“婚后由一方父母出资为子女购买的不动产，产权登记在出资人子女名下的，可按照婚姻法第十八条第（三）项的规定，视为只对自己子女一方的赠与，该不动产应认定为夫妻一方的个人财产。”关于此点的基本考虑，最高庭民一庭庭长杜万华解释道：“制定司法解释应考虑中国国情，考虑到中国的畸形房价和高离婚率并存的社会现实，从该司法解释公开征求意见反馈的情况来看，作为出资人的男方父母或女方父母均表示，他们担心因子女离婚而导致家庭财产流失一半。”①

这一解释显示出法律对当代中国社会现实的考虑和适应：民众对婚姻稳固性的预期愈来愈低，而房价却是持续走高，父母为子女购买房产很多会花费其大半生的积蓄，如果出现“闪婚闪离”，短暂的婚姻就会带走出资购房的父母积攒大半生的积蓄，这与父母出资购房的预期显然不符。因此，法律首先考虑的是财产分割时父母与子女之间的血亲原则，该条主要目的是防止因子女短暂婚姻而带走父母一半的积蓄，损害了出资父母的利益。② 由此亦可以看到，法律对社会现实的综合考虑。

尽管可以在婚姻法中看到一套对婚姻保护的道德规定，但是在司法解释中着重考虑的是如何解决离婚诉讼争议，换言之，即将离婚视为一个既定事实。司法解释中有大量关于离婚财产分割的规定，这些规定首先考虑到的是离婚既然已经无法避免，如何在离

① 最高人民法院民事审判第一庭编著：《最高人民法院婚姻法司法解释（三）的理解与适用》，第 14 页。

② 最高人民法院民事审判第一庭编著：《最高人民法院婚姻法司法解释（三）的理解与适用》，第 28 页。

婚财产分割中不侵害任何一方的合法权益，使双方都能够接受法院的分割办法，以此解决争议。法院此时着重考虑的是既然感情已经破裂，如何解决离婚财产分割的现实问题，而不再对诉讼双方进行不顾实际的道德要求。那么是否就意味着道德在法律实践中完全不起作用？答案并非如此。

（二）对离婚的道德化理解

法院判决离婚的依据是“感情确已破裂”，此种法律构造本身即显示了对婚姻的道德式理解。滋贺秀三指出，中国传统婚姻观念认为夫妻是“人合”“义合”，即是一种后天的结合，亦可因后天的理由而解除，这不同于父子和兄弟的关系，后者是先天的、自然的结合。[①] 这里的“义”显示的是对婚姻的道德化的理解，夫妻之间因“义”而合，而当代中国婚姻法打破了传统中国婚姻制度中的“父权制”，突出婚姻是男女双方基于情感的结合，如果感情破裂，夫妻双方可以解除婚姻关系，但某种程度上仍延续了传统观念中对婚姻的道德化理解。

问题在于，以“感情破裂”这样一种道德化表达作为标准在实践中显然是模糊、不清晰的，因此实践中需要有具体实用性规定作为具体判决依据。由于在实践中争议不断，最高法最初发布“十四条”具体规定可以确认的事实情形，使道德化的表达在法律实践中成为具体实用的可操作标准。最高法的具体意见在施行数年后，

---

① ［日］滋贺秀三：《中国家族法原理》，张建国、李力译，第 485—486 页。

2001年婚姻法修改时，部分内容被纳入正式法律文本中"应准予离婚"诸情形中。

（三）照顾弱势的道德准则

同样是在2003年婚姻法《司法解释（二）》公布，最高法民一庭负责人在答记者问时，数次突出在制定司法解释时，专门考虑到维护儿童和妇女等弱势群体的合法权益。① 比如在关于财产分割的相关规定上，我们仍可以看到法律对道德原则的考虑。

法律对此方面有明确的规定，在财产分割时要考虑到照顾弱势。比如婚姻法第三十九条关于夫妻共同财产离婚处理的具体规定，就明确指出：照顾子女和女方权益的原则判决。② 要求法院在判决时，应当考虑到照顾子女以及女方等弱势的权益。同样比如第四十条关于补偿方面的规定，③此条规定就考虑到在社会实际生活中，妇女在家庭财产方面一般并不占据主导地位，但在照顾老人和子女方面付出较多，如果不考虑妇女在这方面的基本情况，实际上对保护妇女权益是不利的，因此法律规定妇女可以就此方面要求相关补偿。此外，法律还规定夫妻离婚时仍应适当帮助，如果一方生活困难，另外一方应该给予适当帮助，亦是为了照顾弱势。④

---

① 最高人民法院民事审判第一庭编著：《最高人民法院婚姻法司法解释（二）的理解与适用》，第40—41页。

② 《中华人民共和国婚姻法（1980年通过，2001年修正）》，见《新编婚姻家庭法小全书》，北京：法律出版社，2016年，第4页。

③ 《中华人民共和国婚姻法（1980年通过，2001年修正）》，第4页。

④ 《中华人民共和国婚姻法（1980年通过，2001年修正）》，第4页。

婚姻法律纳入道德原则的另一重要表现，就是明显考虑过错。法律关于无过错方在离婚时可以向过错一方要求损害赔偿的规定，其主要考虑到法律调整社会关系中的两种重要功能即遏制和补偿。所谓遏制，就是“通过运用赔偿的方式使得有过错方为其实施的损害行为承担不利的法律后果，从而遏制其从事违法行为的意念”。所谓补偿，即“国家通过公力救济的方式，使得受到侵犯的权利人的相对利益得到补偿，从而强调国家对权利的保护”。最高法院对设立离婚损害赔偿制度的考虑是，“必要时为当事人提供权利保护的最后一道屏障”。换言之，法律尊重个人情感选择的自由，但法律也同样应对已造成的精神损害给予救济，即“离婚损害赔偿制度是对破裂主义离婚原则的补充，它保证了在自由离婚的同时又对有过错方进行惩罚，对无过错方进行赔偿”。[①] 法律尊重当事人的离婚意愿，当事人一方可以以感情已破裂请求法院判决离婚，但是法院即使判决离婚，也会考虑是否存在过错，并规定无过错方可以要求损害赔偿。如此的规定，主要是考虑到对实质主义的家庭道德和社会公正观念的支持。

那么，法律中的道德准则与实用规定这对于妇女意味着什么，尤其是在实践中真正起到保护妇女权利的作用？以下我们将视角转至基层法院的离婚诉讼实践中。

---

① 最高人民法院民事审判第一庭编著：《最高人民法院婚姻法司法解释（二）的理解与适用》，第 281—282 页。

三、当代中国法律诉讼实践中的妇女离婚

当代中国基层法院对于离婚争议案件，一般会先进行调解，调解所依据的是双方的妥协，调解本身就显示出实质主义的道德原则的延续。如果调解不成，一般即进入判决。因此在法律实践中，妇女若不同意法官调解，可以要求法院进行判决。以下将进入离婚诉讼实践中，分析法律判决如何对待离婚诉讼。

（一）对离婚请求不予支持的法庭判决

法律实践中，法院判决的依据是夫妻感情，由于“感情”难以精确定义，因此法院的做法往往具有灵活性。以“感情破裂”作为判决离婚的依据，其根据不是权利观念，而是人际相处的道德理念。此种依据在法律实践中具有模糊性，但恰是此种模糊性使法官可以根据具体案件实际情形，做出较为符合双方实际情况的判决，这并不意味着“感情”就完全成为忽略、操纵的标准。这也明显不同于西方极端强调个人权利的“无过错”离婚制度，法律重视家庭关系的亲密特征。

法律判决文书显示妇女很多是因为和男方父母居住在一起引起家庭矛盾，这可以反映出妇女对家庭的期望要高于男性，这种情形下法院通常判决不离。比如，原告张某某（女）向法院诉称女儿出生以后，搬到被告家和被告父母一起居住后，由于生活习惯不同，自己就与被告的父母逐渐发生矛盾。在她看来，夫妻感情已经

破裂，没有和好的可能，请求法院判令双方离婚。被告王甲（男）则辩称：原、被告感情没有破裂，故其不同意离婚。

对于此类双方皆无过错的离婚诉讼案件，如果一方坚持不离的，法院初次判决一般会判决不离。在该案中，法院的主张是原、被告经自由恋爱而结合，并已生育女儿，这就说明双方有较好的感情基础。至于双方出现的家庭矛盾，法院认为这主要是因为缺乏有效的沟通及正确处理矛盾的方法。因此，在该法院看来，夫妻双方仍有和好的可能。①

法院的此类判决具有"调解和好"的性质，其依据的仍然是实质性的道德观念，不同于只强调个人权利的"无过错"离婚制度。法院在判决说理中注重运用道德劝诫，考虑到夫妻之间的感情基础以及有无和好的可能。这样的一套道德表达方式比如"以家庭为重""互相沟通""彼此信任""互相关心"等，其所强调的是"推己及人"的人际相处的道德准则，要求双方皆能站在彼此的立场上考虑问题，以此希望有效化解矛盾。在这一案件中，我们从双方的描述以及法院查明的事实亦可以看到，夫妻矛盾主要源自家庭生活中的琐事，双方皆无过错，如果法院直接判决离婚，并非就意味着对权利的保护。

在法律实践中，因家庭琐事而要求离婚的案件很多，法院考虑到双方感情基础及现状，综合判断是否有和好的可能。原告倪某某（女）诉称，婚后不久，被告开始到外地工作，由于夫妻长期分居，无法建立起和谐幸福的婚姻家庭。现双方已分居两年有余，感情

---

①《张某某与王甲离婚纠纷一审民事判决书》，上海市松江区人民法院民事判决书，2013年。

彻底破裂,且已不可挽回,故诉请要求离婚。相反,被告居某(男)辩称,原告陈述不是事实,被告不同意离婚。在他看来,“现夫妻没有法定的感情破裂的情形,请求法院驳回原告的诉请”。

在该法院看来,原、被告婚初夫妻关系尚可,之后被告因工作原因不能天天回家,才致夫妻感情逐渐淡漠,可以看到双方并没有大的矛盾。该法院认为:“只要双方今后加强沟通、互相信任,共同积极承担家庭责任,妥善处理好家庭矛盾,夫妻关系应能得到改善。”①

法院判决考虑到家庭领域的特殊性,尽量顾及家庭成员之间的亲密情感关系。尤其是涉及子女抚养的离婚诉讼案件,如果轻易判决离婚,并不就意味着家庭纠纷的解决,有可能也会带来矛盾的进一步恶化,因此要考虑到家庭亲密关系,而非单一强调个人权利。法院根据夫妻双方相处的具体实际,强调家庭成员应“互敬互爱”“相互理解”,希望以此解决双方的纠纷。

当然,妇女亦可以强调对方“不务正业”“没有家庭责任感”“感情不忠”等以期获得法院判决离婚的结果,但法院仍然要考虑到事实及夫妻感情基础等诸多方面,如果无法就此举证,法院亦会做出不予支持离婚的判决。原告杨某某(女)诉称,婚后由于被告不务正业,参与赌球等不良行为,前后多次向原告借款60余万元,夫妻已无法共同生活,故要求与被告离婚。相反,被告葛某某(男)则辩称原、被告夫妻感情一直尚好,不同意离婚。

该法院考虑到,因被告赌博及家庭生活琐事等原因而发生矛

---

①《倪某某与居某离婚纠纷一审民事判决书》,上海市浦东新区人民法院民事判决书,2013年。

盾,产生不睦,但夫妻感情尚未破裂,并不符合法定要求的应判决离婚的诸情形。法院根据法律规定,当事人对自己提出的诉讼请求所依据的事实有责任提供证据加以证明,原告请求离婚,但未能提供足以证明夫妻感情破裂、依法应准予离婚的证据,最后判决对原告离婚之诉不予支持。① 可以看到,法院在判决离婚诉讼案件时,会考虑到夫妻双方相处的事实,比如是否存在如"与他人同居""家庭暴力"等过错行为。妇女为获得法院判决离婚,尽管可以将另一方描述为过错方,但这样的描述显然无法作为法庭证据。妇女若无法就感情破裂提供具体证据,法院在此种情形下一般会判决不支持离婚。

此外,还有如夫妻双方皆认为对方没有家庭责任感,不能满足自己对家庭的期许,但由于一方不同意离婚,法院亦会考虑到"给对方一次机会"而判决不支持离婚。法院对于坚持要求离婚的一方会强调"给对方一次和好的机会"等道德劝诫,希望可以解决诉讼纠纷。此类道德劝诫的意涵在于:提醒夫妻双方应该珍惜彼此之间情谊,尽量和睦相处,不要轻易选择离婚,既然对方不同意离婚,这也就说明对方希望可以改善夫妻关系,离婚的一方亦应该珍惜夫妻情感。

法院在离婚诉讼判决中还要考虑到诸多现实情形,比如要考虑到离婚诉讼方离婚后的实际生活状况,如果简单判决离婚,不仅不利于解决纠纷,有可能会导致更为严重的矛盾,法院亦会判决不离。原告严甲(男)与储某(女)离婚案中,尽管双方皆同意离婚,但

① 《原告杨××诉被告葛××离婚纠纷案一审民事判决书》,上海市浦东新区人民法院民事判决书,2013 年。

由于在房产分割未能达成一致，该法院认为尽管原告要求与被告离婚，被告也表示同意离婚，但该法院考虑到双方现居住的房屋系原、被告的唯一住房，法院考虑到“如果只解决离婚，并不能解决双方的矛盾”。① 此种情形下，该法院认为离婚诉讼双方争议的焦点并不在于感情等主观性因素，而是现实的生活居住问题。尽管双方均同意离婚，但在房产问题上无法达成一致意见，如果判决离婚，房产争议问题无法解决，诉讼双方的矛盾仍然存在。

可以看到，法律判决中以道德化的“感情破裂”作为判决离婚的依据，此种依据具有抽象化和模糊化的特征，法院恰可以以此具体分析夫妻感情实际状况，以此做出符合实际的判决。我们应该首先区别法官的判决动机与法官判决的说理，法官判决的动机可以多种多样，但法院在判决理由中仍然会利用道德式的表达来说明判决不离的原因，此种情形同样应该区别对待：这有可能存在不顾夫妻感情的真实情况而不切实际地判决不离的情形，但也不能忽略法院在离婚案件判决时，的确考虑到家事纠纷案件的特殊性，顾及家庭成员之间的亲密关系，对那些双方皆无过错的案件，法院希望有效化解家庭纠纷。总之，对于离婚争议案件，当代中国法律并未采取西方“无过错”适用于所有离婚案件且极端强调个人权利的形式化原则，注重分析具体情形并强调人际相处道德准则的意义。

再次强调，与当代西方所普遍采取的“无过错”离婚制度不同，纵然当代中国婚姻法律愈加尊重当事人的离婚意愿，法律亦未接

① 《原告严××诉被告储××离婚纠纷案一审民事判决书》，上海市浦东新区人民法院民事判决书，2013 年。

受前者一套适用于所有案件的形式化原则,而不管具体实际情形是否涉及过错的做法。法律实践中仍然以感情为依据,根据案件的具体事实,通过分析夫妻感情的实际而做出具体判决,并且突出实质性道德理念的意义,而非单一极端强调个人权利。

因此对于离婚争议案件,法律实践仍然显示出其注重家庭主义的一面,而非完全呈现戴慧思所说的“私人领域化”的状态。但我们可以明显看到,法院的此种干预也并非必然意味着对(妇女)权利的损害,而是顾及案件的具体情形和家事案件的特殊性,而不是将“权利”与“家”对立。

(二)房产分割争议的法庭判决

尽管法院对于双方皆无过错离婚诉讼案件会“判决和好”“希望双方感情能够继续维继”,然而仍然可以看到法院“判决和好”之后许多仍未和好,甚或恶化,因此就需要面对财产分割等实际问题。对于戴慧思而言,中国婚姻“私人领域化”的一个表现即是前述其所认为的婚前财产约定获得合法性、夫妻共同财产主张已弱化。纵然如此,在财产分割方面中国仍然是面对具体实际,而且明显考虑过错,而非如“无过错”离婚制度依赖一套极端强调个人权利的形式化原则,并将实质主义道德理念排除于法律之外。

诉讼案例显示法律实践中法院一般会尊重当事人双方的财产分割约定。法院对当事人双方财产分割约定效力的认定,除了看其是否违背法律所规定的形式要件,即财产分割约定首先形式上不能违背法律规定,另外就是确认协议是否为夫妻合意的体现以及当事人真实意思表示，约定不能违背实质要件。如果二者皆符合的话，当事人签订的财产分割约定即对双方皆具有约束力。除非有事实根据，财产约定对双方皆具有约束力，一方违背约定的重新分割财产要求无法获得法院支持。由于房产往往是最主要的夫妻财产，这里仅以房产为例。

关于夫妻共同房产的分割方式，这些诉讼案例显示法律判决中一般是以折价款的方式进行分割。这有实用方面的考虑：一方面这与房屋本身属于实物不动产的属性有关，房屋很难进行实物分割；另一方面，实物分割也容易造成双方矛盾，采取给付折价款的方式进行分割可以减少矛盾；此外，折价款具体数额的确定亦可根据具体实际情形确定，使诉讼双方皆易接受。关于折价款具体数额，法院一般综合房屋所有权人的登记情况、集体土地建设用地使用证的登记情况、房屋实际使用情况及评估结果等，最终确定。而房屋判决归谁所有，法院就要考虑到房屋登记情况以及具体使用情况。一般而言，判决归谁所有，就由房屋所有者向另一方给付折价款。以下我们将具体以离婚诉讼案件为例，以此详细展现法院如何根据具体案件情形解决诉讼争议。

比如，原告陈某（女）要求与被告龚某（男）离婚，原告认为被告对于婚姻生活的背叛，导致双方感情彻底破裂，已无和好的可能，双方对房屋产权归属等意见不一，调解未成。

法院首先查明房屋登记的权利人为原、被告，属二人共同财产。而如今双方皆同意解除婚姻关系，因此该房屋应予分割。关于涉案房屋的归属及分割问题，法院认为，“应综合考虑原、被告的出资比例、贡献大小等情况，并根据公平合理、方便生活、照顾女方、子女合法权益等原则予以处理”。关于房屋,法院首先查明系原、被告婚前共同购置,因此认为应考虑各方婚前出资比例。具体方面:首付款部分,结合原、被告庭审陈述及在案证据,法院认定原告出资的购房首付款多于被告;至于婚前还贷部分,法院认为同居期间的还贷款项应视为双方共同支出;关于装修费用,结合双方庭审陈述,确认双方共同出资装修房屋,因为无证据表明该费用系被告个人出资,法院认为应视为双方共同出资。

综上,该法院认为,考虑双方婚前共同购买房屋、支付首付款、出资装修并偿还部分贷款、婚后双方共同还贷等因素,原告对于该房屋的取得所作贡献较大,应予多分;另一方面,考虑原告与女儿现共同居住于该处,“根据方便生活、照顾女方及子女原则”,法院认为房屋归原告所有,该房屋剩余贷款由原告负担,综合考虑房屋目前市场价格及双方所占比例,法院认为由原告支付被告房屋折价款十万元的分割方式较妥。最后法院判决房屋归原告陈某所有,该房屋剩余银行贷款由原告陈某负担。①

在另外一例案件中,亦可看到法院依据同样的方法,根据案件的具体事实情况计算折价款数额。原告姜某(女)诉称双方因婚前缺乏了解,婚后矛盾不断,原告希望离婚,被告王某(男)同意离婚归原告所有,但原告需支付被告相应的折价款,且被告应占的份额多于原告,婚前财产归各自所有,婚后共同财产平均分割。法院在判定折价款数额基于以下具体事实的考虑:首先,法院认为被告就其婚前公积金一节于庭审中明确陈述系以房屋装修名义贷出后用

① 《陈某与龚某离婚纠纷一审民事判决书》,上海市闵行区人民法院民事判决书,2013 年。

于归还房屋借款，不应视作为购房时的出资。但鉴于被告对系争房屋所作贡献，可在分割时予以酌情考虑；其次，关于被告父母的出资方面，结合庭审中的双方陈述确认因购买系争房屋尚余夫妻共同债务 299,000 元，并由原告按照双方确认的市场价格给付被告相应的房屋折价款。①

法院在判定折价款数额时着重考虑的是诉讼双方对所购房屋的贡献，根据贡献的大小按比例进行折价。法院此时将离婚视为不可避免的事实，如何根据事实确定具体数额以解决诉讼纠纷成为主要问题。尽管主要考虑的是诉讼双方对房屋的贡献比例，但法律同时也会顾及实际居住的情况、妇女在家庭生活的贡献等具体情形以确定折价款具体数额。

由此可以看到，中国的房产分割并未完全采取西方的“夫妻一体”原则。黄宗智已经清晰指出西方（美国）“夫妻一体”观念的一种具体体现是“美国的房产几乎都属于夫妻‘共同所有’，即如果一人去世，便会自动成为留存者全权所有的制度，被普遍采用于大多数的夫妻房产，也多被使用于夫妻银行账户等财产，而中国则至今都没有采纳那样的‘共同’财产制度”②。

当代中国离婚法律中的房产分割，重视该房产的内容和来源，法律并未接受应用于所有案件的形式化原则，而是依据案件的具体实际采取不同的分割方法，法律实践中仍然坚持“血亲”先于“姻

① 《原告姜××诉被告王××离婚纠纷一审判决书》，上海市浦东新区人民法院民事判决书，2013 年。

② ［美］黄宗智：《中国正义体系的三大传统与当前的民法典编纂》，《开放时代》2017 年第 6 期。

亲”的原则。房产分割时若涉及父母赠予房产的，法律首先考虑的是财产分割时父母与子女之间的“血亲”原则，防止因子女短暂婚姻而带走父母一半的积蓄，损害了出资父母的利益。房屋产权登记在出资父母子女名下的，视为父母明确只对自己子女一方的赠与；同时，法律也考虑到如果是由双方父母出资购买，产权登记在一人名下，在这样的情形下，就按照双方父母的出资份额按份共有。[①] 通过此规定，法律希望在离婚诉讼实践中，可以“使父母出资购房真实意图的判断依据客观化，便于司法认定及统一裁量尺度。有利于均衡保护结婚的双方及其父母的权益”[②]。

纵然是对于常见的夫妻双方以按揭贷款方式购买房屋的，当代中国婚姻法律也并未简单接受“夫妻一体”的原则。法律未接受适用于所有案件的形式化原则，而是通过确认房产的内容和来源，确定具体的分割方法。如此的考虑，亦与中国婚姻法律关于“婚姻”的构造有关，不同于天主教传统以及西方现代契约传统中关于的“婚姻”的观念。

除此之外，当代中国离婚法律实践在财产分割时仍然会明显考虑过错以及照顾弱势方，这同样是中国婚姻法律中实质主义道德理念延续的表现，明显不同于西方极端强调个人权利的“无过错”离婚制度。

在以下具体案例中，我们就可以看到法院如何在财产分割中

① 最高人民法院民事审判第一庭编著：《最高人民法院婚姻法司法解释（三）的理解与适用》，第 28 页。

② 最高人民法院民事审判第一庭编著：《最高人民法院婚姻法司法解释（三）的理解与适用》，第 14 页。

如何考虑过错的。原告何某(男)称自己在照顾小孩时,却“发现小孩与原告没有一点相像之处,于是原告做了亲子鉴定,结果为原告不是何乙的生物学父亲”。现原告坚决要求与被告解除婚姻关系,所有共同财产均归原告所有,并且希望法院判令被告赔偿原告精神损失费、要求经济补助以及返还抚养费。被告戴某(女)同意离婚,而且承认原告确实不是孩子生物学父亲,关于共同财产,请求依法分割。至于原告要求赔偿,被告不同意,也不同意扶助原告。戴某称自己作为女性,生活状况本来就很差,还要在外租房、支付孩子的费用,被告没有能力给予原告经济补助。

法院在确认事实的基础上综合考虑过错和被告的实际生活状况确定财产分割方式和具体数额。该法院认为在该案中被告存在过错,原告要求被告赔偿精神损失,应予以支持。何乙并非原告所生,故原告对何乙没有抚养义务,原、被告共同生活期间,原告承担的子女抚养费,被告应予返还,现原告要求被告返还抚养费,应予以支持。此外,考虑到被告自身的生活状况比较困难,不支持原告要求给予扶助的诉讼请求。至于双方的夫妻共同财产,法院认为应“以照顾无过错方兼顾照顾妇女合法权益的原则合理分割,原告方对争议房屋贡献较大,且在本案中被告有过错,故原告应当多分”①。

因此,法院在处理财产分割诉讼中考虑到过错,又注意到被告作为离婚女性,实际经济状况较为困难,寓实质道德理念于具体实际中。被告在这一案件中,一方面属于法律所规定的过错方,法院

① 《何甲与戴某某离婚纠纷一审民事判决书》,上海市闵行区人民法院民事判决书,2013 年。

在财产分割时考虑到被告戴某的过错,支持原告要求被告返还抚养费、精神损失费等损害赔偿要求,并且在财产分割时照顾原告;另一方面,关于具体数额的确定,法院又注意到被告戴某作为离婚女性,其自身实际生活情况较为困难,在具体数额酌定上又顾及过错方自身的经济状况。法院通过此种结合道德与实用的方式,一方面照顾离婚诉讼中的无过错方,支持无过错方要求离婚损害赔偿的要求;另一方面,又关注到过错方的实际生活状况,希望以此种方式有效解决离婚诉讼纠纷,提出一个双方都尽量可以接受的判决结果,而非依据适用于所有案件且极端强调权利的形式化原则。

(三)子女抚养权利争议的法庭判决

戴慧思并未讨论离婚判决中的子女抚养,实际上离婚子女如何抚养是离婚诉讼判决中的另一重要内容,法院在判决时既运用道德劝诫,希望双方"多从孩子的角度考虑",又根据子女具体情况以及诉讼双方的具体生活条件判决抚养权归属和抚养费具体数额。妇女作为原告一般都会要求获得子女的抚养权,如果婚生子女尚处于婴幼儿,法院一般会强调"母子亲情对子女成长的作用",会判决子女归女方抚养,但法院亦同时根据法律规定,指出父母双方对子女的责任不因离婚而消除,这同样是法律中家庭主义的体现。

比如,原告汪某某(女)要求与被告傅某某(男)离婚,法院查明原告起诉本案时,双方所生之子未满两周岁,尚为婴幼儿。因此法院主张“从保护婴幼儿权利，以及与生俱来的母子亲情对孩子的身心健康成长有较大影响力的角度出发”，认为婚生儿子随母共同生活更有利于成长。尽管被告提出被告的居住物质条件比原告优越，要求婚生儿子判随被告共同生活，但在法院看来，“孩子尚处婴幼儿阶段，被告的主张不足以作为被告携子共同生活的充分理由”。同时，法院依据法律，认为“父母与子女间的关系，不因父母离婚而消除。离婚后，子女无论由父或母直接抚养，仍是父母双方的子女。随着孩子的逐步成长，待条件成就时被告可以再行主张孩子随其共同生活”。①

法院既突出母子亲情对婴幼儿成长的重要作用，强调诉讼双方应皆能从有利于子女成长的角度考虑，又同时指出父母与子女的关系不因离婚而消除。对于抚养费用，要考虑到诉讼双方的具体生活条件。法院希望以此可以有效解决诉讼双方的纠纷矛盾。

此外，法院在判决时同时会强调夫妻双方应“尽早从离婚事件中走出”“从有利于子女健康的角度”等道德劝诫，希望以此解决诉讼双方的矛盾。因此，法院关于双方婚生儿的抚养归属问题上，既考虑到子女具体成长环境以及夫妻双方的实际生活条件，又运用道德劝诫，希望双方“多从有利于子女健康的角度思考问题”。比如在一起离婚诉讼案件中，法院就考虑到陈乙已在幼儿园读书，从陈乙需要一个稳定的成长环境考虑，认为随原告共同生活较妥，由被告支付一定金额的抚养费。法院最后尤其指出双方应尽快重新安排生活，将离婚对子女的消极影响降到最低，法院在判决中说

① 《汪某某诉傅某某离婚纠纷一审民事判决书》，上海市浦东新区人民法院民事判决书，2013 年。

道:“希望原、被告在今后的生活中能冷静处理,多从孩子健康成长的角度去考虑和解决问题,将离婚对孩子的影响降至最低。”①

然而,即使法院判决子女归女方,在社会实际中,对妇女而言,独自抚养子女并且偿还房屋贷款将面临诸多经济压力。比如原告李某某(女)诉称,其与被告于 2008 年 1 月 2 日登记结婚,婚后生育一女。双方在性格及价值观上存在巨大差异,其从 2012 年 6 月起与被告分居,之后独自一人照顾子女并归还房贷,生活上非常困难。现再次诉至法院要求与被告离婚,女儿随其生活。被告现同意离婚,但不同意女儿随原告生活。法院考虑到子女已长期随原告生活,从给予子女稳定的生活环境等因素考虑,认为继续随原告生活较为妥当。②

尽管原告获得了子女的抚养权,然而作为女性,如果独自生活,仍将面临诸多现实生活压力,这样的情形在社会实际生活中较为普遍。根据第三期妇女社会地位调查统计数据,“18—64 岁女性在业者的收入多集中在低收入和中低收入组,在城乡低收入组中,女性分别占 59. 8% 和 65. 7% ,比男性高 19. 6 和 31. 4 个百分点;在城乡高收入组中,女性仅占 30. 9% 和 24. 4% ,均明显低于男性”③。即使法律尊重其诉讼请求,然而由于其在财产、就业等方面的诸多弱势,离婚之后可能面临诸多困境。

---

① 《陈甲与倪某某离婚纠纷一审民事判决书》,上海市浦东新区人民法院民事判决书,2013 年。

② 《李某某与罗甲离婚纠纷一审民事判决书》,上海市闵行区人民法院民事判决书,2013 年。

③ 第三期中国妇女社会地位调查课题组:《第三期中国妇女社会地位调查主要数据报告》,《妇女研究论丛》2011 年第 6 期。

四、在诉讼案件之外：实质主义道德理念与妇女权利

戴慧思强调国家权力从个人婚姻生活中退出，带来“私人领域”的崛起，以此挑战了“父权制”文化并扩展妇女的权利。此论点的背景与西方国家20世纪六七十年代以来普遍采行“无过错”离婚制度密切相关，实际上戴在文中也承认婚姻“去体制化”是当代世界的普遍趋势。[①] 黄宗智曾敏锐地指出：“现代西方的离婚法在实践历史过程中面对生活实际，已经放弃原来的观念而普遍运用‘无过错’离婚制度，必争对错的制度长期以来导致持久的极其昂贵的离婚争执，不再适用于当前的西方社会。”[②]我们当然不能忽略“无过错”离婚制度的积极意义。在西方社会，法律尊重诉讼当事人的离婚诉求，亦有助于提高妇女在家庭中的地位。比如桑福德·卡茨就认“无过错”离婚制度的施行进一步削弱了“父权制”对妇女的压制。[③] 法律尊重妇女离婚的诉求，有助于提高女性在家庭生活中的地位和主体性认同，扩展妇女在家庭纠纷中的选择权限。

但是，忽略实质正义而采取一套形式化的“无过错”原则同样会造成诸多问题。法律在排除权力干预的同时，也将道德关怀一同排除，这可能会造成一部分弱势妇女群体境遇进一步恶化。法

---

① Deborah Davis, “Privatization of Marriage in Post-Socialist China”, *Modern China*, Vol. 40, No.6(Nov., 2014) , pp.569—570.

② ［美］黄宗智：《中国法律的现代性？》，见氏著《经验与理论：中国社会、经济与法律的实践历史研究》，第406页。

③ Sanford Katz, “Historical Perspective and Current Trends in the Legal Process of Divorce”, *The Future of Children*, Vol.4, No.1, Children and Divorce (Spring, 1994) , p.44.

律尽管尊重诉讼双方的离婚诉求，给予双方平等的选择权利，然而在社会实际中，对妇女的限制因素仍然广泛存在，妇女在照顾子女以及就业等都容易面临比男性更多的压力。

对于部分中国妇女而言，由于其在工作领域的弱势地位，与男性相比，她们会更加重视拥有房屋产权对离婚后实际生活的关键意义。尽管妇女可以主动诉请法院判决离婚，但妇女选择权的扩展并非意味着妇女在社会实际生活中诸方面权益就可获得保障。依据2010年第三期妇女社会地位调查数据，在财产方面，性别差异仍然明显。数据显示："女性有房产（含夫妻联名）的占37.9%，而男性为67.1%。已婚女性中，自己名下有房产的占13.2%，与配偶联名拥有房产的占28.0%；而男性分别为51.7%和25.6%。"[①]社会实际生活中，妇女在财产方面仍然居于弱势。房产不同于一般财产，加上妇女在社会实际生活中的弱势，许多还需要抚养子女，因此诸多诉讼案例显示妇女在离婚诉讼中积极争取对房屋的所有权。

妇女在法庭中积极争取房产，这与其在社会中的弱势境遇应有一定关系。既有的诸多经验研究已经揭示了妇女在就业和教育等诸领域中的弱势境遇。比如刘浩明（音）关注到中国城镇社会中性别不平等与经济改革的关系。基于数据分析，刘认为在中国改革初期的性别不平等主要表现为劳动力市场中的性别不平等，其

---

① 第三期中国妇女社会地位调查课题组：《第三期中国妇女社会地位调查主要数据报告》，第8页。

后则表现为就业机会不平等。① 同样，李丹可（音）关注中国教育领域获取知识途径中的性别不平等，并认为这将导致就业领域的性别不平等。作者发现自从 1985 年的课程改革以来，中国的教育系统实际上成为妇女获得平等教育途径的阻碍。② 约翰·鲍尔（John Bauer）等学者也关注到中国教育领域和就业领域中的性别不平等。在他们看来，妇女在这两个领域中取得的结果是复杂的：尽管在教育领域妇女获得与男性同等的受教育权利，然而与男性相比，妇女进入学校接受教育并最终获得高等教育的比率与男性相比仍然存在诸多差距；妇女在就业领域集中于特定的行业，并且与男性相比，她们很少成为其所属机构中的领导者，在职业成就上性别不平等也很明显。③ 这些研究皆说明了社会实际中妇女权利的实现仍然受到诸多限制，妇女在社会实际中仍然面临诸多困境。

妇女在社会实际中居于实际弱势地位，若完全采取一套形式化原则而忽略实质正义的法律则很难真正保障妇女权利。2010 年全国第三期妇女社会调查数据显示：“72.7% 的已婚者认为，与丈夫相比，妻子承担的家务更多；女性承担家庭中照顾孩子生活等家务的比率均高于 72.0%，而男性均低于 16.0%。女性承担照顾老人主要责任的占 45.2% 和 39.7%，分别比男性高 28.2 和 22.9 个百

---

① Haoming Liu, “Economic Reforms and Gender Inequality in Urban China”, *Economic Development and Cultural Change*, Vol.59, No.4(Jul., 2011), pp.871—872.

② Danke Li, “Gender Inequality in Access to Knowledge in China”, *China Review*, Vol.2, No.1(Spring, 2002), p.121.

③ John Bauer, Wang Feng, Nancy E. Riley, Zhao Xiaohua, “Gender Inequality in Urban China: Education and Employment”, *Modern China*, Vol. 18, No. 3 (Jul., 1992), pp. 365—366.

分点。”[①]妇女在家庭生活中付出较多，这显然会影响其劳动就业收入，诉讼案例显示这些实质内容在离婚财产分割时却很少得到考虑。

此外，在离婚案件的取证调查上，当代离婚过错举证责任由“职权主义”改为“当事人主义”，其对离婚财产分割案件产生的影响是，如何恰当处理实质主义道德理念与法律程序的关系。实际上，由于多数妇女在家庭财产方面本身的弱势地位，对妇女而言，财产转移取证显然存在诸多困难，妇女权利的真正实现困难重重。黄宗智已经明确分析当代中国法律实践中离婚取证程序方面的变化及其影响：“今天的案卷内容更多的是书面证据，以及伴之而来高度形式化的证据交换程序材料。而离婚法庭所需要考虑的许多事实情况，都不是简单地可以依赖书面证据而判断的。”[②]离婚取证程序的形式化趋向，导致原本保护弱势的法律规定难以真正发挥作用。总之法庭的此种形式化做法，容易忽略夫妻相处中的真实情况和公正，显然不利于保护那些处于弱势的妇女的权利。

五、小结

戴慧思以上论点的形成当然与西方社会现实的转变有密切关系。20世纪六七十年代西方社会的家庭结构发生了重要的变化，

---

① 第三期中国妇女社会地位调查课题组：《第三期中国妇女社会地位调查主要数据报告》，第13页。

② ［美］黄宗智、巫若枝：《取证程序的改革：离婚法的合理与不合理实践》，《政法论坛》2008年第1期。

离婚率的大幅增加只不过是家庭逐渐趋于弱化趋势的一种表现而已。除此之外，这样的转变至少还表现在如著名经济学家贝克(Gary Stanley Becker)所列举的：“已婚妇女劳动参与率大幅增加，减少了母亲和子女之间的相处；妇女就业的增加导致就业市场中两性的冲突，进而影响到婚姻关系；离婚率和妇女劳动参与率的增加，降低了民众对拥有大家庭的意愿；家庭代际冲突扩大，家长权威弱化。”①实际上，戴慧思的婚姻“私人领域化”命题更接近于西方社会的现实。

而当代中国婚姻法律在愈加尊重当事人离婚诉求的同时，仍然呈现出与西方法律极端个人权利的不同特征，中国婚姻法律并未接受这样一套排除实质道德理念而适用于所有案件的形式化原则。对于带有争议的离婚案件的处理，在离婚判决的依据、财产分割、子女抚养等方面，法律实践仍然显示出道德化的抽象理念与面对具体实际的实用性考虑相结合的思维方式，实质主义道德理念仍然延续。

尽管国家权力的退出在某种程度上确实有助于扩展妇女权利，但是考虑到部分妇女群体在社会实际生活中存在着诸多现实困境和限制，法律应当注意到弱势妇女群体的现实境遇。法律实践若采取一套适用于所有案件的形式化原则，容易忽略部分妇女群体在社会中的弱势地位，使得法律并未认真考虑对弱势方的照顾。实际上，戴慧思的中国婚姻“私人领域化”命题，预设的仍然是“国家—社会”的二元对立，以及一种普适化、线性(西式模型的)式

① [美]加里·贝克：《家庭论》，王文娟等译，台北：立绪文化事业有限公司，1997年，第2页。

现代化思路。

因此,法律实践应该面对社会实际,考虑到离婚诉讼案件的特殊性,道德理念、权利观念与实用考虑不必对立,源自传统中国法律实践中的“实用道德主义”思维同样可以作为当代中国目前正着力构建“家事法”的重要资源。比如,在调查取证程序上应注意到婚姻家庭纠纷的特点,注重实质家庭道德观念的作用,有效解决诉讼纠纷;法律实践应该考虑到妇女在社会实际的弱势现实,重视对弱势妇女群体的保护,根据具体案件事实,注重离婚损害补偿制度的真正运用以及在财产分割时要考虑妇女家庭劳动贡献等,使得注重实质正义的规定在实践中真正发挥保护部分弱势妇女权利的作用。

第六章　财产权利与家庭政治：当代中国离婚法律实践中的房产分割

一、引言

2013年北京市朝阳区法院审理了一起普通的离婚案件：原告曹某希望法院可以判决其与妻子刘某即该案被告离婚，并且请求法院判令房产归其所有。曹某称其与刘某于2007年结婚，并未生育子女，婚后经常发生口角，无法互相谅解。刘某同意离婚但不同意曹某关于房产的诉讼请求，因为刘某认为房产首付款是由她父母出资的。

如何处理房产是争议的核心，在庭审中二者就此问题展开辩论。妻子刘某称房屋的首付款由己方父母给付，因此应属于个人财产。原告曹某则认为房屋首付款是婚后以礼金的名义打到自己卡里以支付房款的，首付款应当属于夫妻共同财产支付。刘某称原告已经以书面保证的方式明确表示放弃房屋产权，曹某辩称字条形成于双方激烈的争吵情形下，之后双方并未离婚，所以纸条并不具备法律效力。①

像这样的离婚案件是近年来北京市基层法院审理的民事案件中常见的一类，即夫妻双方离婚涉及房产分割而诉至法院的案件，这些案件详细记录了当事人的诉讼请求以及法院判决的理由。2013 年是最高法婚姻法《司法解释(三)》出台后离婚人数增长最快的一年。

本章的研究基于最高人民法院“裁判文书网”公开的北京市基层法院 2013 年审理的夫妻关于房产争议的诉讼案件，②笔者将通过详细阅读 73 件诉讼档案，分析离婚房产分割中的家庭政治以及中国基层法院如何处理夫妻房产诉讼，希望以此可以展现社会变迁中的法律如何影响家庭关系。

二、权利观念与婚姻家庭

美国芝加哥大学著名教授加里·贝克尔(Gary S.Becker)对家庭的分析在西方学术界影响深远，他发展出一套用以分析家庭行为的理性选择方法(Rational choice approach)。贝克尔在该研究中

① 《曹×与刘×离婚纠纷一审民事判决书》，北京市朝阳区人民法院民事判决书，2013 年。

② 这些案件皆来自最高法院网站的“裁判文书网”，笔者的检索方式是“离婚—共同财产—夫妻共同财产—北京市—基层法院—2013 年”，得到的是 73 件诉讼案件，本研究是基于对这些诉讼案件的详细阅读。检索日期是 2017 年 2 月 27 日、3 月 2 日、3 月 10 日。

有三项基本假设，即极大化行为、稳定偏好、市场均衡，以此对家庭行为进行系统分析。他的突出贡献（亦是争议之处）是将原本主要用以研究物质行为（如家庭所得和支出形态）理性选择方法扩展至对家庭非物质行为（如结婚、离婚、生育、名誉）分析上，基本思路是以成本—效益来分析家庭行为。① 贝克尔该著在西方学界产生诸多影响，对家庭行为的经济分析是他荣获 1992 年诺贝尔经济学奖的要项。②

尽管贝克尔尽可能考虑到家庭的复杂性，具有一定的比较和历史视野，不仅注重分析西方社会的家庭，也注意到不同文化背景的家庭以及过去几个世纪中家庭结构的变化，但是贯穿于该项研究中的核心假设是家庭成员的行为选择是基于成本和收益的比较上为增加福利而进行。比如他认为当家庭成员认识到离婚会增加其福利的时候，就会选择离婚。尽管他也注意到离婚现象的复杂性，考虑到夫妻双方的相处中的矛盾以及国家法律制度等，但其"理性人"的基本假设不曾改变，他以"婚姻市场中不完全讯息"来解释夫妻婚后因为缺乏彼此了解的离婚，③认为国家关于离婚的法律制度会影响家庭安排的效率等。④ 实际上，仍然未曾改变其"利己主义"的"理性人"假设，他对家庭行为的经济分析具有形式化特征。

贝克尔关于家庭研究的社会现实基础是西方社会的家庭结构

① ［美］加里·贝克：《家庭论》，王文娟等译，《英文增订版序言》第 3—5 页。
② ［美］加里·贝克：《家庭论》，王文娟等译，《译者序》，第 10 页。
③ ［美］加里·贝克：《家庭论》，王文娟等译，第 446—447 页。
④ Gary Becker and Kevin Murphy, "The Family and the State", *The Journal of Law & Economics*, Vol.31, No.1(Apr., 1988), pp.13—14.

自20世纪五十年代至八十年代经历了重要的转变，对西方社会的现实的认知影响了他对家庭行为分析。他举出了一些数据证明西方社会家庭结构的转变，比如“1950年代初期第一次结婚的美国妇女中，离婚者不到15%，到1980年代初期，大约60%的第一次婚姻会以离婚收场……由于离婚率的增加以及妇女寿命的延长，美国的女性单亲家庭在1950年与1987年间增加了31%”①。总之，他认为西方社会的家庭结构逐渐趋于解体。

与西方社会相比，当代中国婚姻亦正在经历明显的变迁，而个体的选择从来就无法脱离社会与时代，诉讼当事人关于房产分割的争议与当代中国的社会转型有密切关系——强调集体和道德的计划时代的意识形态，逐渐被关注个人利益和市场的“个人主义”侵蚀，新的法律制度逐渐确认对私人产权的保护，追求个人利益具有以往未有的合法性。阎云翔就指出，中国普通民众的日常生活道德规范从原来强调为伟大目标而牺牲自我，转变为在具体物质层面专注追求个人幸福和自我实现。在他看来，中国社会中的道德主义日渐解体，“无公德个人”崛起，“个人主义”被理解为自我中心主义，夫妻关系取代了以前的父子关系成为家庭结构的中心轴，在家庭关系中个体又渐成中心即现代社会的个体通过家庭的运作来寻求自己的利益和快乐，他将中国社会中“个人”的崛起称为“中国社会的个体化”（The Individualization of Chinese Society）。② 总之，当代中国社会转型似乎可以概括为由“家庭主义”向“个人主义”的线性式转变。

---

① [美]加里·贝克：《家庭论》，王文娟等译，第2页。

② 阎云翔：《中国社会的个体化》，陆洋等译，第9、17、18、20页。

类似的观点如，在耶鲁大学社会学教授戴慧思（Deborah Davis）对当代中国家庭产权制度的研究中，她将其称为“后社会主义婚姻”。在新近的一篇文章中，她指出逐步呈现私有化状态的中国婚姻与当代西方婚姻关系的“去机构化”（Deinstitutionalization）是类似的，她说道：“当代中国关于离婚与财产的政策以及民众对婚姻与两性关系的预期皆发生了诸多转变，离婚障碍设置已降至最低，婚前财产约定获得合法性，夫妻共同财产主张已弱化，婚前性关系以及婚外性关系行为亦很少被惩罚。”她认为婚姻关系“去机构化”实际上可以视为男性支配的父权制婚姻进一步弱化。[1]

在她看来，当代中国的婚姻出现了诸种新变化，比如婚姻趋于自愿订立的合同关系、婚姻共同财产保护以及两性关系严密监控的弱化等，造成的结果即是中国婚姻呈现高离婚率、高再婚率以及高结婚率。[2] 戴慧思关注的核心问题是中国产权制度的变化如何影响婚姻关系，她的观点是中国产权制度深刻影响了中国的婚姻关系。

从整体上观察，当代中国的婚姻关系的确出现了变化，并且明显受到“市场主义”的影响。备受争议的2011年最高法院关于婚姻法中涉及房产的解释，则进一步强化“个人主义”原则：“婚后由一方父母出资为子女购买的不动产，产权登记在出资人子女名下的，视为只对自己子女一方的赠与，该不动产可认定为夫妻一方的

① Deborah Davis, “Privatization of Marriage in Post-Socialist China”, Modern China, Vol. 40, No.6 (Nov., 2014), pp.551—552.

② Deborah Davis, “Privatization of Marriage in Post-Socialist China”, *Modern China*, Vol. 40, No.6 (Nov., 2014), pp.551—552.

个人财产。由父母双方出资购买的不动产,产权登记在一方子女名下的,该不动产可认定为双方按照各自父母的出资额按份共有,当事人另有约定除外。”新的法律解释,进一步弱化了夫妻财产对家庭稳定性的保护。

这一司法解释出台后,根据民政部每年公布的《社会服务发展统计公报》数据,我们可以看到 2011—2015 年中国的离婚率逐年增长,而且中国的离婚人数已经达到相当规模。比如 2011 年共依法办理离婚手续的有 287.4 万对,粗离婚率为 2.13‰,民政部门登记离婚 220.7 万对,法院办理离婚 66.7 万对;到 2015 年,依法办理离婚手续的共有 384.1 万对,民政部门登记离婚 314.9 万对,法院办理离婚 69.3 万对,粗离婚率为 2.8‰。这里列举这些数据,目的是说明:仅在四年之中,中国办理的离婚就增长了 33.6%;多数离婚属于协议离婚,法院处理的离婚案件只是其中的较少比例,登记离婚增长了 9.6%。换言之,离婚在中国越来越容易,法律越来越“尊重”民众的“离婚意愿”。

当代中国的婚姻现实与重视“家”的传统观念是相悖的。滋贺秀三认为尽管在中国传统观念中“不存在婚姻的成立要受到公共权威如宗教教会或世俗国家的见证”,但是“中国关于婚姻的认识受到‘六礼’基本观念的影响并充分固定在习俗中”。[①] 他还进一步指出:经过定婚与成婚之礼后便确定且完成夫妻名分即“夫妇一体”的观念,若无适当理由,离婚显然是困难的,离婚与传统中国人关于婚姻的观念并不相符,受到习俗的制约。[②] 如今,我们可以提

① [日]滋贺秀三:《中国家族法原理》,张建国、李力译,第 478 页。

② [日]滋贺秀三:《中国家族法原理》,张建国、李力译,第 512—513 页。

出疑问,当代中国人的家庭观念是否已经解体?以下将视角转至具体法律实践,详细考察法律实践中的夫妻房产分割,我们亦由此可以看到,社会变迁中的法律如何影响民众关于家庭的观念和实际生活。

三、夫妻房产分割争议的类别

如前所述,当代中国的离婚案件主要由民政部门处理,多数离婚案件属于夫妻双方协议离婚。协议离婚的双方签订《离婚协议书》,约定房产等财产的处理和分割以及子女的抚养等,到婚姻登记机关申请离婚,离婚协议中关于财产分割的条款或当事人因离婚就财产分割达成的协议对男女双方具有约束力,除非证明《离婚协议书》的签订存在胁迫等,法院会认为离婚协议系双方真实意思的表示。

相反,若诉至法院,法院一般会进行调解,调解无法结案的话,进入审判程序,与登记离婚相比,显然费时费力。在基层法院的实际运作中,法院要处理的民事案件较多,简易程序案件时常转为普通程序案件甚至延长;涉及房产分割的,还要对房产价值进行评估。既然如此,那么本研究所讨论的关于房产分割案件,通常出现怎样的分歧而诉至法院呢?

(一)婚姻存续期间的房屋产权归属争议

鉴于法律实践中夫妻房产诉讼案件日益增多,2011 年《最高人民法院关于适用〈中华人民共和国婚姻法〉若干问题的解释（三）》第七条第一款明确规定："婚后由一方父母出资为子女购买的不动产，产权登记在出资人子女名下的，可按照婚姻法第十八条第（三）项的规定，视为只对自己子女一方的赠与，该不动产应认定为夫妻一方的个人财产。"司法解释进一步明确了法院关于夫妻房产分割的处理依据，也是回应"市场主义"对离婚诉讼案件影响的社会现实。

但是，法律实践却非常复杂，问题的复杂性与家庭财产的特殊性有重要关系。夫妻双方在婚姻存续期间所发生的财产关系很难具体区分何者是个人财产，何者是共同财产，正如俄国农业经济学家恰亚诺夫（Chayanov）的分析，作为经济活动单位的家庭组织既是生产单位也是消费单位，其经济行为逻辑与追求经济利润的资本主义企业不同。[①] 在这些案件中，夫妻感情破裂后，双方关于财产的分割又需要具体区别个人财产和夫妻共同财产，家庭亲密关系已经转变为对抗性关系。

李某（女，1980 年生）起诉至法院要求与其丈夫冯某（男，1979 年）离婚并且依法分割夫妻共同财产（房产以外的其余财产）。在她看来，双方的感情已经破裂。冯某亦同意离婚并依法分割财产，双方争议的焦点是如何分割房产。被告冯某称夫妻关系存续期间购买的房屋属于夫妻共同财产，要求依法予以分割。但是原告李某称该房屋系由其父母出资以其名义购买的房屋，系其父母的财产，并非原、被告夫妻共同财产，不应予以分割。法院认为原告提交的商品预售合同、汇款凭据发票等证据可以认定该房屋系由原

① ［俄］恰亚诺夫：《农民经济组织》，萧正洪译，北京：中央编译出版社，1996 年，第 5、9 页。

告父母出资购买,故不属于夫妻共同财产,因此判决不予分割。①

冯某不服基层法院的判决,向北京市中级法院提起上诉,该法院同样认为冯某以该房屋的出资包含夫妻共同存款为由,主张诉争房屋属夫妻婚后共同财产的诉求,缺乏证据佐证,因而不予支持。②

冯某再次不服北京市中级法院的判决,又向北京市高级法院申请再审,最后仍然遭到了法院的驳回。冯某说自结婚四年以来,他从来不过问家里的存款,通过本案诉讼,才发现李某将其每月工资及申请人给她的现金全部转移给了她父母,家里的全部开销均一直由他负债,所以他认为购房首付款无疑是双方婚后的共同存款。北京市高级法院认为房屋的房屋买卖合同系由李某与开发公司所签订,由李某的父母出资购买,冯某称以夫妻共同存款出资购买,缺乏证据。③

在该案中,法院认为购房款是来自李某的父母,属于李某的父母对子女单方面的赠与。冯某所依据则是日常生活中的经验推测,认为购房款中必定包含夫妻共同款,他无法提供具体证据证明,因此法院会驳回他的诉求,法律与诉讼当事人日常生活中观念并不一致。通过与另外案例进行比较,可以看到何为法院认定诉争房屋属于共同财产的关键。

原告张某(女,1968)与薛某(男,1967年)于1990年2月28日

① 《李×1与冯×1离婚纠纷一审民事判决书》,朝阳区人民法院民事判决书,2013年。

② 《冯×与李×离婚纠纷二审民事判决书》,北京市第三中级人民法院民事判决书,2013年。

③ 《冯×离婚纠纷申诉、申请民事裁定书》,北京市高级人民法院民事裁定书,2014年。

登记结婚，婚后生育一子，后因双方感情破裂，于 2011 年 8 月 12 日经法院调解离婚。离婚后，张某认为该房屋属于其与薛某婚内共有财产，因此起诉至法院要求依法判决房屋为其与薛某共同所有；被告薛某并不同意对该房屋进行分割，他认为该房屋属于其个人财产。在他看来，诉争房产是其父母原有的平房拆迁后用拆迁补偿款购买，原有平房是其父母所有，与张某无关。

法院认为争议的核心是诉争房屋是个人财产还是共同财产。法院查明购房款主要来自拆迁款，尽管所拆迁的房屋是薛某的父母在其婚前所建，但是薛某作为被拆迁人与拆迁人某房地产开发公司签订的协议中，常住人口包括薛某、张某及其子一家三口，故基于拆迁取得的拆迁款中应有薛某与张某的财产份额。因此，法院判决该房屋为薛某与张某共同所有。①

张某诉求的理由与法院的判决理由存在着微妙的差别。张某向法院诉求房产分割的原因主要在于她认为该房产购于夫妻关系期间，而且自己的现实生活又非常困难，丈夫每月只给 1000 块的抚养费，她主要是基于家庭正义观念而向法院诉求房产分割。法院首先考虑的则是购房款的来源，法院认为购房款来自房屋拆迁，拆迁款中包含张某的份额。尽管张某达到诉求，但二者首先考虑的并不一致。

法院尽管会综合考虑是否以家庭为单位申请（购买）、房屋产权登记情况、是否在婚姻存续期内等，但是确定归属（或是否分割）的关键，实际上是购房款的来源和构成，如果可以证明购房款来自

① 《张×与薛×离婚后财产纠纷一审民事判决书》，北京市海淀区人民法院民事判决书，2014 年。

夫妻双方，一般会确定为夫妻共同财产。更多的情形是房款由夫妻一方出资并且登记在个人名下，但是房贷由夫妻共同财产进行偿还，法院出于实际居住情形和照顾女方和抚养子女的考虑，会以"折价款"的方式来处理争议。即房屋判决归一方所有，但需要给付另一方"折价款"，"折价款"需要考虑到具体情形和市场价格，法院在"折价款"的确定上根据具体情况进行裁量。

原告张某（女，1977 年生）诉被告吴某（男，1973 年生）要求分割房产。被告吴某辩称：不同意原告的诉讼请求，因为涉案房屋是由被告父母出资为被告购买，房屋登记在被告一人名下，该房屋是被告个人财产，不属于夫妻共同财产。

法院认为该案争议的焦点系被告吴某父亲的出资行为是借贷还是对吴的个人赠与。在法院看来，原告虽主张为借贷，但其并未提供证据予以证明，且被告父亲出庭表示否认，因此法院对此不予采信。并且，法院根据情理认为：实际生活中，父母出资为子女购买房屋，一般不会考虑子女婚姻解体的情况，按照习惯也不会与子女签署书面协议，如将诉争房屋认定为夫妻共同财产，违背了父母为子女购房的初衷和意愿，同时也侵害了出资父母的利益。法院主张吴某父亲的出资为对被告吴的赠与。①

可以看到，问题的复杂性在于离婚牵涉的不仅是夫妻双方，也牵涉到双方的父母，尽管后者并不是法律的主体，但在法律实践中亦需要顾及。考虑到目前中国的房价现状以及年轻一代的普遍支付能力，正如这些诉讼案件所显示的，判定为婚前个人财产的房屋

① 《张×诉吴×离婚后财产纠纷一审民事判决书》，北京市昌平区人民法院民事判决书，2013 年。

首付款多由一方的父母给付,从表面上看《司法解释(三)》对此方面的规定显示的出的是“个人主义”逻辑,但是其仍然延续了“家庭主义”:法律对房产的判决考虑到子女与父母的关系,父母为子女出资购买的房屋即使在子女离婚时仍然归于个人,这也是保护那些出资购买房屋的当事人一方父母的权利。因此,即使是表面看起来颇具“个人主义”的法律规定,其实践后果也有可能是与母家庭之间更为紧密的关系,甚或重新走回“祖荫”。

需要强调的是,离婚房产分割中的家庭政治与法律关于个人财产权利的保护有重要的关系。当代中国法律确认个人婚前财产的合法性,增强了民众关于个人财产权利的法律意识,诉讼双方无法就房产分割达成一致意见,进入法庭后同样皆希望获得有利于自己的判决。可以看到,法律实践中的多数诉讼是一方认为房产属于个人财产,而另一方则认为房产属于夫妻共有,诉讼双方产生如此的争议,显然与法律关于家庭财产的规定有关:法律一方面保护个人婚前财产,另一方面法律也规定夫妻共同财产应该分割。而我们依据一般情理即可意识到,家庭中的财产实际难以区分具体个人财产和共有财产,但伴随着个人财产权利意识的增强,二者即会产生复杂的纠葛。

(二)离婚过错方与房产分割的争议

尽管婚姻法司法解释显示的趋势是进一步受到“市场主义”的影响,并且确认个人财产的合法性,但是也应看到,婚姻法本身重视婚姻和家庭的保护。比如要求夫妻之间应该遵守婚姻道德,应当互相尊重，共同维护家庭的稳定；法律支持无过错方的赔偿损害及过错方在财产分割时少分的诉讼请求，法律对婚姻存在着道德化的理解，违背婚姻道德的一方应承担责任和后果。

近年来在离婚案件的取证调查上，因为法院逐渐改变以往的“职权主义”，这对离婚财产分割也造成了影响。法律“职权主义”体现在诸多方面，比如法官进行实地调查、以法官的身份施压、道德和意识形态的劝诫、物质激励和压力、依靠社区和家庭的力量等。① 当代离婚过错举证责任由“职权主义”改为“当事人主义”，一方面与当代当代中国“法治”话语具有一致性，即要求限制公权力，保护当事人的私权利；另一方面也是基层法院为应对民事案件日益增多的现实的需要。法律规定：“当事人对自己提出的诉讼请求所依据的事实或者反驳对方诉讼请求所依据的事实有责任提供证据加以佐证，没有相关证据或证据不足以证明当事人的事实主张的，由负有举证责任的当事人承担不利后果。”这对离婚财产分割案件产生的影响，实质上是如何处理家庭正义与法律程序的关系。

王某1（女，1984年生）要求与其丈夫王某2离婚，因为她认为后者在婚内出轨。王某2（男，1984）并不认为自己是婚姻破裂的过错方。在法庭上，王某1提供了王某2出轨的照片、录音等证据，尽管后者否认这些证据的证明力，但是并未反证推翻。因此，法院认为王某2“未尽到作为丈夫和父亲的担当，违背夫妻忠实义务、背弃家庭应负责任，对于夫妻感情破裂及婚姻关系解除，存在明显且重

① ［美］黄宗智：《离婚法实践——当代中国法庭调解制度的起源、虚构和现实》，见氏著《经验与理论：中国社会、经济与法律的实践历史研究》，第282页。

大的过错,其行为应予谴责”。最后,法院主张应该“以保护女方和子女权益为出发点,考量上述情节对子女抚养及财产分割酌情判处”。①

但是,在另外一个案例中,原告许某(女,1947年生)则以家庭暴力为理由起诉至法院,要求与被告刘某(男,1940年生)离婚,并且判决房屋皆归其所有,就没有得到法院的支持。许某称自己与被告均系再婚,婚后无子女。她认为由于婚前缺乏了解,草率结婚,婚后未建立起夫妻感情,婚后双方争吵不断,被告整天不务正业,非打即骂;相反,被告刘某否认自己是过错方,他不承认自己曾打过原告,也不是离婚的过错方。

法院认为夫妻已经感情破裂,判决离婚,关于房产分割,尽管原告虽然提交了残疾证、医疗手册等证据,但未能提供充分证据证明其所述伤情系被告殴打所致,被告亦对殴打原告一事予以否认,因此法院对原告所述事实无法确认。至于诉争房屋系夫妻共同财产,应该依法进行分割。②

对许某是否遭受家庭暴力的真相我们不得而知,因为法律所关注的是许某能否在法庭中提供证明遭受到对方的家庭暴力,以及被告能否提供反证。离婚过错责任的调查举证的“当事人主义”对离婚财产分割的主要影响,则是将原本注重实质正义的“过错”与离婚财产分割的相联系的财产分割制度,在实践中容易变为只

---

① 《王×1与王×2离婚纠纷一审民事判决书》,北京市朝阳区人民法院民事判决书,2013年。

② 《许×与刘×离婚纠纷一审民事判决书》,北京市朝阳区人民法院民事判决书,2013年。

重视程序而已。实际上,因为当事人举证困难,这一制度在法律实践并未产生太多实效。在这些案件中,很多原告都以被告在婚姻中的"过错"作为要求多分割财产的诉讼理由,但是因为在法庭中无法提供证明对方过错的有效证据,法官在财产分割时对此基本不予考虑。可以看到,尽管有助于尊重当事人个人权利,但是另一方面,导致的一个后果是容易忽略家庭实质正义,导致那些婚姻中的无过错方并没有在财产分割中获得照顾和补偿。

尽管如此,与西方"无过错离婚"制度相比,当代中国离婚法律实践在财产分割时仍然会考虑"过错",如果可以证明一方存在过错,那么法院判决时支持无过错方要求赔偿或者多分财产的法律诉求。

同样,诉讼双方产生如此争议与法律规定亦有重要关系。法律在房产分割时会考虑照顾无过错方,无过错方可以要求获得补偿,另一方面在过错责任方面,法院又采取的是当事人主义,离婚过错责任的举证义务由当事人承担。可以看到在法律实践中,诉讼当事人的一方认为自己是无过错方,因此希望能够获得有利于自己的判决,但是另外一方并不认为自己是过错方,诉讼当事人的房产分割诉讼争议,实际上显示出的是离婚过错与举证责任的当事人主义之间的复杂纠葛。

(三)离婚协议关于房产分割约定的争议

法院对离婚案件的处理更容易趋向于当事人双方以协议方式处理。这不仅是为尊重当事人权利和意愿,也是因为对抗式的法律判决容易违背一方的诉求而导致上诉，一般而言，上诉率又是基层法院考核的重要指标。[①] 诉讼当事人以协议方式解决财产分割，也有利于减轻基层法院的案件处理压力。当然，法院的此种做法亦有法律依据，法律尊重当事人双方的财产约定。

法律实践中，法院对当事人双方财产分割约定的效力的认定，除了看其是否违背法律所规定的形式要件，当事人双方的财产分割约定首先形式上不能违背法律规定，另外就是注重约定是否为夫妻合意的体现以及当事人的真实意思表示，约定不能违背实质要件。如果二者皆符合的话，当事人签订的财产分割约定即对双方皆具有约束力。

比如，在前述许某与刘某的离婚案件中，尽管夫妻双方曾签订了财产分割约定，但是法院认为该协议是以保持婚姻为目的，但是现在原告上诉要求离婚，因此这一财产分割的约定就不能再被视为夫妻合意的体现，法院对原告许某的诉求不予支持。[②]

再如，张某诉称离婚协议并不是其真实意思表示，因此要求重新分割夫妻财产。张某称自己与王某于 1991 年 8 月 28 日登记结婚，婚后生育二子，感情一直很好。在她看来，2012 年王某为了移民美国，要求假离婚，孩子和主要财产均归王某所有。但后来王某将其赶出家门。张某认为双方当时签订的离婚协议并非其真实意思的表示，被告则对此否认，他认为张某的离婚协议是其真实意思

① 贺欣、冯晓川：《离婚法实践的常规化——体制制约对司法行为的影响》，《北大法律评论》2008 年第 2 辑。

② 《许×与刘×离婚纠纷一审民事判决书》，北京市朝阳区人民法院民事判决书，2013 年。

表示,他说办理移民是为了两个孩子能够受到更好的教育,张某对此是赞成的。

在法院看来,该案的争议焦点在于王某与张某于行政部门备案签署的离婚协议书对双方是否具备法律约束力。法院结合双方诉辩意见及在案证据,认为双方的真实意图并不是婚姻关系解除后分割共同财产,张对于对离婚协议中有关共同财产分割的约定,并非其意思的自治表现,由此产生效果亦非其真实意愿。①

在法律实践中,具有效力的财产分割约定,除不能法律所规定的形式要件外,该协定必须为当事人双方共同意志的体现,法院在这方面也要考虑实质要件。协定是关于离婚财产的约定,而不是以其他目的而签订的协定,协定的内容体现的是当事人的真实意志,不能存在隐瞒和欺骗等。符合形式要件和实质要件的财产分割约定具有约束力,双方皆不应违背,违背财产分割约定的法律诉求不会获得法院的支持。

例如,原告陈某(男,1966 年生)离婚后要求重新分割房产。双方于 2005 年 1 月 17 日登记结婚,婚后购买了某房屋,双方于 2010 年 8 月 26 日经法院调解离婚,但夫妻共同财产另案解决,陈某现要求依法分割夫妻关系存续期间的一套共有房产。被告张某(女,1978 年生)称离婚后,双方曾经签订过一份《离婚后财产分割协议》,约定诉争房屋在离婚后归其所有,故她不同意原告的诉讼请求。法院认为离婚协议对双方皆具有约束力,该协议是双方当事人的真实意思表示。在离婚协议中,陈已经明确表示诉争房屋归

① 《张×与王×离婚后财产纠纷一审民事判决书》,北京市朝阳区人民法院民事判决书,2013 年。

张某所有且房屋由张某实际支配，法院主张该协议系双方当事人的真实意思表示，合法有效。①

法律实践中，除了那些请求法院判决离婚并分割财产的，还有就是在离婚之后要求重新分割财产的。这一部分情形比较复杂，考虑到房价持续上涨，一部分当事人认为之前签订的离婚协议并不公正，因此希望重新分割财产；或者当事人一方在签订离婚协议时，以尽快结束婚姻为目的，对财产分割未能仔细考虑，后又反悔；另外一部分则是在离婚之后，发现还有尚未分割的财产，如果确实可以提供证据证明还有尚未分割的财产，法院会支持诉讼原告的重新分割夫妻共同财产的诉讼请求。

但是，考虑到房产属于不动产的属性，而且价值大，依据一般情理推测，隐藏或者转移的可要比其他财产相对困难，具有较小可能性，这里推测，更多的情形是受市场的影响房价不断上涨，当事人一方认为离婚协定关于房产分割的约定并不公正。对于此种情况，除非能够提供证明还有房产尚未分割，否则，法院一般并不支持原告要求重新分割房产的诉讼请求。

这里需要再次强调，法院着重考虑的是离婚协议和财产约定是否是夫妻合意的体现以及当事人双方的真实意思表示。换言之，当事人双方是基于自由意志并以离婚财产分割本身为目的，且不违背法律规定的形式要件的离婚财产约定，才是具有效力的约定。除非有事实根据，财产约定对双方皆具有约束力，一方违背约定的重新分割财产要求无法获得法院支持。除了法律自身的规定

---

①《陈×与张×离婚后财产纠纷一审民事判决书》，北京市通州区人民法院民事判决书，2013年。

外，法院的此种选择一方面是尊重当事人双方意愿，另一方面也是应对基层法院需处理大量民事案件的现实压力，以及应对上诉率考核。

同样需要指出的是，诉讼当事人双方就此产生争议仍然与法律有关。法律一方面尊重诉讼双方合意，希望当事人双方能够就离婚财产分割达成一致意见，双方签订的离婚协议具有约束力；另一方面，法律尊重的是双方的合意而不是一方的意志。因此在法律实践中，诉讼一方会宣称离婚协议并不是双方合意，因为协议并非其真实的意思表示或者签订该协议时并不以离婚房产分割为目的，诉讼双方在此方面的诉讼争议体现的法律尊重双方的合意与法律保护个体自由意志的复杂纠葛。

四、家庭正义观念

在这些诉讼案件中，我们可以看到当事人双方几乎是以政治逻辑来处理房产分割。即以个人利益争夺和支配对方的方式处理纠纷。双方的症结在于，总是希望对方来依照自己的意愿，而不是互相理解与妥协，双方在诸多问题上互不相让，直到诉诸法庭，仍然难以达到彼此妥协。

纵然如此，我们仍然可以看到：尽管争议的双方在诸多问题上针锋相对，但是他们彼此仍然分享着一些共同的前提，这些共通的前提一方面会受到法律观念本身的影响，也带有自身的经验印迹，这些前提是他们对“家庭中什么是应当的”具有一致性。这种关于“什么是家庭行为的意义”的一致性观念，笔者理解为家庭正义观念。

关于家庭正义，吴飞在关于华北地区自杀案件的人类学分析中，提出对家庭正义的理解应该分成两个层面进行理解，笔者对此基本赞同。他认为“家庭正义首先是一种形式上的正义，这是一种家庭制度框架，家庭中要有一定的权力结构和各自的义务”，这种形式正义例如“父母应该爱护子女，子女应该孝敬父母”；其次，家庭中的正义“是在形式正义的基础上公平交往，即把形式正义中相互尊重、彼此平等的原则贯彻到日常交往之中”，例如“父当严，母当慈，子女当孝，兄弟当悌，夫妻当爱”。吴飞也颇具启发地指出家庭中的纠纷“常常并不在于一般的正义或公平原则受到了挑战，而是指所依赖和预期的某种相互关系没有达到”①。因此，家庭正义与亲密和尊重密不可分，家庭正义不同于家庭相处的事实，它是对事实意义的认定，从这一角度而言，家庭正义（Justice）亦是家庭规范（Norm）。

因此，若从这一角度来观察这些案件，就可以看到尽管当事人双方针锋相对，互不相让，但是他们所争论的只是“法律事实”是什么，例如他们争论房产到底是个人财产还是共同财产，他们并不质疑家庭正义本身，即他们并不会否认“夫妻共同财产应该平均分割”。这些观念至少应该包括以下几点：

1.夫妻共同财产应当平均分割。诉讼当事人的争议集中于房屋究竟是个人财产还是夫妻共同财产，他们在这一问题进行质辩，并且在法庭上提供证据以支持其法律诉求。但是，双方并不否认

① 吴飞：《浮生取义：对华北某县自杀现象的文化解读》，第46—47页。

“夫妻共同财产应当均分”。

2.夫妻财产分割约定应当遵守。在这些诉讼案件中，我们可以看到与离婚协定有关的争议，争论的双方在此进行论争。但是，诉讼双方并非否定“夫妻共同约定应当遵守”，否定的只是并非基于自由意志的协定和并非夫妻合意的约定。

3.家庭关系应当维系。这些案件无疑都是家庭关系和夫妻感情破裂的案件，诸多当事人的诉求亦是希望法院可以判决离婚，这些案件几乎都是以判决离婚为结局。但是，无论诉讼当事人如何证明对方没有尽到家庭责任，对方如何没有达到自己的期许，感情如何破裂，诉讼双方并未否定“家庭关系应当维系”本身，只是认为感情已经到了无法维系的地步。比如，法庭上离婚过错方并不否认夫妻应当互相忠诚，家庭关系应当维系，而是否认自己是过错方。

4.财产分割应当考虑到弱势一方和子女抚养。在法庭中诉讼当事人为了获得有利于自己法律诉求的判决结果，诸多会强调自己在婚姻关系中如何居于弱势地位，以及会宣称自己是出于抚养子女的目的，希望法院可以顾及具体情形。无论诉讼当事人如何强调自己在家庭中所处的不公正和弱势地位，他们共同拥有的一个观念是“财产分割应当考虑到弱势一方和子女抚养”，只不过他们都认为自己居于弱势地位，自己是为了子女抚养考虑。

即使是在房产分割诉讼这样一种对抗性行为中，仍然可以看到当事人双方在家庭正义方面具有一致性。我们当然也可以说，这些只是诉讼双方为了符合（迎合）法律的目的而已。但是，这些具有共通性的家庭正义观念进入法庭中，就已经被视为双方同意并具有约束力。而且,诉讼当事人若完全没有共同的观念,那么法庭辩论亦无从谈起。因此,诉讼当事人双方并非否定家庭正义本身,问题的关键是,他们都只是从自身的利益出发而要求对方按照自己的意愿处置房产。

五、"折价款"与家庭政治

总体而言,目前更多的情形和趋势是,法院依据法律事实和法律规定进行是非明确的判决。诉讼当事人的法律诉求若具有事实和法律依据,法律则会支持,相反则会驳回。如果依据证据可以确定为个人财产,法院一般会明确判决房产归一方所有;即使判决房产属于夫妻共同所有,法院主要考虑的也不是当事人如何就分割方式达成一致意见,而是明确房产归一方所有,且要求其在给定期限内给付诉讼另一方折价款,数额明确。

需要指出的是,在法庭审判中,法院关于离婚房产分割并非绝对排斥调解。法院尊重诉讼当事人双方的协议,而且希望当事人双方能够就房产分割方式达成一致意见,在法律判决中,法院不是排斥调解,仍然会促成调解。在法律实践中,法院在处理离婚案件时仍然广泛采用调解。多数离婚诉讼案件并不是夫妻一方存在过错的,而是双方在相处过程中出现矛盾,依据一般情理推测,夫妻双方的家庭矛盾很难具体区分是非对错,因此法院在对离婚案件的处理仍然广泛采用调解,希望诉讼当事人能够和好。调解的逻辑并不是对抗式的必分对错,而是彼此的退让和妥协。另外,法院也并非轻易判决离婚,一般而言,一方要求离婚的,法院第一次通常会判决不准离婚。

这与西方法律仍有不同,尽管西方对离婚案件的处理也会使用调解,但其程度和规模并不能与中国相比,而且也并非法院调解。美国家庭法领域资深学者桑福德·卡茨指出,在西方一些复杂的离婚案件比如涉及孩子抚养权争议以及复杂财产处理的,因登记注册离婚和简易程序皆不适合,此种情形宜采取调解。他进一步解释其运作程序,"调解程序是通过假定中立的第三人作为调解人,在一种相对非正式的氛围之下进行,以使正式的协议生效,在调解中法律程序和法律证据皆被放在一边,律师可以作为调解人,但在调解时并不是以律师身份进行调解,非律师经过训练也可以作为调解人"。在他看来:"尽管调解已经作为解决劳工领域纠纷的重要方式,然而被大规模用于离婚案件还是新近事情。"并且,"离婚调解的观念也并非完全被公众接受,许多想要离婚的夫妇首先还是会去找律师,律师初始反应也是主要依赖传统的起诉离婚方式"。调解作为纠纷解决的方式,仍然会遭到一些律师的批评,他们会认为"这完全是外行的侵扰,一个非律师者怎么能知道涉及夫妻财产问题的复杂法律"。[①] 可以看到,对离婚诉讼处理的不同方式,亦反映出两种法律追求的正义的差异,西方尽管也会注意到离婚案件本身的特殊性,但更为注重的是程序正义。

关于夫妻共同房产的分割方式,法律判决中一般是以折价款的方式进行分割。这与房屋本身属于实物不动产的属性有关,房产无法进行实物分割。正如在李某(男,1955 年生)与纪某(女,

① Sanford Katz, "Historical Perspective and Current Trends in the Legal Process of Divorce", *The Future of Children*, Vol.4, No.1(Spring, 1994), pp.44—62.

1953年生）离婚案中原告所说的那样，实物分割会造成双方矛盾，应采取给付折价款的方式来进行分割，“对双方婚后共建的房屋采用实物分割会造成双方的矛盾，增加不和谐因素，故应采用作价补偿的分割方式”。[①] 以折价款的方式进行分割，首先与房屋本身的物理属性有关；更主要的原因在于法院在折价款具体数额确定上具有自由裁量，可以促使双方解决争议。

对于折价款具体数额，法院一般综合房屋所有权人的登记情况、集体土地建设用地使用证的登记情况、房屋实际使用情况及评估结果，最终确定。在法律实践中，确定折价款的数额最主要依据的是双方的出资比例。比如谢某（男，1959年生）要求分割被告秦某（女，1964年生）夫妻共同财产。法院最后确定了在夫妻共同财产中，原告谢某的财产份额约占总财产的66.25%；被告秦某的财产份额约占总财产的33.75%。现该套楼房的房屋价款剩余240万元，双方当事人各自享有的份额，法院认为应按上述比例计算，法院判该房归原告所有，并要求原告给付被告折价款81万元。[②] 而房屋判决归谁所有，法院就要考虑到房屋登记以及具体使用情况，房屋判决归谁所有，就由房屋所有者向另一方给付折价款。

尽管法院可以根据具体情形确定折价款数额，这种颇为客观的处理办法在实践中的确有助于促成诉讼双方形成合意，以此解决纠纷，但是，诉讼双方同样也会就折价款产生争议。这是由于房

---

① 《李×与纪×离婚后财产纠纷一审民事判决书》，北京市通州区人民法院民事判决书，2013年。

② 《谢×诉秦×离婚纠纷一审民事判决书》，北京市大兴区人民法院民事判决书，2013年。

价持续上涨,当事人一方会认为折价款无法满足其住房需要,不同意以折价款的方式处理房产分割;房屋产权归谁所有,会和居住权密切相关,诉讼双方都希望判决房屋归自己所有,给对方折价款。

赵某(女,1970 年 4 月 25 日出生)与被告吉某(男,1969 年 3 月 27 日出)原系夫妻,共有登记于被告名下的北京市朝阳区某房屋(简称涉案房屋)。在原告看来,现在女儿已经长大,被告已经有新的住房和一起生活的女朋友,原来约定的居住状况已经不再适合自己和孩子的正常生活,希望法院可以"判令涉案房屋归我所有,并由被告协助我将房屋过户至我名下,我愿意按照涉案房屋的价值给付被告相应房屋折价款"。

被告并不同意原告的诉讼请求,他认为原告这是想剥夺其在北京居住的权利。在他看来,"涉案房屋是我原所在单位分配给我的,也是我在北京的唯一住所,我虽然承认涉案房屋是我和原告的共同财产,但是我死也不会离开这个房屋的"。①

法庭中的"折价款",基本上是将婚姻关系视为一种合同关系。双方订立合同(婚姻关系)自由,如今结束合同关系(离婚)也是自由的;合同是基于双方合意,合同解除也是双方合意。因此,法院对折价款的确定首先希望诉讼双方能够就具体数额达成一致意见,如果仍然存在争议,法院即主要依据双方出资比例进行分割。

然而,婚姻和家庭关系终究不是合同,合同关系所处理的主要是陌生人社会,而婚姻和家庭关系确非如此,其牵涉到亲密关系,即使夫妻双方感情破裂,一般也需要面对子女抚养诸问题。法律

① 《赵×与吉×离婚后财产纠纷一审民事判决书》,北京市朝阳区人民法院民事判决书,2013 年。

在判决时仍然会顾及家庭情感本身的问题，尤其是涉及子女抚养等问题。

比如，在前述张某与王某离婚案中，庭审中，双方还就孩子的抚养权争执不下，双方都主张孩子应归自己抚养，但都要求对方每月支付2000块的抚养费。法院在最后判决中的一段“特殊说明”尤其耐人寻味。在法院看来，孩子不是房产，不是夫妻离婚的筹码，孩子的抚养费更不同于房子的“折价款”。法院判决说：“在此，本院需要特殊说明的是，在本案的原、被告对离婚及子女抚养的态度本院不甚赞同。离婚系父母双方的事，孩子本身是无辜的，不应承受任何离婚带来的负面影响，任何一方都不应将孩子作为离婚的筹码。同时，孩子又是独立的个体，有自己的思想和意愿，无论由谁抚养，抚养方都应该尊重孩子的想法，给予孩子最大的温暖和爱。本院一直相信，不管双方父母感情如何，父母对于孩子的感情都是不容置疑的，无论之前双方发生过多少不愉快，原、被告都不应当怀疑、否定对方对亲骨肉的情感和真心，更不应阻止、妨碍对方与孩子的相处，而应摒弃成见、互相配合、互相信任，为孩子创造良好的成长环境，使孩子能在最大程度上享受父母双全的爱，让其健康、快乐地成长。”①

六、法律对弱者的保护与家庭政治

法律遵循“个人主义”逻辑在某种程度上的确有助于提高妇女

① 《张×与王×离婚纠纷一审民事判决书》，北京市朝阳区人民法院民事判决书，2013年。

的地位和独立性，但也有可能造成一部分弱势妇女群体境遇进一步恶化。桑福德·卡茨认为西方自 20 世纪六七十年代以来，“关于婚姻的法律规定发生了重要改变，妇女在法律上获得比以往更多的独立性和认同，尽管完全的平等并未实现。法律趋于将婚姻理解为经济上的伙伴关系，改变了之前婚姻完全由国家协调和丈夫支配的状态”①。忽略实质正义同样会造成诸多问题，正如劳伦斯·弗里德曼（Lawrence M. Friedman）所认为的那样，“无过错离婚”并非意味着性别平等，他说：“事实上预期这些法令带来性别平等是愚蠢的。通常来讲，女性离婚后的情况都会恶化：她们要照顾孩子；许多丈夫都游手好闲；女性比男性收入更低；以及两个家庭比一个家庭的开销更大。”②

法院之所以做出稍有利于妇女的判决，是这些妇女的确在生活实际中居于弱势，将“照顾女方”与“照顾弱势”相联系，本身即说当代中国社会变迁中，妇女实际生活亦存在诸多现实困境。

原告曹某（女，1973 年生）请求法院判决房屋归其所有，在她看来，除了现在居住的，但已经在 2012 年判给被告韩某（男，1974 年生）的房屋，她将无处可住，因此请求法院按照“有利于生活，照顾妇女和弱势的原则”，能够将房屋判决给她；被告则称该房的首付款 39 万元是其母亲所给付，诉争房屋应属被告的个人财产。法院首先考虑到原告曹某名下无楼房，而被告韩某的名下已有一处楼

① Sanford Katz, “Historical Perspective and Current Trends in the Legal Process of Divorce”, *The Future of Children*, Vol.4, No.1(Spring, 1994), pp.44—62.

② [美]劳伦斯·弗里德曼：《二十世纪美国法律史》，周大伟等译，北京：北京大学出版社，2016 年，第 539 页。

房,且韩某在本案中所主张的平房,产权归属上仍存在争议,根据婚姻法中“关于分割财产中照顾女方利益的原则”,法院判决房屋归原告曹某所有。①

在这些案件中,许多是结婚几年内离婚的,若有子女的,判决时就要顾及子女抚养。考虑到当代中国妇女的实际就业机会,妇女抚养子女会面临比男性更大的压力,这时候法院就会做出稍利于妇女的判决。

比如,原告高某(男,1979 年生)要求分割与被告王某(女,1978 年生)的共同房产,但是被告并不同意,在她看来,尽管房子是婚内的共同财产,但是她作为母亲,需要为孩子考虑,她向法院说自己的现实处境:“我带着孩子一直靠这个房子的房租养活着,不足的时候我父母还帮忙养。房子若是没有了我的经济来源就断了。我没有工作以后孩子结婚也需要房子,我现在的生活比较艰难,我和孩子都没有生活来源。”法院认为,因被告王某在婚姻关系存续期间对家庭和子女抚养付出较大,故本着照顾女方和子女权益的原则,本院酌情确定被告王某享有诉争房屋 60% 的所有权。②

同时也应看到,法律判决应该考虑到弱势方,原本有利于实现实质正义的这一规定,在诸多案件中,诉讼双方为获得有利于自己的判决,在法庭中争相诉说自己的“弱势”。原告张某(男,1979 年生)要求与被告王某(女,1980 年生)离婚案中,双方都向法院诉说

---

① 《曹×与韩×离婚后财产纠纷一审民事判决书》,北京市大兴区人民法院民事判决书,2013 年。

② 《高×诉王×离婚后财产纠纷一审民事判决书》,北京市昌平区人民法院民事判决书,2013 年。

自己在家庭中的不公正待遇和弱势地位。张某说自己在家中甚至还遭到妻子王某的殴打,婚生儿子也不让自己的父母看望,自己在家中经常遭受不公正的待遇。而王某则说张某有暴力倾向,自己在家庭中处于弱势地位。①

因此,可以看到"因弱之名"的情况,即诉讼双方向法院诉说自己如何"弱势",以此希望获得更多的财产,诉讼当事人在此问题上纷争不已,目的都是希望获得有利于自己的判决。原告王某(女,1979年生)向法院诉称自己在家中长期处于弱势地位,自己甚至在长期的精神压抑中患上了精神分裂症,因此她要求法院可以判决夫妻共同财产都归其所有。被告孙某(男,1980年生)亦同意离婚,但是他认为导致夫妻感情破裂的过错是原告有婚外情。在他看来,原告精神状态并没有问题。②

在这些诉讼案件中,并无证据显示法院会因性别而照顾女方,但是会考虑到照顾弱势。法律实践中,妇女会以法律的规定"照顾子女和女方权益的原则判决"请求法院做出有利于其诉求的判决,法律判决首要考虑的是法律和事实依据;法律做出有利于女方的判决,比如财产分割中所占比例稍大,法院考虑的则是其生活的现实困境和抚养子女的需要;更多的情况是,离婚举证责任转移到当事人后,诉讼双方都以此作为理由希望得到有利于自己的判决,都会诉说自己的困境和弱势地位,如果无法提供实质证据,法院基本

① 《张×与王×离婚纠纷一审民事判决书》,北京市朝阳区人民法院民事判决书,2013年。

② 《王×与孙×离婚纠纷一审民事判决书》,北京市朝阳区人民法院民事判决书,2013年。

对此并不考虑,原本注重实质正义的规定,实际具有的效果有限。不过,纵然如此,法院在房产判决时仍然会考虑照顾弱势方等实质正义方面的内容。

七、小结

贝克尔对家庭行为的分析具有高度形式化的特征。他认为个体基于增加“福利”做出行为选择,个体本身即是行动自由者,个体的行动不应受到国家与制度的干预,基于增加“福利”的行动选择会促进个人权利以及个体自由的发展。总之,在以贝克尔为代表的理论家看来,法律应该保护个人权利,不应干涉个人选择的自由,法律尤其应该保护私有财产权利,如此才能促进个人自由发展和个体解放,西方的现代化运动即是个体解放和个人权利获得保障的过程。

另一方面,家庭关系并非合同关系,家庭关系的基本特征是亲密关系而非竞争关系。法院需要顾及家庭成员之间的情感和子女抚养以及老人赡养等,房产也不同于一般财产,它是“家庭生活必须拥有的居住空间,体现了人类最低限的生存权”①。“家庭主义”逻辑仍然延续:考虑房屋是否以家庭为单位申请,是否在婚姻存续期内购买以及共同还贷;考虑妇女的生活状况以及照顾子女等,在判决时会考虑照顾无过错方和弱势方;在处理离婚案件时,法院会首先进行调解,法庭审判中也并非排斥调解,调解的逻辑强调的是

① 强世功:《司法能动下的中国家庭——从最高法院关于婚姻法的司法解释谈起》,《文化纵横》2011 年第 1 期。

彼此妥协和理解,法律同时顾及家庭本身的特殊性。此外,尽管当事人双方针锋相对,互不相让,但是他们所争论的是“法律事实”而非家庭正义观念本身,家庭正义观念仍然具有延续性。离婚房产分割显示出“个人主义”与“家庭主义”的纠葛,二者纠葛的结果是诉讼双方关于房产分割争议集中于婚姻存续期间房屋产权归属、离婚协议关于房产分割约定效力、离婚过错责任与房产分割上。诉讼双方争议不休的症结在于彼此互不相让,都希望对方按照自己的意愿处理房产,因此这里将其称为“家庭政治”,其逻辑是以利益争夺为目的,以支配对方为方式,都认为对方没有达到自己的预期,结果是双方难以达到妥协和理解。

目前法律实践基本事实以及中国的社会现实是中国的离婚人数继续增加,同时法律与社会现实的变化亦在重构中国的家庭伦理。夫妻关系逐渐取代父子关系称为家庭关系中的主轴,但是夫妻关系会因财产关系的变化而愈加不稳定;考虑到年轻一代的普遍支付能力,其购房款主要来自父母,因此,婚姻中的双方与各自的母家庭之间关系愈加紧密,换言之,在由“家—个人”的转变的过程中,又正在重回“祖荫”,中国的家庭关系因财产权利的变化而发生改变,在改变的过程中,也在重新构筑新的家庭伦理。

结 语

从长时段历史演变视野观察中国离婚法律实践中的妇女权利,可以看到,法律扩展妇女在家庭纠纷中选择权限的同时,实践中仍然存在诸种对妇女权利限制的机制。因此,妇女选择权的扩展与妇女实现“主体性”地位并不相同。

清代关于婚姻关系的构造,不是基于平等“人格”上的男女结合,其主要面对的是父系家庭秩序,将妇女视为夫之附庸,法律实践中妇女以不同的形式成为受害者。清代与“离婚”相近的是“离异”,但与“离婚”并不相同。诉讼档案显示的实际是,无论是暂时结束婚姻而保留回赎权利的“典妻”,还是买卖离婚的“卖休”,妇女都是被男性作为“物品”进行流通。身处贫困处境中的妇女,与男性相比,其生存境遇更为艰难:妇女无法像男子那样外出佣工,当然也没有足以维持生存的土地。在此种困境之下,身体是唯一可以出卖的“财产”。这对于那些因贫困而娶妻困难的底层男子,妇女的生育功能可以将其家族延续。

总之,丈夫对家庭事务具有支配权,而法律和国家意识形态塑造了“顺从的妇女”。妇女被排除在经济事务和公共事务之外,妇女职责主要限于家庭空间,其家庭责任服务于整个家庭经济活动。当整个家庭因为贫困而无法生存,丈夫就将妇女视为“物品”,为将其卖出获取钱财而结束婚姻关系。作为一种社会关系的“卖休”行为,显示出以主动的男性和被动的女性的基本区分为原则:卖方出卖妇女的身体以获得钱财,买方利用妇女的生育功能延续其家族,妇女则显示对男性欲望的服从。

在离婚案件审判中,妇女能否离婚,其权限在官府,而不在妇女本身。法律对于不符合“礼义”的婚姻会强制要求“离异”,法律着重考量的是妇女是否违背“贞节”伦理;对于判决“离异归宗”的妇女而言,“离异”后被娘家人领回,则要“择户另嫁”;妇女主动要求离婚案件的很少,纵然是妇女主动要求官府判决“离异”,这种情形多显示了妇女在家庭中的弱势,比如妇女被逼奸才会诉请官府判决“离异”。对法律实践中的“礼义”应该具体区分,法律实践既有对社会现实适应性的一面,也有坚持道德原则的一面。既具有照顾弱势的道德关怀,亦有强调“夫权”支配的一面。

民国时期的法律则明显不同于清代,其关于离婚的构造乃建立于“人格”平等基础上,将妇女视为具有主体地位的个体。新的法律注重“人格”平等和性别平等,不同于清代注重父权秩序的特征。夫妻任何一方都有权利提出离婚诉求,离婚权限归夫妻个人而非国家;无论夫妻一方,都应遵守夫妻道德,妇女亦可以因为男方“犯奸”而要求离婚;妇女的人格尊严应受尊重,妇女人格若受侮辱可以要求离婚;夫妻双方应该互敬互爱,皆不得遗弃对方。

然而，妇女权利在社会实际中的实现仍然困难重重。除了新的法律对乡村社会影响有限，男女不平等的习俗仍然存在外，社会实际中男性仍然可以利用法律限制妇女权利。例如，男性可以用“同居义务”将妇女限制于男性家庭之中，限制妇女接受新式教育的权利；尽管法律强调“一夫一妻”制，然而社会实际中，法律并不干预“纳妾”，“纳妾”的现象仍然较为普遍；诸多男性为与妻子结束婚姻关系，仍然会以“妇女通奸”为由，社会中对妇女的贞节道德限制仍然广泛存在，法律对“犯奸”妇女仍然会进行处罚。总之，由于社会观念的延续，民国法律在社会实践中的具体效果多有限制。

民国法律实践中，亦会以离婚“法定理由”限制妇女的离婚诉求。尽管法律扩展了妇女在家庭纠纷中的选择权，不过法律实践中对离婚判决往往强调“法定理由”，容易驳回妇女的离婚诉讼请求。例如，“妾”的身份在法律实践中就往往被排除于婚姻关系之外，妇女的离婚诉讼请求，会被法院认为缺乏“法定理由”而驳回。而在实际生活中，法律又认为丈夫与“妾”的关系不同于“重婚”，这又在事实上默许了“妾”的存在；民国法律规定法定婚姻年龄，但又同时承认家长的“主婚权”，家长支配子女婚姻的现象仍然常见；法律对于姘居关系并不认可，男女双方皆可以随时解除，将其排除于婚姻关系保护范围外。这对于结婚数年的妇女并不公正，男子可以随意解除与妇女的关系，却使妇女容易陷入贫困境地。

新中国成立后，国家努力推动新的法律贯彻，进一步打破“父权制”对妇女权利的限制，大大提高了妇女的各方面地位。通过对婚姻法律的贯彻，有助于打破不合理的家庭等级制度，尤其是“家长”对家庭事务的支配，新的婚姻法律提高了妇女在家庭中的地位，妇女在离婚中的选择权明显扩展。在“贯彻婚姻法运动”时期，法律实践中妇女主动要求离婚的案件数量远远高于男性，法律强调“废除包办强迫、男尊女卑、漠视子女利益的封建主义婚姻制度”，提高了子女在婚姻选择中的自主权；法律废除了诸种不合理的婚姻制度，比如“重婚、纳妾”，并禁止“童养媳、干涉寡妇婚姻自由”等。诸此种种，新的婚姻法律有助于建立男女平等的新型家庭关系，并且增强了妇女的主体意识。

因此，我们应当首先肯定1950年婚姻法打破“父权制”对妇女权利的压迫以及建立新的平等家庭秩序等诸方面的重大进步意义。国家将新的婚姻法律贯彻至基层社会，打破“家长”对家庭事务的支配以及“夫权”对妇女的压制。总之，新中国成立后，新的婚姻法律重新构筑了一套家庭规范，努力提高了妇女的政治、家庭和社会地位，保障妇女诸多方面的权利。

此外，我们也应该区别不同时期的法律实践对妇女权利的影响。1950年5月开始实施新的婚姻法律至1953年，全国掀起了离婚高潮，妇女主动要求离婚案件急剧增加。这一时期法律希望打破旧有的家庭制度，包括“家长”对家庭事务的支配以及“夫权”对妇女的压制，法院对离婚判决的标准执行得非常宽松，只要存在法定的“封建婚姻”情形，比如童养媳、妾，以及包办婚姻等，皆属于具有离婚“正当理由”，一般不经法庭调解即判决离婚；1954年以后，旧有的家庭等级制度被打破后，当时社会中离婚诉讼案件出现了新的类型，诸多因为“喜新厌旧”和“草率结婚离婚”案件增多，法律面对现实的变化，对离婚的限制逐渐严格。法院在审理时注重家庭关系的稳定性，改变政治动员时鼓励妇女离婚的做法，注重社会的常规化治理,要求男女双方皆应遵守法律所要求的家庭道德规范,维护家庭的稳定性;六十年代初期,受“三年困难时期”的影响,全国人口流动增加,经济困境冲击着婚姻的稳定性,生存压力驱动下的婚姻买卖和妇女再婚案件增多,法律实践面对当时生存危机则显示出较为宽松的立场;至于“文革”时期全国各级法院受到冲击,在判决中出现诸多压制诉讼当事人的离婚诉求的情形。

总之,通过贯彻1950年婚姻法,国家极大改变了妇女之前受压制的状态,并且明显提高了妇女地位,保障妇女诸方面的权利。法律并非摧毁作为社会基本单位的家庭本身,法律介入婚姻生活,强化了家庭结构的稳定性。由于离婚判决依据具有模糊性,部分法院在离婚判决时容易忽略对“夫妻感情”的具体分析。因此,我们既要看到法律打破“父权制”对妇女权利的压迫和提高妇女地位的重大进步意义,也应注意到法律实践中部分法院离婚判决的复杂性。

当代中国婚姻法律则逐渐趋于改变法院过度干预婚姻生活的方式,妇女在离婚中的选择权限进一步扩展。法律在愈加尊重当事人离婚诉求的同时,仍然呈现出与西方法律的不同特征:对于带有争议的离婚案件的处理,在离婚判决的依据、财产分割、子女抚养等方面,法律实践仍然显示出道德化的抽象理念与面对具体实际的实用性思维方式相结合的思维方式。

然而,妇女选择权的扩展并不意味着妇女就获得“主体性”地位。法律实践应根据具体事实情形,考虑到部分妇女群体在社会中的弱势地位,恰当结合道德准则,才能真正有效保护妇女权益。影响妇女权利的主要表现一是在调查取证程序上完全采取当事人主义,容易忽略妇女在社会实践的弱势地位,使得法律并未认真考虑对妇女作为弱势方的照顾;另一表现就是对多次要求离婚的不加区别,一律判决不准离婚,不考虑夫妻关系破裂的事实,不顾实际要求双方和好。

因此,法律应该面对社会实际,考虑到离婚诉讼案件的特殊性。在调查取证程序上注意到婚姻家庭纠纷的特点,根据具体事实情形结合道德准则与实用性实践,有效解决诉讼纠纷;此外,法律实践应该考虑到妇女在社会实际的弱势现实,重视对弱势妇女群体的保护,根据具体案件事实,注重离婚损害补偿制度的真正运用,以及在财产分割时要考虑妇女家庭劳动贡献等。如此方能使得注重实质正义的法律规定,在实践中真正发挥保护弱势妇女群体权利的作用。

参考文献

中文文献

(一)基本史料

中国第一历史档案馆馆藏清代刑科题本“婚姻家庭类”档案。

国家清史编纂委员会编:《清代四川巴县衙门咸丰朝档案选编》,第十二册,上海:上海古籍出版社,2011年。

(清)祝庆祺、鲍书芸、潘文舫等编:《刑案汇览三编》,北京:北京古籍出版社,2004年。

杨一凡主编:《清代成案选编》,北京:社会科学文献出版社,2014年。

马建石、杨育棠主编:《大清律例通考校注》,北京:中国政法大学出版社,1992年。

郭卫编辑:《大理院解释例全文》,台北:成文出版社,1972年。

商务印书馆编:《中华民国现行法规大全》,上海:商务印书馆,

1933 年。

上海法学编译社编:《袖珍六法全书》,上海:会文堂新记书局,1931 年。

徐勇、邓大才主编:《满铁农村调查 · 惯行类》第 1 卷,李俄宪主译,北京:中国社会科学出版社,2016 年。

《人民日报》,1950—1953 年。

福建省地方志编纂委员会编:《福建省志 · 审判志》,北京:中国社会科学出版社,1999 年。

甘肃省地方史志编纂委员会编:《甘肃省志 · 人口志》,兰州:甘肃文化出版社,2001 年。

河北省地方志编纂委员会编:《河北省志 · 民政志》,石家庄:河北人民出版社,2010 年。

黑龙江省地方志编纂委员会编:《黑龙江省志 · 政权志》,哈尔滨:黑龙江人民出版社,2003 年。

湖北省地方志编纂委员会编:《湖北省志 · 司法志》,武汉:湖北人民出版社,1998 年。

宜昌法院志编撰委员会编:《宜昌审判志》,宜昌:三峡电子音像出版社,2010 年。

上海审判志编纂委员会编:《上海审判志》,上海:上海社会科学院出版社,2003 年。

四川省高级人民法院院志编辑室编:《四川审判志》,成都:电子科技大学出版社,2003 年。

吉林省 A 市中级人民法院离婚诉讼档案。

中央人民政府法制委员会编:《中央人民政府法令汇编

(1950)》,北京:法律出版社,1982 年。

最高人民法院“裁判文书网”。

最高人民法院审判实务规范编辑小组编:《最高人民法院民商事审判实务规范》,北京:人民法院出版社,2017 年。

最高人民法院研究室编:《中华人民共和国最高人民法院司法解释全集》,第 1 卷,北京:人民法院出版社,1994 年。

最高人民法院民事审判第一庭编著:《最高人民法院婚姻法司法解释(二)的理解与适用》,北京:人民法院出版社,2015 年。

最高人民法院民事审判第一庭编著:《最高人民法院婚姻法司法解释(三)的理解与适用》,北京:人民法院出版社,2015 年。

(二)其他

[法]埃米尔·迪尔凯姆:《自杀论》,冯韵文译,北京:商务印书馆,1996 年。

安琳、贾会学:《中国不同地区女性自杀死亡分析》,《中国卫生统计》2007 年第 1 期。

[美]白凯:《中国的妇女与财产:960—1949》,刘昶译,上海:上海书店出版社,2003 年。

陈柏峰:《代际关系变动与老年人自杀——对湖北京山农村的实证研究》,《社会学研究》2009 年第 4 期。

陈惠馨:《清代法制新探》,台北:五南图书出版股份有限公司,2012 年。

第三期中国妇女社会地位调查课题组:《第三期中国妇女社会地位调查主要数据报告》,《妇女研究论丛》2011 年第 6 期。

[英]E.H.卡尔,《历史是什么?》,陈恒译,北京:商务印书馆,2017年。

[美]高彦颐:《闺塾师:明末清初江南的才女文化》,李志生译,南京:江苏人民出版社,2005年。

郭松义:《自杀与社会:以清代北京为例》,《中国社会历史评论》2007年第8卷。

[美]加里·贝克:《家庭论》,王文娟等译,台北:立绪文化事业有限公司,1997年。

贺欣、冯晓川:《离婚法实践的常规化——体制制约对司法行为的影响》,《北大法律评论》2008年第2辑。

[美]黄宗智:《华北的小农经济与社会变迁》,北京:中华书局,2000年。

[美]黄宗智:《长江三角洲小农家庭与乡村发展》,北京:中华书局,2000年。

[美]黄宗智:《经验与理论:中国社会、经济与法律的实践历史研究》,北京:中国人民大学出版社,2007年。

[美]黄宗智:《清代以来民事法律的表达与实践:历史、理论与现实》,三卷本,北京:法律出版社,2014年。

[美]黄宗智主编:《实践法史和法理:综合中西的研究》,桂林:广西师范大学出版社,即出。

[美]黄宗智、巫若枝:《取证程序的改革:离婚法的合理与不合理实践》,《政法论坛》2008年第1期。

[美]黄宗智:《道德与法律:中国的过去与现在》,《开放时代》2015年第1期。

[美]黄宗智:《中西法律如何融合?——道德、权利与实用》,《中外法学》2010 年第 5 期。

[美]黄宗智:《中国正义体系的三大传统与当前的民法典编纂》,《开放时代》2017 年第 6 期。

[美]胡宗绮:《意欲何为:清代以来刑事法律中的意图谱系》,景风华译,桂林:广西师范大学出版社,2020 年。

张杰、景军、吴学雅等:《中国杀率下降的趋势的社会学分析》,《中国社会科学》2011 年第 5 期。

景军、吴学雅、张杰:《农村女性的迁移与中国自杀率的下降》,《中国农业大学学报》2010 年第 4 期。

强世功:《司法能动下的中国家庭——从最高法院关于婚姻法的司法解释谈起》,《文化纵横》2011 年第 1 期。

[美]孔飞力:《叫魂:1768 年中国妖术大恐慌》,陈兼、刘昶译,北京:生活 · 读书 · 新知三联书店,2012 年。

[美]劳伦斯 · 弗里德曼:《二十世纪美国法律史》,周大伟等译,北京:北京大学出版社,2016 年。

李献云、费立鹏、及惠郁等:《为什么女性自杀未遂率显著高于男性》,《中国心理卫生杂志》2004 年第 3 期。

李国庆:《关于中国村落共同体的论战——以“戒能—平野论战”为核心》,《社会学研究》2005 年第 6 期。

[美]罗威廉:《救世:陈宏谋与十八世纪中国的精英意识》,陈乃宣、李兴华、胡玲等译,赵刚、孔祥文审校,北京:中国人民大学出版社,2013 年。

刘燕舞:《中国农村的自杀问题(1980—2009)——兼与景军先

生等商榷》,《青年研究》2011 年第 6 期。

毛泽东:《湖南农民运动考察报告》,《毛泽东选集》,第一卷,北京:人民出版社,1991 年。

[德]马克斯·韦伯:《法律社会学》,康乐、简惠美译,桂林:广西师范大学出版社,2005 年。

[德]马克斯·韦伯:《中国的宗教　宗教与世界》,康乐、简惠美译,桂林:广西师范大学出版社,2004 年。

马小红:《中华法系中“礼”“律”关系之辨正——质疑中国法律史研究中的某些“定论”》,《法学研究》2014 年第 1 期。

[美]马若孟:《中国农民经济:河北和山东的农民发展,1890—1949》,史建云译,南京:江苏人民出版社,2013 年。

[俄]恰亚诺夫:《农民经济组织》,萧正洪译,北京:中央编译出版社,1996 年。

邱澎生、陈熙远编:《明清法律运作中的权力与文化》,桂林:广西师范大学出版社,2017 年。

瞿同祖:《中国法律与中国社会》,北京:法律出版社,2010 年。

[日]仁井田陞:《中国法制史》,牟发松译,上海:上海古籍出版社,2011 年。

王泰铨:《中国法律通论》,上册,台北:新学林出版股份有限公司,2009 年。

吴飞:《浮生取义:对华北某县自杀现象的文化解读》,北京:中国人民大学出版社,2009 年。

[日]小竹文夫:《清代旌表考》,《人文月刊》1936 年第 3 期。

谢鸿飞:《追寻历史的“活法”——法律的历史分析理论述评》,

《中国社会科学》2005 年第 4 期。

杨念群主编:《新史学》,第五卷,北京:中华书局,2011 年。

阎云翔:《中国社会的个体化》,陆洋等译,上海:上海译文出版社,2016 年。

阎云翔:《私人生活的变革:一个中国村庄里的爱情、家庭与亲密关系(1949—1999)》,龚小夏译,上海:上海人民出版社,2017 年。

阎云翔:《家庭政治中的金钱与道义:北方农村分家模式的人类学分析》,《社会学研究》1998 年第 6 期。

尤陈俊:《"新法律史"如何可能——美国的中国法律史研究新动向及其启示》,《开放时代》2008 年第 6 期。

赵晶:《近代以来日本中国法制史研究的源流——以东京大学与京都大学为视点》,《比较法研究》2012 年第 2 期。

朱景文:《比较法研究中的中国法——关于法律的地位和权力组织形式的思考》,《法学研究》2013 年第 4 期。

张海惠主编:《北美中国学——研究概述与文献资源》,北京:中华书局,2010 年。

[日]滋贺秀三:《中国家族法原理》,张建国、李力译,北京:商务印书馆,2014 年。

英文文献

William P. Alford, "Of Arsenic and Old Laws: Looking Anew at Criminal Justice in Late Imperial China", *California Law Review,* Vol.72, No.6 (Dec., 1984), pp.1180—1256.

William P.Alford, "Law, Law, What Law?: Why Western Scholars of Chinese History and Society Have Not Had More to Say about Its Law", *Modern China,* Vol.23, No.4 (Oct., 1997), pp.398—419.

John Bauer, Wang Feng , Nancy E.Riley, Zhao Xiaohua, "Gender Inequality in Urban China: Education and Employment", *Modern China,* Vol.18, No.3 (Jul., 1992), pp.333—370.

Becker Garyand Murphy Kevin , "The Family and the State", *The Journal of Law & Economics,* Vol.31, No.1 (Apr., 1988), pp.1—18.

Kathryn Bernhardt, Philip Huang. eds, *Civil law in Qing and Republican China,* Stanford: Stanford University Press, 1994.

Kathryn Bernhardt , "The Inheritance Rights of Daughters: The Song Anomaly?", *Modern China,* Vol.21, No.3 (Jul., 1995), pp.269—309.

Chang Han-Yu and Ramon H. Myers, "Japanese Colonial Development Policy in Taiwan, 1895—1906: A Case of Bureaucratic Entrepreneurship", *The Journal of Asian Studies,* Vol.22, No.4 (Aug., 1963), pp.433—449.

Deborah Davis, "Privatization of Marriage in Post-Socialist China", *Modern China,* Vol.40, No.6 (Nov., 2014), pp.551—577.

Neil Diament, *Revolutionizing the Family: Politics, Love, and Divorce in Urban and Rural China,* 1949—1968, Berkeley: University of California Press, 2000.

Madeleine Dong Yue , Ping Zhang, "Joseph Levenson and the possibility for a dialogic history", *Modern Chinese History,* Vol.8, No.1 (May, 2014), pp.1—24.

Xin He and Kwai Ng, "Pragmatic Discourse and Gender Inequality in China", *Law & Society Review*, Vol.47, No.2 (Jun., 2013), pp.279—310.

Kay Ann Johnson, *Women, the Family, and Peasant Revolution in China*, Chicago: University Of Chicago Press, 1983.

William C.Jones, "Studying the Ch´ing Code-The Ta Ch´ing Lü Li", *The American Journal of Comparative Law*, Vol. 22, No. 2 (Spring, 1974), pp.330—364.

Sanford Katz, "Historical Perspective and Current Trends in the Legal Process of Divorce", *The Future of Children*, Vol.4, No.1 (Spring, 1994), pp.44—62.

Danke Li, "Gender Inequality in Access to Knowledge in China", *China Review*, Vol.2, No.1 (Spring, 2002), pp.121—147.

Haoming Liu, "Economic Reforms and Gender Inequality in Urban China", *Economic Development and Cultural Change*, Vol.59, No.4 (Jul., 2011), pp.839—876.

Robert Marsh, "Weber' s Misunderstanding of Traditional Chinese Law", *American Journal of Sociology*, Vol. 106, No. 2 (Sep., 2000), pp. 281—302.

Michael Palmer, "The Re-Emergence of Family Law in Post-Mao China: Marriage, Divorce and Reproduction", *The China Quarterly*, No.141 (Mar., 1995), pp.110—134.

Michael Philips, "Are ´Killing´ and ´Letting Die´ Adequately Specified Moral Categories?", *Philosophical Studies: An International*

Journal for Philosophy in the Analytic Tradition, Vol.47, No.1 (Jan., 1985) , pp.151—158.

Matthew Sommer, *Sex, Law, and Society in Late Imperial China*, Stanford: Stanford University Press, 2000.

Matthew Sommer , "The Uses of Chastity: Sex, Law, and the Property of Widows in Qing China", *Late Imperial China*, Vol.17, No. 2, (Dec., 1996) , pp.77—130.

T' ien Ju-k' ang, *Male Anxiety and Female Chastity: A Comparative Study of Chinese Ethical Values in Ming-Ch' ing Times,* Leiden: E, J, Brill, 1988.

Janet M.Theiss, *Disgraceful Matters: The Polities of Chastity in EighteenthCentury China*, Berkeley: California University of California Press, 2005.

Martin King Whyte, "Continuity and Change in Urban Chinese Family Life", *The China Journal,* No.53, (Jan., 2005) , pp.9—33.